CASE STUDIES ON CONVERGENCE JOURNALISM

融合新闻报道案例研究

陈伟军　主编

南方日报出版社
NANFANG DAILY PRESS
中国·广州

图书在版编目（CIP）数据

融合新闻报道案例研究 / 陈伟军主编. -- 广州 : 南方日报出版社, 2024.1
ISBN 978-7-5491-2752-8

Ⅰ. ①融… Ⅱ. ①陈… Ⅲ. ①新闻报道—案例—研究 Ⅳ. ①G212

中国国家版本馆 CIP 数据核字(2023)第 197069 号

RONGHE XINWEN BAODAO ANLI YANJIU
融合新闻报道案例研究

主　　编：陈伟军
出版发行：南方日报出版社
地　　址：广州市广州大道中 289 号
出 版 人：周山丹
责任编辑：李　哲
装帧设计：肖晓文
责任技编：王　兰
责任校对：阮昌汉
经　　销：全国新华书店
印　　刷：广东信源文化科技有限公司
开　　本：787mm×1092mm　1/16
印　　张：16.375
字　　数：180 千字
版　　次：2024 年 1 月第 1 版
印　　次：2024 年 1 月第 1 次印刷
定　　价：48.00 元

投稿热线：（020）87360640　　读者热线：（020）87363865

前 言
案例研究：面向融合新闻报道实践的方式

当今时代，数字化建设一日千里，信息化浪潮奔腾不息。新一轮科技革命深入推进，技术在媒体数智化转型中发挥着引领性、支撑性作用，科技创新这个关键变量成为媒体高质量发展的“最大增量”。

融合新闻是技术赋能产生的一种新兴话语实践和新闻形态，代表了数字时代新闻报道的一大趋势。朝着数字化方向变革的融合式新闻生产，依托网络信息平台和互融互通的新媒体矩阵，基于用户思维进行谋划，于变局中开新局，激活新闻报道的无限可能性，实现思维理念、组织架构、采编流程、人员管理、运作机制、资源开发、传播渠道、产品形态、叙事方式、表达语态和报道体裁的全方位创新。

一、融合新闻报道实践走在理论前面

数字技术更新迭代，媒体融合向纵深发展，为新闻业带来了前所未有的挑战和机遇。新闻业必须因时而动、顺势而为，不断激发自身的内生动力，调整发展战略，适应时代潮流。融合新闻生产要求突破传统媒体间的限制，加强全媒体传播体系建设，真正实现全程、全息、全员、全效，促进内容建设迈上新台阶，协同营构主流舆论新格局。全媒体传播体系建设是一项系统工程，涉及媒体运作的方方面面，深化新闻生产能力建设就是其中不可或缺的一个维度。主流媒体要积极探索新闻信息集成服务，开发智能化融合生产工具，增强融合新闻生产能力，加快推进优质新闻内容生产，不断创新内容表现形式，使新媒体产品兼具轻量化、易传播、接地气等属性。

针对数字时代用户的行为习惯和接受特征，主流媒体必须把握趋势、顺应趋势，抢占互联网主阵地，坚持“移动优先”，以用户思维优化多样化资源配置，重塑新闻内容生产、产品推送、分发传播体系，形成媒体转型、技术赋能、叙事创新、平台支撑和用户参与等要素相互依存的融合新闻运作模式，不断提升新闻舆论传播力、引导力、影响力、公信力。

数智化建设加快了融合新闻业发展的步伐，内容生产更多地在数字智能化和智能数字化有机融合的平台上进行，新闻呈现、运作模式和应用场景处于不断再造之中。“传媒业凭借数智技术可供性带来的泛连接性、用户增量、智能生产和交互体验，改造传统运作逻辑。随着媒体融合走实向深，媒体行业迎来转型升级的黄金期。从业务全流程到内容消费全场景，再到应用体验的全方位数智化创新，媒体提速迈入数字智能新时代。”①融合新闻报道并非纯技术性的，而是技术与内容相契合，在表象和机理方面产生的质变。

作为新的报道趋向和研究范式，融合新闻处于快速的动态演化之中，随着媒体深度融合的进程出现多维度革新，人与技术交互式发展使得报道创新的亮点频现，媒体实践探索走在了学界理论思考的前面。融合新闻报道的多元样态和创新实践，需要理论研究及时跟进。系统梳理媒体创造的经验，解析数字语境中的新闻“信息流”，“架构融合新闻学的研究范式体系，形成实践、认知与话语的三位一体化逻辑”②，这样才能更好地把握数字时代的媒介生态，进而深度地解析新闻实践、理性地认识新闻实践，并推动新闻实践达到合规律性与合目的性的统一。

二、贴近融合新闻报道实践的案例研究

媒介技术变革和新闻实践发展速度太快，新的尝试和创造层出不穷，新闻业务研究不直面新的案例和现象，理论知识体系就会成为空中楼阁，新闻学学科体系也会失去现实支撑。在收集大量资料的基础上，对代表性或典型

① 黄佩诗：《媒体数智化》，《视听界》2023年第2期。
② 李沁：《融合新闻学："不可通约性"视阈下新闻传播学范式转变》，《现代传播》2023年第1期。

性新闻实践案例进行分析，是新闻学基础理论发展的支撑。我们必须密切跟踪主流媒体的前沿实践，并对其运作属性作出合理解释，剖析潜藏在新闻实践演变背后的内在逻辑，找到理论话语和知识体系更新的现实依据。

从案例入手，我们能够直接感受新闻生产鲜活的场景，近距离观察媒体融合的最新发展动态，感知传媒行业的强劲脉动。我们对客观世界的认识，先是从个别到一般，再由一般回到个别。学术研究也遵循这样的思维过程，从弄清个别事物入手，延展至探讨事物发展的一般属性和规律，然后立足于更高层次来理解具体事物，提出解决具体问题的对策。这里所说的“个别”，就是客观世界演进中出现的典型案例；“一般研究”则是运用类型比较法，或通过分类研究等方法探讨事物发展规律。

案例研究并非一般的举例子，它不是对事物机械的简单分析，而是突破思维定式建立新的认知取向的过程。案例研究是一种社会研究方法，也是一种专业教学方法，肇始于19世纪70年代[①]。案例研究综合运用多种技术和手段收集数据、资料，属于定性研究的一个重要组成部分。它通过对特定现象、个人、团体组织、社区等具体对象进行细致描述和阐述，呈现事物的发生背景、嬗变过程和真实面貌，并以此为基础进行分析、评判或预测。“案例研究是从具体经验事实走向一般理论的一种研究工具”[②]。收集、整理特定情境中案例素材的目的，是研究者通过其思想立场和旨趣，融入自己的理论取向和价值尺度，提炼出带有普遍性的结论，在规律层面对实践发展进行解释和预测。

案例研究方法在管理学、法学、政治学、心理学、社会学和人类学等学科中被普遍应用，也被运用于新闻学与传播学研究之中。它在不脱离现实生活环境的情况下研究当前正在进行的现象，适用于对事物的探索、描述、解释和评估[③]。在某种意义上说，案例研究是学术理论和方法创新的基础，是学科话语发展的重要源泉。

---

① 王晓红、魏韬、倪天昌：《重建视听传播案例研究的方法观——基于中国网络视频研究案例库建设的思考》，《中国新闻传播研究》2020年第5期。

② 王金红：《案例研究法及其相关学术规范》，《同济大学学报（社会科学版）》2007年第3期。

③ 罗伯特·K.殷：《案例研究：设计与方法》，周海涛等译，重庆大学出版社，2010，第15—19页。

融合新闻报道案例研究，就是要贴近媒体实践、关注变革进程，主动拉近与新闻实践的距离，通过“回归实践、切中实践”的方式，从融合新闻报道活动中提炼经验、获得感悟，从而更深入地理解数字时代的新闻生产、传播规律。

三、本书的研究思路与主要内容

以融合质变为旨归的新媒体矩阵，其一体化效能释放出巨大传播力，新的探索不断展开，令人瞩目。融合新闻报道所积累的实践经验，将为新闻理论研究创新提供丰富的论据资源，传统新闻实务教科书中的一些分析和论断则需要改写。

面对媒体在体制机制改革、人才队伍建设、新闻内容生产和传播平台构建等方面的探索，新闻实务研究应当密切关注媒介生态变革，找准理论与实践之间的接口。在研究思路上，本书力图与融合新闻报道的大趋势相向而行，从案例剖析入手，透视同数字技术相融共生的新闻内容生产格局，揭示不同案例的个性差异和共性规律，把握媒体深度融合与新闻内容生产变革的方向，为数字新闻实践和理论创新提供案例支撑。本书选择的案例，是近几年媒体融合发展过程中取得引人注目成效的事例，或产生一定社会影响力的新媒体爆款产品。虽然没有采用大样本统计、分析，但本书尽可能用数据和资料说话，力图得出具有普遍性的结论。

本书的主要内容，着眼于对融合新闻报道的全面认识和理解，完整把握数字媒体变革现状，重点研究融合新闻生产与传播过程中的各种实践性问题，旨在思考媒体如何进一步扩大优质内容产能，打造集约高效的内容生产体系，占领新兴传播阵地。具体而言，本书立足于当前新型主流媒体建设的效能，从应用新闻学视角对融合新闻报道案例进行剖析。书中内容紧密追踪新闻业界发展轨迹，在注重融合新闻理念、传播手段的探讨的同时，着重解析融合新闻报道的各种形态和典型案例，包括数据新闻、H5新闻、短视频新闻、移动新闻直播、VR（虚拟现实）和AR（增强现实）新闻、新闻游戏等各种类型的典型案例，以及新华社、人民日报、中央广播电视总台等在融合新闻报道方面的探索，将实践案例上升到理论层面思考，为新闻业界和学界提供参考。

案例研究的难点在于既要贴近客观对象，又要“跳出”案例本身，与实践保持一定的距离；不仅要解读、阐释现象，还要形成反思性、前瞻性的理论思考，以案例剖析为切口促进对事物的全面认知。本书将融合新闻报道实践纳入自己的理论观察视野和分析框架之中，通过案例解析为理论话语建构作铺垫，促进实践与理论的贯通，拓展对数字新闻认知的广度和深度，增强新闻实务研究的学理性和先导性。

万物流转不息，世间没有什么事物是一成不变的，唯有变化才是永恒的。改变使人进步，我们要从变化中获取智慧和力量，在变化的世界中创造价值。全媒体新闻融合生产与发布不是一个终点，而是一个与时俱进、锐意革新的过程。探讨融合新闻报道发展的内在机理，本质上是要揭示整个数字媒介生态和内容产品之变。传媒人必须积极拥抱变化，转变新闻报道模式，做到“以变制变、变中求胜”，将有思想、有温度、有品质的内容与前沿传播科技相结合，在技术和内容的融合变革中寻找生存、发展之道。而新闻实务研究应该及时总结融合新闻生产规律，完善与数字媒介生态相适应的理论话语，推动媒体变革继续前行。

目　录

第一章 新型主流媒体深度融合发展

2020年6月，中央全面深化改革委员会第十四次会议审议通过了《关于加快推进媒体深度融合发展的指导意见》。会议强调，推动媒体融合向纵深发展，要深化体制机制改革，加大全媒体人才培养力度，打造一批具有强大影响力和竞争力的新型主流媒体，加快构建网上网下一体、内宣外宣联动的主流舆论格局，建立以内容建设为根本、先进技术为支撑、创新管理为保障的全媒体传播体系，牢牢占据舆论引导、思想引领、文化传承、服务人民的传播制高点[①]。2022年，党的二十大报告明确指出："加强全媒体传播体系建设，塑造主流舆论新格局。"[②]媒体深度融合发展与全媒体传播体系建设密切相关，新型主流媒体要积极推动主力军进军互联网主战场，强化与用户互动，实现媒体、资源、平台间的融合。

新型主流媒体是主流媒体衍生出来的一个概念，包括两个方面的内涵，即新型媒体的主流化和主流媒体的新型化，其核心功能是提升主流媒体在网络空间的舆论引导能力。新型主流媒体是兼具新兴媒体和主流媒体的功能与属性，既拥有强大的传播力、公信力、影响力和引导力，又有形态多样、手段先进和具有竞争力等特征的新的主流媒体。新型主流媒体是当前对传媒转型的顶层设计，也可以说是传媒转型追求的目标。基于此，本章选取了人民日报、中央广播电视总台、南方报业传媒集团、华龙网四家媒体，以具体案例探讨它们在媒体转型、采编流程改革、平台搭建、融合实践、重大报道、传播力、影响力等方面的做法，总结其经验。

① 新华社：《习近平主持召开中央全面深化改革委员会第十四次会议强调　依靠改革应对变局开拓新局　扭住关键鼓励探索突出实效》，《人民日报》2020年7月1日第1版。

② 习近平：《高举中国特色社会主义伟大旗帜　为全面建设社会主义现代化国家而团结奋斗——在中国共产党第二十次全国代表大会上的报告（2022年10月16日）》，《人民日报》2022年10月26日第4版。

第一节　人民日报深融案例分析

作为党中央机关报，人民日报扎实推进媒体深度融合，“发展成为拥有报、刊、网、端、微、屏等10多种载体，综合覆盖用户超过13亿人次的新型主流媒体”①。本节将结合人民日报在“建党百年”重大主题融媒体报道中的具体做法，总结其在媒体深度融合中的可借鉴之处。

一、传播形式：丰富融媒体作品频出爆款

针对“建党百年”这一重大主题报道，人民日报采取了多种传播形式，创作了大量的优质报道。在人民日报数据库中，关于建党百年的相关融媒体报道共有1699篇，平均每月有141篇。根据统计，人民日报建党百年相关报道主要集中在2021年5—7月，7月中旬至12月报道数量则开始大幅减少②。

在建党百年重大主题报道中，人民日报主要采取了三种形式的融媒体作品，分别是海报图文、视听作品和直播互动。三种形式的融媒体作品互为补充、彼此融合，大大提升了传播的效果。

（一）微视频纵深开拓创新，挖掘短视频精品

在移动互联网时代，移动终端已经成为媒体深度融合的重要传播端口。当前“两微一端”（微博、微信、客户端）乃至“三微一端”（微博、微信、微视频和客户端）的应用，使得微视频在移动终端传播中逐渐占据重要地位，成为一种普遍而广泛的融媒体报道产品形态。微视频以“短、快、精”的传播方式，即时传播、内容碎片、社交互动的传播特点，满足了移动互联网时代网民碎片化、快餐式的生活需求。2017年以来，主流媒体便开始

① 吴齐强、颜珂、申智林、王云娜：《融合十年　笃行致远——2023中国新媒体大会综述》，《人民日报》2023年7月15日第4版。

② 袁杰妮：《〈人民日报〉建党100周年报道研究》，硕士学位论文，江西财经大学人文学院，2022，第6页。

以微视频的形式在移动终端上传播党和政府的声音。

在人民日报建党百年主题报道中，微视频作为重要的宣传形式，产生了非常好的传播效果。如人民日报微视频《中国共产党百年述职报告》，以第一视角自述，从中国共产党诞生、南昌起义、井冈山革命斗争、长征、抗日战争、解放战争，到中华人民共和国成立，以时间轴的形式汇报中国共产党的百年历史；内容围绕国之重器航天、超级工程的科技创新、高铁等中国智造走出国门、全面脱贫等，展现中国实力的不断增强；尤其是在背景上，采用中国生产总值排名在全球上升的变化柱状图，以数据化和可视化的方式，实现了动态可视化的传播手段。

（二）创新传播形式，H5深耕细作

随着近年来H5技术的改进和发展，很多媒体都尝试利用H5技术制作新闻内容。H5技术凭借多媒体表达、跨平台传播范围、互动设计等优势，在以微信为代表的移动社交媒体中得到广泛传播，取得了良好的传播效果。

人民日报H5作品注重话题式的亲民化传播，脱离了官方话语体系，创新话语表达，紧跟网络热点，以平等的姿态面向受众，塑造接地气的年轻化、口语化媒体语态，拉近与用户的距离，丰富用户的体验感。如《复兴大道100号》带领用户一起重温建党百年征程，将中国共产党成立以来一些最具代表性的重大事件和典型代表人物融入H5中，触动用户对党和国家成就变迁的自豪，H5作品通过信息“转译”，找到与百姓的利益交汇点、情感共鸣点、价值共生点，将个人与时代联系在一起，传播时代正能量。

（三）创新开拓直播互动，拉近受众距离

人民日报通过对直播类作品的打造，令受众在构建的场景中获得真实体验，全方位体验身处现场的视觉、听觉效果。在媒体深度融合的推动之下，受众逐渐成为直播的参与者，甚至是主导者。他们可以在众多直播的场景和机位中，选择自己感兴趣的视角，在直播类作品中更深入地感受情绪氛围。人民日报推出的互动类作品往往是以故事化的叙述，将建党百年这个宏大主题具象化，将气势恢宏的视觉元素、振奋人心的听觉元素和跨越历史的时间元素结合

到融媒体报道中，充分挖掘用户的情感需求，以互动的形式在传播者和受众之间架起情感联系的桥梁①。

2021年6月29日，人民日报新媒体中心和人民日报地方部共同举办了以“唱出我们的心声”为主题的中国大合唱5G云歌会，在B站（bilibili，哔哩哔哩弹幕网）、微博、抖音、快手、人民日报客户端多平台进行同步直播。700名网友与20多名歌手和音乐人、30多支合唱团隔空合唱，跨越山海，将《平凡之路》《少年》《我和我的祖国》等歌曲进行演绎，在大合唱的直播中庆祝中国共产党成立100周年。

二、传播内容：红色记忆唤起情感认同

（一）立足自身定位，坚持主流导向

在建党百年主题报道中，人民日报立足自身定位，以习近平新时代中国特色社会主义思想为指导，宣传党的理论和方针政策，宣传重要的决策部署。

自2021年伊始，人民日报各平台都进行了建党百年相关的内容更新。人民网在主页中置顶“习近平系列重要讲话数据库”；人民日报报纸端及时报道习近平总书记在第十九届中央纪委五次全会上、在党史学习教育动员大会上、在全国脱贫攻坚总结表彰大会上等重要场合的讲话全文；抖音等短视频平台针对习近平总书记讲话的重点语句进行报道；微博平台则将习近平总书记的重要讲话做成图鉴的形式，并配以现场直播直击各个重要活动。可以说，人民日报在建党百年主题报道的全过程、全环节中都能秉持主流媒体的定位，坚持正确的导向，向受众传达了关于中国共产党成立100周年不同维度的内容。

（二）唤醒历史记忆，党史讲述创新形式

在针对建党百年的融媒体报道中，回顾建党以来的历史是其中重要的组成部分。这种历史回顾能够令受众重新认识和加强相关的记忆，增强认同

① 曾祥敏、董华茜：《红色视听传播创新策略研究——基于庆建党百年融媒体报道作品分析》，《传媒》2021年第21期。

感。同时，庆祝中国共产党成立100周年本身就是重温、建构历史的过程。

人民日报“奋斗百年路 启航新征程”专栏采取了多种方式来建构历史记忆。既有如“奋斗百年路 启航新征程·早期革命根据地及主要创建者”“奋斗百年路 启航新征程·数风流人物”等专栏主要介绍新中国的历史与革命先驱们的感人事迹，通过展现他们优良的作风，弘扬革命精神；也有大量报道历史事件和理论评论专栏如“奋斗百年路 启航新征程·辉煌历程”“奋斗百年路 启航新征程·亲历者说”等，将新中国的历史作为重要背景贯穿作品，用第一人称的口吻诉说当年的历史记忆。

同时，“人”在历史记忆中也是必不可少的要素。“奋斗百年路 启航新征程”专栏陆续推出一系列具有代表性的历史人物报道。其中，既有为新中国成立默默牺牲的英雄人物，也有“共和国勋章”获得者、“人民英雄”国家荣誉称号获得者、“七一勋章”获得者等先进模范代表人物；既有百年红色记忆的历史见证者，也有在基层默默奉献的一线工作者。人民日报通过回顾或者采访当事人，来述说历史、抒发感悟、引发共鸣。

总的来说，人民日报综合采取各种通讯、人物叙述、理论评论、视频等形式将百年历史记忆作为背景或常识反复出现，在提醒人们不要忘记历史的同时，激起群众的爱国热情，也证明了中国共产党是历史和人民的选择，把政治认同、情感认同结合起来，真正做到学思用贯通、知行合一①。

三、传播渠道：多种媒介协同促融

（一）线上线下相结合，共同发力助传播

媒介融合进入到深度融合的下半场，媒体在进行报道时不单单注重媒介使用的多元化，“线上+线下”相融合的报道形式亦受到各大主流媒体的青睐。人民日报在此次的建党百年主题报道中，将线上报道和线下活动相结合，增大报道的覆盖面，进一步打破网络受众和现实之间的隔阂，达到了更好的传播效果。

① 袁杰妮：《〈人民日报〉建党100周年报道研究》，硕士学位论文，江西财经大学人文学院，2022，第20页。

《复兴大道100号》作为“线上+线下”融媒体报道模式的有益探索，体现了多种形式的新闻生产创新，获得了良好的口碑。在线下，人民日报新媒体中心在北京三里屯打造了建党百年主题互动体验馆“复兴路100号”，体验馆以“百年风华，青春中国”为主题，围绕建党百年以来的重要瞬间和时代记忆，设置了“时光长廊”“追梦新时代”“峥嵘岁月”等多个板块，参观者可以在线下获得沉浸式的体验。

在电视剧《觉醒年代》热播后，人民日报纸质版对此刊载多篇报道，如评论《从历史纵深处回望初心》《让主旋律正能量持久打动人心》等；人民日报微信公众号还推出了许多视频，其中不乏《觉醒年代》电视剧中的部分片段。在线下，人民日报还举办了网友线下见面沙龙，邀请《觉醒年代》的导演和演员、鲁迅研究相关专家等作为嘉宾，在北京鲁迅故居共同探讨红色电视剧的传播和百年党史的推动力。

这种线上传播和线下传播共同作用的传播方式，不仅拓宽了主流媒体在重大议题报道中的传播渠道，还能将线下受众的直接需求收集并反馈到后续的线上传播中，使建党百年主题传播效果最大化。

（二）全面布局各类终端平台，构建完善全媒体传播格局

媒介技术的发展，赋予了媒体在进行主题报道时更多的传播渠道和平台。人民日报在建党百年主题报道中打好全媒体组合拳，打造了立体化的报道，运用传统媒体和社交平台，有效提升传播影响力。

在传统媒体上，人民日报纸质版在“专题深思”“人民要论”“人民论坛”等多个版块发表新闻评论、特稿、通讯等，为社交平台的传播奠定基础。

在社交平台中，为适应用户媒介使用习惯，人民日报抖音号、微信公众号往往采用竖屏播放的形式，这种报道方式更加适应移动智能端的使用，方便受众在阅读的时候进行点赞、收藏和转发。在竖屏里人物的屏幕占比更大，会营造出面对面沟通的交流感，进一步增强新闻报道和受众之间的互动性。以人民日报抖音号推送的《张桂梅获颁“七一勋章”！致敬张校长！》为例，这则视频报道在31条建党百年主题报道中点赞量最高，达714.7万。

为充分调动社交平台用户感官系统，人民日报通过微信公众号、微信视

频号及其他短视频平台，借助短视频节奏快的特点进行建党百年主题的有关报道，弥补其他社交平台的不足，同时利用平台上的分享属性，发挥移动社交功能，实现多平台的共动传播。

四、传播技术：赋能盘活静态史料

（一）场景建构，激发受众参与体验

传统媒体时代争夺的是眼球，互联网时代争夺的是流量，移动互联网时代争夺的是场景①。人民日报在建党百年主题报道中创作了许多借助技术还原党史场景的作品，帮助受众打破时空的隔阂，沉浸在历史场景之中，得到真实的体验感。

通过对人民日报发布的建党百年主题报道的分析，可以总结归纳出以下重要场景：一是历史场景，构建虚拟的党史再现。例如人民日报和B站联合推出的互动微电影《抉择》，设置了红色起点、归国巨轮、圆梦茶乡三种剧情，由受众决定剧情走向，三条故事线贯穿了三个不同年代的青年面临的抉择，通过沉浸式的历史场景让受众身处其中，亲历历史。

二是重大活动场景。人民日报抖音号在2021年7月1日推出《鸟巢万人高唱〈没有共产党就没有新中国〉，这首歌今天听来格外让人心潮澎湃！》，渲染庆祝建党百年的热烈氛围，以直播伟大征程现场的形式，展现重大活动场景。

三是红色地点场景。人民日报新媒体中心将习近平总书记的走访作为生动的建党百年主题报道的素材，推出H5《跟着总书记打卡红色圣地》，通过对红色革命根据地的再现，带领受众重走百年征程，感受我们党的不变初心。

（二）创新交互手段，打造游戏化传播

要想在重大主题报道中获得出色的传播效果，既不能呈现静态的内容和主题，也不能凌驾于用户之上。人民日报在进行报道时便让建党百年的内容

① 谭天：《从渠道争夺到终端制胜，从受众场景到用户场景——传统媒体融合转型的关键》，《新闻记者》2015年第4期。

与内容之间、用户与内容之间都形成了良好的动态联系，在传播的过程中突出了游戏化。

人民日报新媒体中心推出微信小程序游戏《队伍在壮大》，在游戏中设置了20个关卡，受众可以指挥队伍不断前进，在前进的过程中会有红船、步枪、草鞋、地图、军号等道具，随着不断遇到自己的同志，队伍会越来越壮大，通过收集地图可以闯关成功，最后还会显示游戏排名。这种小游戏的方式，能够让青少年群体在感受百年党史的过程中体会革命前辈遇到的艰辛，历史场景的还原还可以加深受众对红色记忆的印象，闯关的形式也能够令受众在竞争中感受奋斗力量，受到了不少好评。

近年来，游戏性的传播方式在互联网中的应用越来越频繁，时效性高的报道并不具备游戏传播的条件，而建党百年这样重大的主题报道恰恰可以成为游戏化传播的生动实践。通过趣味游戏吸引受众的注意力，进入游戏场景的时空限制，让受众沉浸在游戏之中，接受媒体在开发游戏过程中设计的关于中国共产党百年历史的元素，并通过游戏时长保持用户黏性。

（三）5G+技术融入，呈现大党风采

我国已建成全球最大的5G网络，新型基础设施建设带动的融合应用也在不断拓展。作为社会信息系统的底层技术，5G有望引发信息基础设施的革命性升级，创造出新的社会传播图景。5G促成了“人—物”“物—物”智能互联，推动“万物皆媒”时代的到来。

建党百年系列庆祝活动中，从助力超高清直播建党100周年庆祝大会和文艺演出到作为技术支撑注入融媒产品，移动5G创新发挥关键作用。人民日报推出的中国大合唱5G云歌会突破时空限制，以八达岭长城、壶口瀑布、京杭大运河、遵义会议会址为舞台，老中青三代隔空合唱，将独具特色的中国文化景观和主旋律歌曲有机结合，在二次传播中不断注入独特的文化内涵和情感表达。

5G的到来让媒体边界逐渐消融，用户体验得到全面优化升级，媒介融合步伐持续加快，场景将成为传播链条中最具价值的一环，促成资源整合和红利变现。

五、传播受众：信息传播打通情感纽带

（一）差异化传播联结情感

随着区块链、大数据技术的发展，针对用户的媒介使用习惯和爱好，用户的画像可以被媒体提前描绘，根据不同用户的需求进行新闻生产活动，再依据算法机制实现精准推送，实现差异化传播。这种分众化的传播方式也进一步提升了主流媒体在重大主题报道中的传播效能，扩大传播效果。

人民日报新媒体中心创作的融媒体报道作品，在报道中突出情感导向，在主流媒体的公信力和抵达受众的亲和力之间达到一种平衡的状态，既获得了报道的主动权，又将政治传播更好地传递给受众，起到引导舆论的效果[①]。2021年6月30日，党的诞生纪念日前夕，人民日报发布《100秒重温百年声音记忆，致敬初心》，用100秒声音混剪，直击人心。2021年7月6日，人民日报微博号推送《再听依然激情澎湃！4分钟听中国少年讲述这束光》，将“请党放心，强国有我”等青春誓言再次唤醒，当天集体献词在微博刷屏。

人民日报不仅向用户传播建党百年的新闻，更重要的是让受众成为报道中的一环，通过创建话题，让网友参与进来，找到受众情感触动的点，引发受众对中国共产党百年征程的情感共鸣，满足他们的情感需求，进一步提升粉丝黏合度和对平台的忠诚度，借助情绪输出，连接了主流媒体在进行重大主题报道时和受众之间的情感纽带。

（二）年轻化语态贴近青年群体

青年群体和互联网、新媒体共同成长，在快节奏的媒介环境中，他们的媒介使用习惯和信息接受爱好都有碎片化、移动化和视频化等特点，青年群体也衍生出了亚文化和多元文化。主流媒体在传播的过程中针对青年群体的特征，在宣传主流价值观时需要调整站位，采用青年人易于接受的方式进行

---

① 张志安、黄剑超：《融合环境下的党媒情感传播模式策略、动因和影响》，《新闻与写作》2019年第3期。

传播[①]。在传播的过程中，人民日报融合了青年人喜欢的网络语言风格、流行符号和文化元素，不仅关注思想引领方面，更贴近实际地去策划青年议题。

人民日报全媒体平台发布的建党百年主题MV《少年》更是立足青年群体，以中共革命历程中出现的青年群体为视角，结合影视剧中的剪影，展现从新民主主义革命胜利到新中国建设时期我国在科技创新、体育强国、抗击疫情中的重要事件和时间节点，包含中国人民解放军、消防队员、医生、运动员、工人等群体，主题是奋斗，发出了面对挑战，青年用实干挑起民族希望的号召。“百年只不过是考验，初心从未有改变！”以青年画像作为MV的开端，以天安门场上的革命前辈剪影作为结尾，前后呼应，配以高燃、热血的改编歌曲。

人民日报针对青年群体的特点进行有针对性的融媒体作品生产，不仅赋予建党百年报道年轻化的元素，更在流行之间寻找到重大主题事件报道的维度，让重要的议题和宏大的价值观也能用具象的方式传递给年轻人。

第二节　中央广播电视总台深融案例研究

近年来，中央广播电视总台（以下简称“总台”）一直走在媒体融合探索的最前沿。总台不断借助互联网的力量，建立“智慧”融媒体平台，联合全网覆盖面最广、最有代表性的媒体，不断在自己的媒体形态上作出探索和创新，成为广电媒体走向媒体融合的旗帜与标杆。总台始终坚持正确的政治导向，积极推进“思想+艺术+技术”创新融合，持续深化“5G+4K/8K+AI”战略格局，搭建起“头条工程+融媒体直播+短视频产品群+言论评论”的传播矩阵，在重大主题主线报道中主动作为，不断壮大主流舆论声音，走出了一条融合速

① 杨艳全、李绍军：《切实提升主流媒体在青年读者中的传播力——以〈中国青年报〉为例》，《出版广角》2021年第7期。

度、深度和广度的新路径①。

对于总台在媒体深度融合中的发展，本节重点对总台旗下央视网、央视新闻新媒体、央视频App三大平台的搭建过程进行探讨，并结合《主播说联播》《“两会”你我他》这两个节目进行案例研究，分析呈现总台作为代表性的广电媒体，在新时代背景下发展为新型主流媒体的具体实践，以期归纳出主流媒体深度融合发展的有效路径。

一、平台搭建

（一）央视网

央视网是总台主办的以视频为特色的中央重点新闻网站，是总台连接和服务用户的融合传播平台，也是总台所属拥有多终端牌照业务资质的大型互联网文化企业。面对全媒体时代的新形势，央视网也从传统的新闻门户网站升级为具有强大品牌影响力和内容竞争力的网络媒体领军者。

央视网一直坚持新闻立网、坚守视频主业，围绕新闻和视频两大核心业务，重点打造“时政宣传报道品牌+主题新闻报道品牌+原创视频内容品牌”，构建三足鼎立的网络媒体影响力和视听内容竞争力。以大型全媒体报道为核心，以央视网“人工智能编辑部”为引擎，应用新技术和全媒体手段，积极发展各种互动式、服务式、体验式新闻信息服务产品，创新重大主题新闻报道。如围绕抗击疫情，推出以《战“疫”最前线》主题化大直播为核心，融合多样态报道于一体的产品矩阵；围绕脱贫攻坚，上线运营“决胜——脱贫攻坚智慧媒体平台”，生动展现脱贫攻坚成果；初步建成国内最大的智能化领袖报道素材数据库“I学习”，推出全国首个时事AI产品《对答如流·“两会”“智”通车》以及《AI带你读政府工作报告：2020年怎么干？这些数据大有深意》，实现了主题主线报道的创新突破。同时创新网络视频内容，打造长视频+短视频原创“大IP”。围绕“长视频+短视频”“直播+点

① 张云鹭：《主流媒体“两会”报道如何守正创新——以央视新闻新媒体报道为例》，《新闻研究导刊》2022年第18期。

播”“大屏+小屏”的优势组合，创新网络视频内容建设，打造具有总台特质、极致创意、年轻态、“破圈”效应的原创互联网IP节目。代表作品有以《人生第一次》为代表的人文纪实品牌、以《足球道路》为代表的体育内容品牌、以《你好生活》为代表的融媒体品牌、以“小央视频”为代表的短视频品牌等等①。

（二）央视新闻

央视新闻主要由微博官方账号、微信公众号、移动客户端组成。截至2023年8月，央视新闻微博账号的粉丝量已经达到1.31亿，每日阅读数100万+。微博账号能够根据不同热点新闻及时更新微博内容，并添加相关话题，还可根据情况配上相应的图片、视频等，实现了化整为零，让不同用户可通过“零散”的消息关注相关热点新闻，还创新地增加了音乐、公益、阅读等模块内容。

央视新闻微信公众号在2013年4月1日正式被认证，微信庞大的用户数量也为公众号的运营奠定了群众基础。公众号中的政治、经济等各类新闻报道不仅拥有优质稳定的内容，还兼顾新闻的时效性。当前央视新闻微信公众号设置了“主播说”“夜读”“正直播”等版块，便于不同用户根据自己的兴趣去观看相应的内容。对于时政要闻或者突发事件，央视新闻会灵活地对不同版块作出调整，同时内容更新频率也显著提高，保证用户及时获取有关新闻内容，实现相关信息的快速传播。

2013年5月，央视新闻上线搜狐新闻客户端，同年7月，央视自主研发并在不同应用商店上线了央视新闻客户端，得到了大量下载。央视新闻客户端始终坚持“独家、权威、深度、辨伪”的内容定位，发布的相关视频可凸显其特色。全国各地不同区域均有记者为该客户端进行24小时供稿，保证了央视新闻客户端各类内容的输出。针对部分公众关心的一些热点新闻资讯，央视新闻客户端还会通过特邀资深评论员现场点评的方式，实现不同新闻内容与网络的融合。客户端内发布的内容也得到了大量用户的喜爱，具有一定的社会影响力。

---

① 钱蔚：《从传播到服务：新闻网站的转型升级——央视网的实践与思考》，《新闻战线》2021年第5期。

（三）央视频

2019年11月20日，央视频App正式上线，成为中国第一个国家级的5G新媒体平台，也是总台推动媒体融合发展的重要平台。央视频在技术、形态、内容等各方面都有所创新，打破了原有的传统话语体系，用年轻人喜闻乐见的方式来传播主流价值观，更好地传播主流故事，赋予主流话语体系以适合新时代环境的表达方式。

在技术上，央视频通过“大中台+小前台”的模式，以5G新媒体平台承担内容的汇聚与制作，借助云服务平台彻底打破了传统主流媒体固化的内容生产模式，真正实现“从固化到离散”的转变，通过技术、流程的云共享，实现信息源、内容数据的互联互通。央视频还采用了“云剪辑视频制作岛”，即AI+4K智能云剪辑，运用人工智能自动地对中台里的素材进行分类、剪辑、拼接、输出，大大地提高了内容生产和发布的效率；

在形态上，央视旨在将央视频打造成有品质的视频社交媒体App，突破主流媒体固化的传统内容生产模式。央视频将短视频与移动直播作为主要产品，同时也没有完全放弃中、长视频，以短带长，合理布局。每一条视频下面都可以进行点赞、点评、收藏与分享，直播部分还可以进行实时评论，与其他在线观众一起进行讨论、聊天。央视频将社交元素渗透到每一个细节里，加强App与用户之间的交流以及用户之间的二次传播。

在内容上，央视频聚焦泛文体、泛资讯、泛知识三大品类，与各大MCN机构联合共建“账号森林”体系。如今入驻央视频的MCN机构越来越多，除了央视自己的电视频道、主持人开通账号外，腾讯电影、万达电影、优酷、爱奇艺等影视机构和其他行业的商业MCN机构也都注册了自己的央视频号，第一时间发布视频，如二更、万象、丁香医生、深圳网警、iPanda熊猫频道等。央视频重塑了传统电视栏目的话语体系与新闻语态，打破了原有电视节目的制作方式与宣传手段，改单向传播为互动传播，在内容呈现与结构逻辑上真正做到从“以传播者为中心”变为“以受众为中心”①。

---

① 陈森、唐冰：《央视频App的融合发展路径探究》，《青年记者》2021年第4期。

二、创新实践与案例

（一）题材处理与话题创新

央视《新闻联播》自1978年创办以来，一直以严肃、严谨的形象为观众所熟知。然而，在社交媒体语境下，严肃的新闻内容、模式化的节目形式与传统的主播风格难以适应新一代受众的接受习惯。借助总台强大的融媒体平台与自身的品牌影响力，创新新闻制播模式，是《新闻联播》节目新媒体传播的着力点。2019年7月29日《主播说联播》推出，其以接地气的话语模式和硬核评论风格传递主流声音，在互联网上频频刷屏，并多次登上微博热搜榜，为主流媒体在移动互联网时代创新与转型提供了启示。

《主播说联播》在题材选择方面与《新闻联播》具有一致性，皆以政治性话题、正面典型人物和社会热点事件为主。不过，《主播说联播》对于题材的处理更注重大众的接受性。为了在众声喧哗的全媒体时代占据舆论高地，《主播说联播》将硬性的政治性话题进行软化，并以轻松诙谐的网络语言对之进行评述，以创新新闻评论的形式做好顶层设计，达到最大化传播主流声音的效果。

《主播说联播》能够紧跟社会热点事件，为舆论场注入专业性和权威性信息，及时回应民生关注，抢占议程设置先机，彰显主流媒体在新闻短视频内容生产上的先天优势。《主播说联播》还适时突破了《新闻联播》的题材范围，涉及生态环境保护、节日策划宣传、主播推荐等，打造了多元化信息传播的新格局，拓宽了受众范围。

（二）新闻语态与叙事创新

在互联网平台的海量信息传播过程中，“亲民”式语态、情感化叙事对社会舆论和公众情绪的引导作用日益凸显。央视作为主流媒体的代表，也在适应传媒变革新趋势、找准新闻传播新语态这方面进行了一系列探索。在《主播说联播》中，主持人们一改平日演播室里的严肃腔调，融入个人的气质，使用贴近观众的口语表达，以真诚平和的态度解读热点时事。例如康辉利用“no zuo no die”这样的网络用语来吐槽国泰航空。其口语化、个性化的语态消解了时政新闻的严肃性，化宏大主题为细小呈现，于潜移默化中实现主流价值观的输出，实现传播效果与新闻价值的有机统一、从“政治议程”到“公共议程”的有效转化①。

正面报道一直是主流媒体的拳头产品。而《主播说联播》的正面报道多以关联性的新闻事件为主题，注重刻画人物形象、叙述人物故事，从个体的微观角度以小见大。区别于以往生硬的说教式报道，《主播说联播》大量摘选网友留言，以通俗、轻松、网络化的语言风格体现人文精神。

人格化叙事特征突出的《主播说联播》栏目，在时政新闻的叙事处理上体现出其独特的优势，在叙事主体人格化的表达下，受众面对的不再是严肃的时政新闻播报员，而是一个个如亲朋好友般亲切的人格个体。在主播充满情感色彩的真挚表达下，受众自然而然萌生更强烈的交流欲望，时政新闻也因此在各大新媒体平台获得了更高的关注度、话题热度和用户的互动参与度。2021年7月21日针对河南特大暴雨引发洪灾发布的《风雨面前我们一起扛》视频中，主持人海霞作为河南人，眼含泪花，录制视频为自己的家乡加油。该条视频于抖音App上获赞量27.8万次、评论量1.4万条，新浪微博上获赞量36.2万次、评论量1.7万条，微博话题“风雨面前我们一起扛”阅读次数1.1亿次、讨论量5.5万。主持人个性化的话语叙事和竖屏视频中以主播为叙事主体的构图方式，使竖屏的《主播说联播》具有了很强的情绪感染力，让用户在共情下作出的互动变得更加活跃、丰富②。

（三）采编方式与技术创新

自2021年起，总台不断深化其“5G+4K/8K+AI”视听战略布局。在内容摄制层面，全画产品的生产分发全过程持续优化革新。如近年全国“两会”期间，各级媒体搭建了多样化的互动交流云平台，云采访、云连线、云视听成为“两会”报道新常态，会场内外，云直播、云会面等报道形式层出不穷。

---

① 周勇：《十九大“党代表通道”：政治传播的语态创新》，《现代传播》2018年第1期。

② 邹霄澜：《融媒时代时政类新闻报道与舆论引导特点研究——央视短新闻栏目〈主播说联播〉〈V观〉评析》，《中国广播电视学刊》2022年第9期。

总台也在“两会”报道中采用全画幅四轴稳定拍摄系统，搭配5G背包，实现了单人操控平稳移动跟拍、高画质、低延时的直播呈现。而在内容播出层面，总台将8K超高清频道信号接入“两会”新闻中心和部分代表团驻地，打造“5G+8K+AI”融媒体展示平台。多景别、多视角捕捉发布会现场信息，并通过双视窗形式体现视频会议特点，为观众带来宛若在场的观看体验。多种技术以不同方式创新融合，形成了应用拓展的无限可能。

总台也通过多场云直播实时传递全国“两会”最新信息，如《直播看现场！十三届全国人大五次会议开幕》《直播关注！GDP背后的那些事》《直播！起草人解读最高人民法院工作报告》等。总台通过云直播实现议题互动，达到直播场景、主流话语、公共议程的有效融合，同时满足了受众“我在场”的心理诉求。此外，总台旗下央视新闻频道、央广中国之声、国广环球资讯与央视新闻新媒体联合推出的特别节目《“两会”你我他》，依托5G技术实现了低延迟、高画质和强互动。在《“两会”你我他》直播报道过程中，央视新闻首次运用了AR虚拟植入技术，实现了跨屏幕AR互动。通过实时渲染能力对动画和颜色进行修改，呈现逼真的阴影和反射效果；配合演播室舞美设计，迅速切换节目场景、丰富节目形态，提升受众的感官体验。四位主持人在不同的演播厅针对全国“两会”热点议题进行讨论，并与网友进行互动问答，直播间大屏、小屏实时切换互动，主持人与观众的隔屏交流自如流畅，营造了强烈的在场沉浸感。

（四）媒体与平台协同创新

从2022年“两会”报道来看，主流媒体突破组织上的边界，重整社会资源，跨平台、跨地域、跨行业深度合作联动，集约资源，协同高效；打破了媒介介质的藩篱，推动媒体结构体系与格局的融合质变。“两会”期间，多家主流媒体和政务新媒体与新浪微博、抖音、快手等商业平台展开深度合作，在用户洞察、舆情数据、内容生产和用户关注度层面进行资源整合，参照互联网平台的底层逻辑运营，实现社会各层次之间的有效互动。央视的新媒体平台也被有机地组合在一起，在节目中发挥各自的特长与优势，对“两会”中涉及的民生话题进行全面分析。例如央视新闻频道邀请特约评论员以及众多领域的专家，用通俗的话语对国家的“顶层设计”进行权威解读；国广环球资讯从国际传播的视角出发，邀请外籍嘉宾从外国人的视角讨论中国的“两会”；央视新闻新媒体则充分发挥互动优势。通过对同一个新闻话题的多层次表达，既有专业的权威视角，也有典型的媒体视角，同时也有朴实的大众视角，满足全媒体传播环境中用户对信息的多元需求，在内容传播上也实现1+1+1+1＞4的融合效果①。

《“两会”你我他》作为央视新闻和微博共同打造的互动直播融媒体节目，其中的重要组成部分便是微博网友在“#‘两会’你我他#”话题下的热议。最高人民检察院联合微博推出2022全国“两会”特别策划“#对话最高检#”，邀请最高人民法院等政务微博、《博物》杂志、杨紫等广受关注的明星网红发表微博为活动宣传，吸引用户关注并了解司法保护成果，该话题阅读量超6.3亿。微博@世界观察局协同包括总台记者王冠、新华社记者张扬、中国日报记者彭译萱在内的40余位主流媒体“两会”一线记者组成微博媒体记者团，共建“#‘两会’观察团#”话题，微博平台通过开屏推送宣传，并每日以海报形式对媒体团“两会”报道进行盘点，进一步聚集用户。

（五）对话新闻与互动创新

对于广电媒体来说，语言表达是影响媒体内容传播效果的关键因素，媒体形态的发展变化也必然导致语言表达形态的变化。我国新闻界早在20世纪80年代就开始探索“对话式新闻”“对话新闻学”等问题，将新闻学与对话理论相联系。若说人际传播是点对点的直接对话，那么大众传播更多是点对面的独语，而随着互联网技术不断发展，社交平台崛起，网络传播结合了点对点、点对面的多种形式，“独语”与“对话”共存。媒体深度融合的背景下，报道的交互属性、对用户反馈的强调、观众在场感的调动都意味着对新闻报道对话属性的重视②。

---

① 李新欣：《主流媒体提升融合传播力的创新实践——以中央广播电视总台融媒体节目〈“两会”你我他〉为例》，《传媒》2022年第2期。

② 曾祥敏、董泽萱、况一凡：《对话、合作、液态化融合：2022全国“两会”融媒体产品创新研究》，《新闻与写作》2022年第5期。

总台在2023年“两会”期间同步推出了融媒体话题征集活动“总台帮你问”，口号直截了当：“@所有人　你的观点，实时上央视！你的关切，总台帮你问！”该活动邀请受众在央视新闻客户端观看直播，并表达自己关切的问题、提出建议，总台帮忙寻找代表委员回答问题，找相关部门解决问题。挑选出的问题也会在“两会”特别节目《“两会”你我他》中体现。还有记者通过现场采访与群众对话；电视新闻频道、央视新闻客户端等四个演播间通过实时连线的形式，齐聚云端会话；通过现场采访和实时连线，主持人又与不同领域的嘉宾、人大代表进行沟通。2022年3月5日，在《“两会”你我他》直播间，数万名网友参与直播互动，留下了自己的观点和建议。网友的提问贴近生活、视角独特，涉及社会生活的方方面面，受众总能在节目中获取与自己生活相关的实用信息。针对央视网友“路人ABC”提出的辽宁西部农村比较零散，不利于生产发展，能不能建立集中的大村庄等问题，总台特邀全国人大代表、辽宁省铁岭市昌图县亮中桥镇东兴村党总支书记吴艳良进行了详细解答。

通过传播矩阵的建立、融合产品的创新，全国“两会”对于普通民众来说不再是高高在上、可望而不可即的会议，而是汇集了与日常生活息息相关的政策提案与人民建议的大会。通过创新融媒体产品增强报道的可看性和贴近性，让新闻媒介真正成为公众参与政治生活、参与公共讨论的有效渠道，是融媒体时代主流媒体时政报道融合创新的意义所在。而保持常态化的内容创新，让公众喜闻乐见，对所有主流媒体来说都是一场持久的挑战，同时也是提升“四力”的必经之路[①]。

（六）新闻样态与形式创新

20世纪中后期，随着电影、电视等视听媒介的普及，图像的生产与消费迅速膨胀，视觉信息的急剧增长对社会文化产生的冲击引发了“图像转向”[②]。大众对于视听内容的需求日益多元化，视听媒体只有通过内容样式

① 李珂：《深融语境下时政报道的创新探索——以三大央媒2022年全国“两会”报道为例》，《视听》2022年第10期。

② W.J.T.米歇尔：《图像理论》，陈永国、胡文征译，北京大学出版社，2006，第7页。

的持续更新才能不断满足受众的需求。近年来，央视在视听新闻报道中不断尝试运用新的要素、形式和风格，力图在新媒体平台上实现样态的创新和突破。无论是日常新闻报道，还是重大活动的新闻呈现，央视灵活运用图片、文字、动漫、音视频、表情包等元素，推出H5、VR直播、“AR+”、小屏移动直播、Vlog（视频播客）、竖屏短视频、Rap神曲、小程序游戏等形式多元的可视化新闻产品，为用户带来了全新的视听传播体验。

数字新闻以数据为核心，以信息为支撑，能够将重要的、有价值的但又相对冗长的新闻转化成图像与图形相结合的可视化形式，通过直观的数字大大提高新闻的表现力。例如《“两会”1+1丨数说政府工作报告》将过去一年政府工作的主要成绩和2022年的发展目标通过数字形象直观地表现出来，数字5.5%（2022年生产总值增长目标）成为报道重点。让数据真正“动”起来，多维度拓展新闻的表现力，提高受众的参与感、体验感，同时也在不断增强新闻的感染力和普及度。

综观央视在新媒体时代下融合报道的战略战术，可以看到其已形成“头条工程+融媒体直播+短视频产品群+言论评论”的优势打法。这一矩阵可以最大化覆盖各类议题热点，多形式、多样态地解析网民关注的重点，并以年轻态、轻量化、强互动的融媒体传播方式破层“出圈”，传递正能量精神内核，引领和弘扬主流价值旋律。同时结合各报道形式的优势，在重大议题报道、关注民生、发扬文化等方面不断形成正面影响力，成为有能力、有担当的国家媒体。未来，总台还需要持续提高产品制作的精良度和精细化传播能力，探索主流媒体融合新形态的传播边界，继续守正创新、行稳致远[①]。

① 张云鹭：《主流媒体“两会”报道如何守正创新——以央视新闻新媒体报道为例》，《新闻研究导刊》2022年第18期。

第三节　南方报业传媒集团的深融实践

作为中国具有代表性的地方媒体，南方报业传媒集团（以下简称“南方报业”）始终以“优等生”的形象展现在媒体行业面前。面对近年来互联网技术变革给媒体行业带来的深刻挑战，南方报业从未停下前进的脚步，不仅在行业格局不断变动的时代经受住了考验，而且探索出了一条使传统媒体与新兴媒体携手并进、优势互补的深度融合之路。南方报业已初步形成我国媒体融合的“南方经验”，成为推动传统媒体与新兴媒体融合发展且成效明显的传媒集团之一。

一、南方报业深度融合实践概况

南方报业于2013年推出“1+X”采编联动机制，以《南方日报》为“1”，其他报刊、移动媒体为“X”，共同针对重大主题进行策划、采编和报道，以整合资源。南方报业在媒体融合实践过程中，一方面坚持改版《南方日报》，另一方面持续开发新媒体项目。南方报业的媒体融合发展战略可总结为：在融合之路上不放弃传统媒体市场，发展新媒体的同时也继续发展传统媒体，促进两类媒体在当下的深度融合。新媒体与旧媒体之间具有很强的继承性、延续性和协同性[①]。以《南方日报》为龙头，南方报业已构建报、刊、网、端、微、屏等辐射全球的多元传播矩阵，新型主流媒体建设初见成效，成为名副其实的“全媒体”集团。

平台化是南方报业融合实践过程中非常重要的一环。“南方+”客户端作为南方报业打造的自有平台，将内容赋予平台之上，拥有大量的用户和强大的影响力。根据人民网研究院发布的《2021年全国党报融合传播指数报告》，“南方+”安卓客户端下载量超1.6亿，全年营收突破3亿元，成为华南

① 王学成、刘天乐：《我国报业集团叠圈融合模式比较研究——以上海报业集团、南方报业传媒集团、浙江日报报业集团为例》，《新闻大学》2019年第2期。

地区综合性客户端的领头羊。同时，“南方+”客户端打通政务服务的“最后一公里”，已吸引超7000个政务机构、超1.5万名新媒体运营者入驻。

二、南方报业深度融合实践路径

南方报业的深度融合实践路径，主要体现在全媒体生产、全介质传播、全方位运营。在全媒体生产方面，南方报业致力打造全媒体采编部门，做到新闻内容一次采集、多种生成、多元传播，以产品形态上的融合生产实现传播效应最大化；在传播介质方面，南方报业积极拥抱新技术新变革，努力巩固以纸为介质的媒体影响力的同时，也专注于以网端为介质的传播能力打造，以技术赋能传播力；而在运营方面，提出“此长彼长、此优彼优”及“转型不转移”的一体化经营思路，牢固树立互联网思维，以用户为中心，不断拓展和开发用户，提供个性化、精准化匹配和运营服务。本节将从以上三个方面，结合南方报业的战略、战术等进行具体分析。

（一）全媒体生产

媒体融合不仅仅是不同媒体间的简单融合，也不是同一内容的反复分发，而是从内容生产的根源上将不同媒体进行有机整合，以实现资源利用效率最大化、生产内容更具针对性。在传统媒体时代，新闻生产流程的各环节之间较为独立和封闭，缺乏生产上的深度沟通和连贯性，无法有效利用信息资源，无法形成一体的传播合力。南方报业对新闻采编业务流程进行变革，形成采集、加工和发布三个环节专业分工、环环相扣、一体运行的流程，最大限度地提升媒介产品的质量和生产效率[①]。

“1+X”采编联动机制是南方报业推动转型融合的创新产物。以《南方日报》为“1”，以其他报刊、移动媒体为“X”，以选题为核心，整合优势媒体资源，共同策划，集团作战，特色表达。

① 乔双双、张贤平：《纸媒移动化转型生态圈研究——南方报业新闻客户端“南方+”的探索与启示》，《新闻传播》2017年第1期。

通过一体化的内容生产，形成能够服务多个介质、能够生产各类产品的队伍。这就要求对于各媒体所拥有的资源、人力进行总体把握和针对性安排，提高资源利用效率。如南方日报采编力量较强、资源较丰富，将南方日报采编部门打造为全媒体采编部门，推动采编人员向全媒体转型。“南方+”、南方网则无须另设采访队伍，或进行重复生产。此外，南方报业内部如南方都市报、南方周末、南方农村报等与“南方+”建立内容共建共享机制，各媒体不分彼此、充分融合、共同生产。同时，积极优化采编流程，将采前会转变为全媒体策划会。做到新闻内容一次采集、多种生成、多元传播，实现传播效应最大化。

（二）全介质传播

在媒体融合的探索历程中，南方报业始终坚持建设传播能力，不断推进媒体融合深度发展。在巩固纸媒影响力的同时，积极拥抱媒介新技术、市场新变革，打造新兴媒体传播力，形成传统媒体与新媒体真正意义上的融合。截至2023年3月，该集团形成了以南方日报为龙头，拥有5家报纸、5种期刊、9家网站、6个客户端、超400个境内外社交平台机构账号、1家出版社以及3000块互动触控屏、10 000平方米户外LED大屏的“报、刊、网、端、微、屏”全媒体传播体系，覆盖用户超过4.57亿[①]。

在传统报刊方面，南方报业形成一系列媒体矩阵，形成传统报刊媒体群的规模效应。该集团推动相同类型报纸之间进行信息资源共享，在信息采集和生产方面提高效率，增强品牌知名度和竞争力，实现品牌共赢。各报纸不仅拥有明确的自我定位，还以自身优势打造立体传播体系。如南方都市报目前拥有1份报纸、1家网站、2个手机客户端、2种期刊、近百个社交媒体公众号，形成了“报、网、端、微、刊”立体传播体系。主报《南方都市报》，是以高端读者为对象、具有全国影响力的主流媒体。奥一网是南都官方网站，广东省十大新闻网站之一。南都App客户端追求品质新闻、思想高地。N视频客户端打造新型年轻态社交圈，致力成为广东权威视频发布平台、中国

① 南方网：《南方报业传媒集团简介》，https://www.southcn.com/aboutus_nfbyjt，访问日期：2023年8月7日。

一流视频平台。湾财社洞悉湾区财经热点，观察市场财富风向，是大湾区区域财经头部IP。南都娱乐以独家调查、专业评介享誉业内，是国内具有影响力的娱乐新闻刊物。南都官方微信长期在全国机构媒体中排名靠前，南都官方微博是媒体蓝V、千万大号，深圳大件事微信公众号在深圳地区机构类微信公号中位居前列①。

2015年，“南方+”客户端正式上线，成为南方报业媒体融合历程中的关键一步。截至2023年6月，“南方+”总下载量突破1.78亿、日活超600万、入驻“南方号”超过7000家、合作共建频道超400个、营收超4亿元，牢牢占据广东第一权威移动发布平台地位②。“南方+”的快速成长，意味着南方报业完成从报网融合到全媒体全端口融合的转变，在很大程度上推动了南方报业传播力的提升。在移动设备不断发展和普及的当下，客户端帮助南方报业扩大读者范围，从而扩大信息触达范围。一方面，客户端能够在更大程度上完成与用户的互动。在“南方+”客户端的用户界面，提供了“活动”栏目，带动受众广泛参与，增加客户端的下载量，同时达成与企业间的合作，打通新的盈利渠道③。另一方面，客户端能够满足当下用户碎片化的阅读习惯，满足受众在移动过程中汲取新闻信息的需求，主动积极地迎合市场变化，提升自身影响力。

“南方报业LED联播网”是广东省户外最具传播价值、最具影响力的综合信息传播平台。依靠该集团拥有的各城市地标户外媒体资源，以及不断更新的户外媒体技术，“南方报业LED联播网”现已成为华南地区规模最大、品牌最响、运营能力最强的LED媒体运营商。“南方报业LED联播网”覆盖全省地级以上城市，无论是在广州、深圳，还是珠三角其他城市，“南方报业LED联播网”均处于城市核心商圈中的最佳位置。同时，“南方报业LED联播网”始终坚持革新技术，在拥有全省LED联网技术的同时不断探索AR、VR、NFC、裸眼3D等前沿户外媒体技术。

---

① 南方都市报：《做中国一流智库媒体》，https://www.nandu.com/about/overview，访问日期：2023年8月7日。

② 黄常开：《全面提升传播力，加快建设新型主流媒体》，《新闻战线》2023年第11期。

③ 余芷潇、刘洪涛：《探究省级党报新闻客户端的创新发展之道——以南方日报“南方+”客户端为例》，《今传媒》2016年第8期。

（三）全方位运营

在媒体融合实践过程中，南方报业提出全方位运营策略，以及“转型不转移”的一体化经营思路。树立用户中心思维，积极主动适应市场变化，满足用户需求；拓宽变现渠道，不断提高营收，为技术等各方面革新提供经济基础；探索“新闻+政务服务商务”经营模式，为用户提供各方面服务，便利用户生活的同时提升用户黏性；同时，南方报业坚持进行品牌营销，打造自身独特品牌。

在新媒体时代，用户已不再是单纯的新闻接收者，而成为能够生产新闻、传播新闻、选择新闻的“用户”，具有很大程度上的主动性。因此，树立用户思维就显得尤为重要。首先，南方报业基于数据分析、行为研究，对用户进行定量研究，了解用户的内容消费偏好、用户时间分配等用户画像，掌握用户行为特征，为新闻的精准分发提供参考。同时，通过技术更新实现精准化新闻分发，满足用户多元化、碎片化的阅读偏好。其次，丰富使用体验、增值服务，牢牢绑定用户。一是打破传统的图文呈现形式，短视频、直播、AR、VR、H5产品、数据可视化新闻等多元形式为用户带来新鲜的阅读体验。二是优化参与体验，大大增强与用户之间的互动。比如，在抗击新冠疫情过程中，“南方+”邀请用户分享身边的抗疫故事，活动获得了330万的点击，“云”汇聚了广东人民强劲的凝聚力与向心力。

在数字媒体不断发展的当下，传统媒体经营和营收能力不断下降，成为传统媒体发展的困境之一。面对此难题，南方报业积极探索多元化的变现渠道，将自身优势转化为经营能力，为自身发展攒足“底气”。在媒体融合建设之路上，南方报业旗下各媒体重塑传播体系，与用户重新建立起有机连接，商业模式和盈利模式自然也实现重构，服务能力和经营能力得到大幅提升。2021年，南方报业成功入选科技部、中央宣传部等六部门认定的“国家文化和科技融合示范基地”。2022年，南方报业旗下《南方日报》《南方都市报》《南方周末》继续上榜“中国500最具价值品牌”，品牌价值总和达1674.22亿元。“南方数据生态体系项目”入选中国新闻技联2022年度技术赋能“新闻+”推荐案例[①]。此外，打造内容付费工程的南方周末、定位为“农

---

① 南方网：《南方报业传媒集团简介》，https://www.southcn.com/aboutus_nfbyjt，访问日期：2023年8月7日。

业服务商”的南方农村报均拼接自身优质内容，不断优化营收能力。目前，南方报业的传统主业稳定增长，新媒体业务加速增长，多元化业务逐步成为其主要业务板块。

“新闻+政务服务商务”运营模式，与各地市深度合作拓展政务服务能力，是南方报业的生存发展新路径。“南方+”客户端与广东省及各地党政机关保持长期合作的良好关系，通过深挖智慧政务资源以打通政务服务通道，成为一个能够全面提供各类信息服务、“+生活”服务、“+政务”服务的主流移动媒体平台①。

在媒体融合发展过程中，南方报业不断完善“致敬品牌”“公益传播品牌”“南方智享会”等高端智库品牌营销项目、“南方报业小记者”高端读者群品牌活动项目，不断提升品牌影响力，实现南方日报融媒体品牌传播价值深层次拓展，高端品牌、智库项目、用户基数整体跃升。南方报业通过多年实践，为我国媒体融合实践提供了许多可参考的途径，成为我国主流媒体融合的范例之一。

第四节　华龙网融媒体产品“破圈”之路

加快新型主流媒体建设，其核心目的在于推动传统媒体创新理念、创新形式、创新内容，牢牢掌握网络舆论空间的主动权和主导权②。2021年，中宣部第249期专题阅评称“华龙网用好红色资源讲好建党百年故事，是主流媒体积极占领舆论阵地、引导教育青年的一次生动实践”。《人间正道是沧桑——百年百篇　留声复兴之路》（以下简称“《百年百篇》”）专题策划三次获中宣部表扬肯定，并斩获了第32届中国新闻奖一等奖，此外，在专题

① 曹素妨：《数据驱动媒体融合——全国地市党报媒体融合发展研讨会》，《中国传媒科技》2015年第1期。
② 黎昱睿、李珮：《全媒体时代新型主流媒体建设路径探析》，《中国高等教育》2022年第2期。

策划推出过程中迅速形成现象级传播，线上浏览量突破3亿人次，线下互动超过500万人次，在社会各界尤其是青年人群中引发热烈反响①。加速打造各级新型主流媒体是我国新闻舆论工作重要的发展目标，具有划时代的现实意义。而华龙网《百年百篇》专题在传播形式、品牌搭建、内容制作和传播方式等环节的做法，无疑为地方性主流媒体转型发展提供了许多借鉴与参考，以下论述将具体展开分析华龙网《百年百篇》“破圈”之路。

一、接轨移动时代：数字化展演助力党媒特色品牌搭建

在社交媒体、长视频、图文资讯、搜索等互联网应用场景用户增长接近停滞的情况下，如今的短视频成为用户增长最明显的互联网赛道之一②。为了紧跟短视频时代发展的步伐，华龙网推出《百年百篇》大型专题，高质量完成了对党史学习教育和庆祝中国共产党成立一百周年重大主题报道的可视化、移动化传播。作为重庆日报报业集团旗下媒体融合发展的重要战略转型平台，华龙网贯彻了2018年重报集团“全员视频化”战略，即要求所有记者的所有采访必须拍摄视频或提供视频素材③。通过长期技术调试，《百年百篇》系列适应了短视频平台的移动化、碎片化、社交化的传播特征，设置的100则均长不超过5分钟的系列短视频，实现了党史和文献文物的轻量化传播。此外，在不断优化短视频要素配置、凝练移动平台上的微叙事模式的基础上④，《百年百篇》专题对视觉内容不断进行调整和修改，用影像搭建场景回顾历史，通过专题页面设计沉浸式体验，实现了党史研究的权威成果与新媒体的深度融合。无疑，这一大型主题报道的成功彰显了传统党媒顺应移动互联网传播趋势的改革成效。

---

① 重庆记协：《中国新闻奖一等奖 华龙网：人间正道是沧桑——百年百篇 留声复兴之路》，https://mp.weixin.qq.com/s/sJG_pHOlo9Idvv96gAoy2A，访问日期：2023年2月17日。

② 中传传媒经济研究所：《2022年短视频市场盘点》，https://mp.weixin.qq.com/s/tyYQuQ7vhUerxEovJ9XRiA，访问日期：2023年2月17日。

③ 管洪：《重报集团：小视频大传播推动党媒融合质变》，https://mp.weixin.qq.com/s/mEcAFhP4QWzydGz-khkLzA，访问日期：2023年2月17日。

④ 彭兰：《短视频：视频生产力的“转基因”与再培育》，《新闻界》2019年第1期。

作为一种新的影像语言，短视频的表现手段和呈现方式需要不断挖掘和创新。《百年百篇》大型专题对于短视频的理解不仅仅停留在党史宣传的层面，而是在认真留存一份份珍贵的影像档案。专题出彩之处绝非单单抓住了短视频的包装外壳，而是在不断引入新的技术手段的基础上，呈现出独特的讲述英烈和党史的叙事方式、方法。在以电影、电视为载体的长视频的优势地位逐渐被以手机等互联网终端的短视频所代替的大趋势下①，《百年百篇》反而借鉴了电影、电视制作手法，以精要的旁白搭配不断切换史料文字的精美画面，虚拟演播厅营造电影的质感，配合上抑或抒情抑或激昂的背景音乐，为历史文物、革命历史和英雄烈士的介绍增添了历史感和庄严之意。音画共情，声以情胜，画以文茂，《百年百篇》融合报道虽是短视频形态，容量不到5分钟，但却能实现文、图、声、像多维呈现，营造了一种特别的意境②。

更值得一提的是，《百年百篇》栏目实现了多媒体可视化融合传播，并在不断总结栏目制作经验和整合集团资源的基础上成功打造了专属性品牌。在借力第三方平台上，华龙网带着“新媒体”属性，构建起了“核心级、紧密级、协同级”三级协同传播矩阵③。《百年百篇》系列报道实现了在华龙网、重庆客户端“1+41”集群联盟推送，还在抖音、今日头条、微信公众号、微博等社交平台广泛传播，并被网易、搜狐、腾讯、新浪等商业网站转载；不仅在重庆全市市级机关单位、政府办事大厅、街道社区的上千块重庆日报报业集团数字屏播放，还走进了重庆医科大学、四川外国语大学等高校校园，入驻了位于北京梅地亚中心的新闻中心融媒体体验室。积极与其他媒体合作，借助活动节点效应、联动短视频社交媒体平台，《百年百篇》栏目以秒、以分钟为单位的“小视频”收获数以亿计的立体、融合、全覆盖“大传播”④。《百年百篇》已然成为华龙网的特色党媒品牌，成为各级主流媒体借鉴和参照的“出圈”品牌，为华龙网持续积攒良好的口碑和声誉。

① 宁海林：《“中华优秀传统文化+短视频”整合传播研究》，《现代传播》2018年第6期。
② 管洪：《主题报道的年轻化策划可视化表达与全媒体传播——以华龙网大型主题报道〈百年百篇 留声复兴之路〉为例》，《新闻研究导刊》2021年第18期。
③ 刘颜、胡姮：《华龙网“新重庆”的短视频内容生产与运营》，《中国记者》2022年第8期。
④ 管洪：《主题报道的年轻化策划可视化表达与全媒体传播——以华龙网大型主题报道〈百年百篇 留声复兴之路〉为例》，《新闻研究导刊》2021年第18期。

二、激活红色基因：以书信承载红岩精神传承烈士故事

中国人的“文化基因”里，“常思奋不顾身以殉国家之急”是一以贯之的传统，“先天下之忧而忧，后天下之乐而乐”是经久不息的追求[①]。从中国近代以来的奋斗历程看，没有英烈们大无畏、大无私的付出，就没有新中国从站起来、富起来到强起来的历史飞跃。然而，伴随着改革开放的实施、社会主义市场经济体制的确立以及信息化社会的到来，我国的大众传播、文化、政治、教育、社会等诸多领域逐渐表现出泛娱乐化倾向，这种倾向已经初步演化成思潮形态。最突出的表现是，一些丑化恶搞英雄烈士的所谓“文化产品”借助新技术，依托动漫、直播等媒介和平台得到大范围传播，产生了极其恶劣的社会影响。而这种“泛娱乐化”思潮不仅会遮蔽党史教育的政治性内容、消解党史教育的政治性本质，还会进一步弱化青年群体的政治信仰和政治认同[②]。而华龙网《百年百篇》栏目的推出，无疑是对这股恶搞之风和“泛娱乐化”思潮的有力反击和抵制。

创作以英雄烈士事迹为题材、弘扬英雄烈士精神的献礼作品，在中国共产党成立100周年之际重磅推出了团队精心制作的弘扬英雄烈士事迹和精神的优秀作品，华龙网以切实行动积极融入当下如火如荼开展的党史教育热潮。《百年百篇》栏目围绕“民族复兴史”这一主体，精选了百年党史中的百篇诗文，记录中国共产党带领重庆人民披荆斩棘、顽强拼搏，实现辉煌目标的砥砺奋进史，全方位、多角度呈现了那段波澜壮阔的百年征途。栏目所选的100篇诗文，是由重庆人书写，或由其他中国人在重庆写作或发表的百篇经典作品，有着突出的进步性、革命性、独创性、经典性、珍稀性等特点，从横向上来看，体现了革命年代的红岩精神，从纵向上来看，反映着中华女儿对于英烈自我奉献伟大精神的弘扬与传承[③]。

此外，华龙网还充分发挥地区资源优势，挖掘本地红色资源，激活红

---

① 李斌：《致敬英烈，更要成为英雄》，https://mp.weixin.qq.com/s/yXoMzgs8DA_KysQf22hSaQ，访问日期：2023年2月17日。

② 刘白杨、姚亚平：《“泛娱乐化”思潮下大学生党史教育研究》，《思想教育研究》2017年第9期。

③ 辛文伴：《〈百年百篇　留声复兴之路〉：让革命文物“活”起来　让党史宣传“动”起来》，https://mp.weixin.qq.com/s/8JeGfV8W6s2wOhapXVjmEQ，访问时间：2023年2月17日。

色基因，联合全国党史研究领军人物、中国抗日战争史学会副会长、重庆市地方史研究会会长周勇教授及其团队，合作完成了英雄烈士事迹和精神的宣传工作。重庆有着光荣的革命传统，大批大义凛然、高风亮节的共产党人在重庆这片土地上抛头颅洒热血，为中国人民解放事业献出了宝贵的生命，而他们的精神和意志凝结成了红岩精神。在讲述英烈故事、弘扬红岩精神和进行党史教育时，《百年百篇》栏目选择了以全新的视角，深入挖掘革命文物价值，将百年来，尤其是新中国成立前，重庆革命先辈和仁人志士留下的诗文、书信等珍贵文献资料进行融媒体转换。通过故事化、情景化的讲解和表述，将这些仅存在历史长河回忆中的革命英雄，还原成一个个活生生的、有血有肉、至情至性的人，引起无数网友的情感共鸣。情透纸背，一封书信承载的是青年革命家的宣言，是爱国情深淋漓尽致的展现，书信背后的故事立意高远、撼人心扉，具有穿越时空的永恒魅力。

三、占领舆论高地：讲独特、质感与创意获得青年认同

在自媒体加快新闻信息传播速度的当下，利用网络自由发表意见、宣泄感情的渠道和机会也大幅增加，与此同时，大量“口水化”“娱乐化”甚至“低俗化”的内容充斥网络空间，对新型主流媒体掌握主流意识形态话语权、占领舆论高地提出了更大的挑战[①]。在某种意义上说，舆论发展演化是社会发展的重要晴雨表。而舆论的产生和形成是一个时空交错的意见博弈过程，舆论主体根据舆论事件的发展变化进行意见表达和讨论。作为信息时代的“原住民”，广大青年又是新媒体受众中最为活跃的群体，也是积极参与舆论事件讨论的重要人群。因此，引导教育青年，做好网上意见表达，形成尊敬先烈、发扬革命精神的思想观念，是主流媒体发挥舆论引导，建设和壮大主流舆论阵地的重要一环。Z世代（网生代）年轻群体习惯于“草根化、个性化”的意见表达，话语体系的差异往往会引发青年群体的抗拒心理，会造成信息的单向传播与不对称[②]。华龙网用年轻人喜爱的语言传递着主流声音，

① 黎昱睿、李珮：《全媒体时代新型主流媒体建设路径探析》，《中国高等教育》2022年第2期。
② 郑春平、张瑜：《场景·话语·互动：短视频产品年轻态传播范式创新》，《传媒观察》2022年第3期。

《百年百篇》栏目以可观的成绩切实提高受众对红色内容的关注度，展现出主流媒体短视频运营的新型探索路线。

在确保表述严谨且准确的基础上，从篇章选题、表达角度、文案语言直至讲述风格，华龙网《百年百篇》开始进行一系列的话语和风格的年轻化转换，依托年轻人的视角，反复打磨，以精深专业的党史知识为核心，用青年群体所喜闻乐见的语言和表达方式来呈现。最终，这一栏目以表达独特、注重创意的传播方式，成功获得一大批青年的认可。《百年百篇》的主讲人基本是来自不同年龄段的青年学者。从策划、撰稿到主持、录制，华龙网与重庆市地方史研究会会长周勇教授及其团队开展了全方位合作，打造了一支以高校教师、博士生为主的老中青结合但又整体较为年轻化的团队，在专题的开掘上提供了更为年轻化的思路。同时，华龙网采编团队也是一支年轻的党媒队伍，采编团队和青年学者还一起对文案的讲述进行了通俗化的转换，让作品传播呈现网络化、多样化的特点，解读内容浅显易懂，清新有趣。通过专业且有趣的解读与讲述，让今天的青年得以在重温历史中解读经典、在讲述信仰时传承红色记忆。

在传统媒体时代，受众是信息的接受者。融媒时代则是以用户为中心，用户是双向的传播主体，既是信息的接受者也是传播者。对于媒体来说，人的连接是一切连接的前提和基础①。在主流媒体进行融合转型的过程中，华龙网注重搭建与用户的连接，取得了多对多的新传播形态下更大的传播效果。在荣获了2022中国新闻奖一等奖后，《百年百篇》栏目主创团队在发表创作感言时曾提到，“不少网友成了我们的‘铁粉’，我们自己后台的留言就超过了3000条。当最后一期推完的时候，很多网友表示依依不舍，觉得生活中缺了一点什么”。不难看出，主流媒体的舆论宣传报道首先应该唤起青年群体的共鸣，寻找独特点、创意点，呈现优质选题、呼应真情感、塑造视觉质感，才能更好地适应当今复杂的舆论环境。

时代潮起，波澜壮阔。我国媒体融合战略实施以来，各级主流媒体积极响应政策号召，开启了大刀阔斧的改革。新型主流媒体的建设，既有利于落

① 孟燕、常新喜：《融媒时代主流媒体舆论监督的突破路径》，《青年记者》2022年第15期。

实党和国家对新闻舆论工作的指导要求，稳固主流媒体的舆论地位，也有利于加速推进媒体产业化进程，推动我国主流媒体的可持续发展①。当下，中央级主流媒体通过应用新技术、改造内容制作与分发流程等进行技术性融合，已成为传统媒体融合转型的先锋②。而地方主流媒体也紧随而上，在激烈的网络传媒生态竞争中，积极探索适合自身发展节奏的融合转型新路径，开启新的具有竞争力的通道。

① 黎昱睿、李珮：《全媒体时代新型主流媒体建设路径探析》，《中国高等教育》2022年第2期。
② 崔家勇：《超越技术依赖：地方主流媒体深度融合的路径创新》，《青年记者》2022年第17期。

第二章 深融时代的全媒型记者培育

全媒型记者是融媒体时代所缺乏和需要的新型人才，人民日报曾提出全天候、全媒型记者的概念，并从2014年起开展多期全媒体采编培训班，培养采编人员三个方面的能力素养：一是多媒体整合传播和策划能力，采编人员既能做新闻事件报道的组织者，又能对新闻内容进行价值判断，以恰当的媒介发布和呈现新闻报道。二是掌握各类别媒体的知识和技能，有能力分辨一个新闻事实的报道内容可以通过哪种媒介来表达，据此采写适应不同媒介形态、不同受众群体需求的差异化报道，生成适合不同媒介、满足不同受众的产品。三是采写不同类别媒体稿子的能力，能同时为报纸写文字稿，为电视拍摄节目，为网站提供图片。

媒体融合的深化发展需要记者全方位、多角度地参与到新闻内容的生产中，对记者提出了更高的要求，本章选取因不同路径走红的全媒型记者，对其新闻内容生产、团队运营等成功经验进行梳理。

第一节　张扬工作室：全媒型记者矩阵的运作

随着技术的勃兴，媒介技术迅猛发展，媒介传播的形式内容与运营路径也随之改变。主流媒体受到新媒体多元性与互动性的冲击，踏上转型发展之路。其中媒体记者在主流媒体深化发展的进程中，成为变革新路径。传统媒体记者转型可以分为三个阶段：被动型融合期、全媒体人才期、网红化发展期。随着转型的深入，媒体记者开始主动进行转型发展，主观能动性被更好地凸显出来。新华社张扬工作室便通过打造网红记者塑造全媒型记者矩阵，在自我革新中不断寻找定位，探索方向。

记者的深厚笔杆功力向来是新华社的独特优势与宝贵财富，在融媒时代，新华社抓住发展契机，深挖记者这一核心资源，打造网红IP，走向深度融合。新华社记者张扬起初凭借颜值与出色的业务能力在社交平台爆火，以端庄大气的第一印象消解了新闻报道内容的严肃感，拉近了受众与新闻之间的距离，顺应了景观社会中眼球经济的流量密码。其新闻报道内容以青年人为目标受众，表达轻松、贴近群众，在时政、科技、文化等领域全面开花。张扬拥有丰富的新闻报道经验，通过个人亲身体验打造沉浸式观感，在众多主题报道中另辟蹊径。仅仅6个多月，其个人抖音账号粉丝数突破100万。微博上，以三星堆等为报道内容的微博话题阅读量达1.2亿。2020年12月，新华社正式成立张扬工作室，这也是新华社首个成立的社级个人工作室。以张扬工作室破题，新华社深度融合迈入新局面，其中张扬工作室以“两会”、西藏之星对话系列等选题报道实现了从始于颜值到忠于内容的转变。工作室把张扬的个人魅力注入充满网感的报道作品中，将严肃的新闻内容软着陆，体现出精良的制作风格、良好的新闻素养与过硬的内容优势，在全媒型记者矩阵的运作过程中实现了中央媒体的可持续性转型与发展。因此本节将以新华社张扬工作室作为中央媒体打造全媒型记者矩阵的范例，通过分析其不同类型的新闻报道的作品内容，总结其运作范式的路径与经验。

一、忠于内容：优质新闻报道传递主流价值观

张扬工作室自成立以来，多采用主题式报道与亲历式报道，深耕社会生活的各领域，将传统新闻个性化、生活化，在不同的新闻场景中注重氛围的重现与还原，致力于最大程度地拉近与用户的距离，努力实现最大范围地传播观点，最大程度地扩大影响力与传播力，推动新华社走向深度融合。

（一）权威对话探寻人物本真

从籍籍无名到走红全网，“权威访谈—对话人物”系列的新闻报道作品是张扬工作室“吸睛”的法宝。作为主流媒体的记者，张扬工作室承担着引导社会舆论、宣传真善美的社会道义与责任。不同于其他记者的访谈报道，张扬工作室善于抓取被访者的别样优质品质来呈现给广大用户，将被访者的专业素养与个人魅力展现得淋漓尽致。

入驻抖音平台时，张扬工作室凭借新华社的权威优势，利用现场报道神舟十三号载人飞船（以下简称“神十三”）发射任务紧抓开号时机，粉丝

数不到24小时就突破10万。在“神十三”载人飞行人物乘组名单公布后，迅速在全网上线《权威访谈——张扬对话王亚平：因热爱而执着，因梦想而坚持》。在访谈中，张扬工作室从“王亚平想给女儿摘星星回来”这一话题切入，从母亲的身份出发去讴歌航天员不畏牺牲、勇于冒险的大爱与爱护女儿的小爱，向观众传递正向的情绪价值，让主旋律有高声量，让正能量有大流量①。该报道在网络上迅速传播，登上热搜。采访短视频中“王亚平想给女儿摘星星回来”“太空自带美颜功能”等金句也引发广大用户在网络中大量探讨。采访者将受访者塑造成平易近人、轻松幽默的讲述者形象，呈现出立体的媒介形象。新闻采访中关键人物王亚平的本真表达与即刻感受都作为“神十三”发射这一历史性时刻的鲜活注脚，永久地镌刻进广大用户的记忆中。在“神十三”发射前夕，张扬工作室又推出短视频《王亚平女儿：我想让妈妈为我摘一颗星》，从孩童的视角呼应此前王亚平接受采访时说的“为女儿摘星星”，王亚平女儿在采访中童真的话语“只想让妈妈摘一颗星星，不然天就不亮了”再次成为网络金句，使得大众又重新关注到“神十三”发射事件。在“神十三”返回时，王亚平为大众展示了为女儿摘的星星。至此，在“神十三”发射到返回期间的报道中，张扬工作室共播发了近50条稿件，在全网收获了超5.5亿的浏览量和超450万的互动量。

张扬工作室能够“破圈”，离不开张扬善于沟通的出色采访能力，及其与受访者建立情感连接，为受访者建立能力专业且真实近人的媒介形象，通过具象化的思维，直观感性地为用户呈现人物别样视角，记录精彩故事，释放出任务和故事独有的精神光芒，缩短与大众间的距离，传递正面的情绪与价值观。成为“爆款制造机”频频“破圈”从来不是刻意为之的效果，而是有力量的内容的必然结果。唯有正向地探寻人物本真才能收获大众正向的反馈与认可。

① 杨蜜：《新华社“张扬工作室”的新闻报道创新》，《传媒》2022年第18期。

（二）主题报道解锁别样现场

从单打独斗的媒体工作者到化身为新华社成立的首个个人工作室代表IP符号，张扬始终坚持如一地呈现出专业认真的工作态度和出色过人的工作能力。相较于以往主流媒体精英记者式遥不可及的媒介形象，张扬则给大众容易产生共鸣与真实代入感的良好形象。在各次报道中，除了坚持过硬的报道新闻素养以外，她以轻松幽默、笑容灿烂、平易近人的讲述者形象走进大众视野，为广大用户展现别样真实与有趣的新闻现场，将严肃新闻软着陆，达成生动个性的表达。

张扬在B站平台账号@小羊在鲜花舍发布的《张扬“两会”Vlog》，通过设置“两会”议题，积极进行舆论引导，净化了网络空间，取得了很好的传播效果。以个人视角和情感表达进行热点问题的报道，进行舆论引导，呈现“两会”期间民众关注的热点问题。Osmo Pocket、Go Pro等设备的熟练运用使张扬的报道生动、现场感极强，一条原本严肃的时政新闻，在她的解读和报道下变得妙趣横生。在张扬身临其境的报道下，更多人关注并了解到“两会”的政策内容，扩大了“两会”在人们心中的影响。张扬工作室有中央媒体背书，又具有极强的个人魅力，因此其声音能够很好地填补主流广电媒体在民间舆论场的声音空白，增强主流媒体舆论引导能力。新媒体时代强调“个性”与“互动”。“个性”是指受众全凭自己的喜好观看内容，每个受众的喜好都大不相同，张扬工作室在意识中真正地做到以受众为中心。“互动”意味着记者要更主动与用户的交流，吸引大家参与讨论，让受众感受到距离的拉近。所以，广电媒体记者只有真正转变传统思维，参透传播规律，建立起互联网思维，掌握新媒体时代受众、平台的特点与差别，才能获得良好的传播效果，提升影响力。

于主流媒体而言，打造聚焦新闻性、评论性内容的网红记者、网红主持人，表面上是在不断拉近与用户的距离，而深一步的底层逻辑还是为了最大范围地传播观点，最大程度地扩大影响力和传播力，推动平台走向深度融合。张扬工作室以现场沉浸式体验的方式带领大众解锁别样真实的现场，将内容精准地提供给用户，实现了传播效果的最大化。

（三）行者旅拍记录风土文化

从严肃正经的场合采访到随遇而安的旅拍记录，张扬工作室推出Vlog行者纪录片，从采访记者到旅游记者，张扬以其细腻温柔的第一视角沉浸式游历祖国不同风土，亲历各色风情，感受别样文化，将祖国的大好河山向广大用户娓娓道来，兼收正能量与大流量，从细微之处展现中国脱贫攻坚与乡村振兴的伟大成就。

2021年正值西藏和平解放70周年，张扬工作室连续推出多个视频报道，通过行进式探访、轻量化表达，以亲历者的视角讲述一趟美好而难忘的西藏之行，用最真实的画面呈现温暖鲜活、有血有肉的故事，生动描绘西藏的发展变化和人民富足美好的生活，网友们评价其Vlog作品充满了治愈力和幸福感。截至2023年3月，西藏系列报道全网浏览量超2亿，其中纪录片《遇见西藏》被全网置顶。该系列报道微博总阅读量超3600万，多篇作品登上微博热门视频榜单；在B站总播放量超100万，总互动量超10万；新华社客户端浏览量近千万。《遇见西藏》系列短视频"用偏个人化的视角、小切口呈现'探访之旅'，让镜头自然记录，让大家看到最真实的西藏"①。小切口体现在片中就是一个个和生活息息相关的故事：生活的滋味、远行的方向、美好的种子、幸福的新生与美妙的遇见将西藏普通人生活的点滴娓娓道来。《遇见西藏》旅拍纪录片式短视频抚慰了广大用户的心，展现出西藏的恬静风光。通过张扬与西藏当地人民的交流对话，藏民们的淳朴友善与对美好生活的向往印刻在了观众心中。而通过游客、援藏教师和异乡创业者的叙述，观众们更感受到了西藏这片土地的神奇力量。许多人怀着向往的心情来到这片神圣的土地上，感叹于西藏的多元风情和民族文化的完美交融，每个人都能在这里收获一份归属感和成就感。其视频采用了极具典型性、代表性的西藏文化符号，使大众对西藏独居特色的风土人情文化有清晰的认知，能够直观了解，更易接受。其视频正因为所具有的独特性，在众多旅拍纪录片传播的短视频领域中脱颖而出，突破了其自媒体传播的局限。

① 薛园：《雪域之美，有一种"遇见"让网友直呼"很幸福"》，《新华每日电讯》2021年9月17日第8版。

在视频内容的创作上，张扬不仅仅是西藏风土和文化的记录者、再现者，更是发扬者。这些短视频以行者视角真实呈现和清新表达，将西藏繁荣发展与新时代党的治藏方略完美融合，更好地实现文化内容的传播和大政方针的宣传，在做到有价值的文化传播的同时，也激发了大众的旅游意愿，带动了当地旅游业的发展。

二、走红路径：个人品牌特色推进融媒跨界传播

国家广播电视总局在2020年11月发布的《关于加快推进广播电视媒体深度融合发展的意见》再一次明确指出，要“打造自有优质网生内容、网红队伍和社交圈，形成个性化品牌集群”，“力争用1至2年时间，新型传播平台和全媒体人才队伍建设取得明显进展”[①]。国家广电总局的意见为主流媒体记者提供了转型的具体方向，也就是具有个人品牌特色的网红记者。这为主流媒体记者转型，构建全媒型记者矩阵提供了强有力的政策支持。而张扬工作室的走红路径，也印证着新华社记者个人品牌特色成功地推进融媒跨界传播。

（一）视觉建构打造叙事策略

新闻报道作品作为一种话语实践，用“说服”的方式影响人们价值观的构建和对现实社会的认知[②]。在传播相关内容与价值观的过程中，视觉修辞的最好呈现就是影像画面。张扬工作室利用Vlog短视频等视觉形式来传递观点，视觉修辞属性十分明显。通过视觉修辞的运用，借助语言、图像、声音呈现视觉意向，以此建构预期的说服模式，组织不同元素来完成意义的搭建，通过编码讯息来塑造形象传达意义，以此激发大众联想，达到说服目的，传达价值取向，进行有效传播。

在每个作品的制作过程中，从纷繁复杂的采访素材中选出哪一个话题点

① 国家广播电视总局：《关于加快推进广播电视媒体深度融合发展的意见》，http://www.gov.cn/gongbao/content/2021/content_5582647.htm，访问日期：2022年2月15日。

② 吴锋、宋帅华：《井喷增长、场景多元、分层传播：2020年短视频行业发展特征及趋势前瞻》，《编辑之友》2021年第2期。

作为短视频的素材，张扬工作室的团队都要就此进行反复讨论，视频的剪辑节奏、景别选取、音乐、封面等元素更是要精心设计。譬如纪录片《遇见西藏》的开头，便是作为亲历者的新华社记者张扬从飞机舷窗俯瞰西藏的“初印象”：高耸的山脉、碧绿的湖泊，渐渐勾勒出了一个迷人的远方。坐上车前往住处，又有听闻海拔的感慨，远眺布达拉宫的惊喜……这一幕幕场景不断扩充张扬对这片土地的美好印象。这都为观众呈现出当地美丽的自然景致，生动的视觉表达完成了审美化的重构。美国新修辞学派在研究中发现交流行为能借助幻想主题的连接将对象带进象征性的情境之中，从而产生修辞想象①，形成修辞活动。《遇见西藏》就以对其主旨的修辞运作来对现实中的问题进行解释，通过综合视觉修辞打造生动形象展现给大众。譬如添加了许多人文元素，如展现援藏教师金慧琳将非遗黄梅戏带入课堂的镜头就响应国家精准扶贫，开展乡村振兴的号召，达成了作品主题戏剧化的修辞。

在更新换代迅速的市场上，唯有紧抓观众需求，了解观众所思所想，才能在内容生产的过程中充分运用视觉修辞传情达意。做好人文关怀，紧跟时代步伐，注重说服方式，才能创造出令人回味、韵味久远的精品。张扬工作室通过视觉修辞的妥善运用完成视觉化建构，以独特的叙事策略，实现了与大众间的情感共鸣，走出属于张扬工作室的独特发展之路。

（二）多屏共振创新媒介形式

面对当下媒介融合不断深化和受众需求变化所带来的一系列影响，原本只集中于单一传播渠道或传播终端的传统媒体都开始尝试建立一套新媒体传播和互动渠道。世界著名科技杂志《连线》创始主编凯文·凯利把“屏幕”列为互联网未来十年发展的四个关键词之一。他认为，我们的世界到处都有屏幕，人们已经变成了“屏幕人”②。在多屏的时代，屏幕无处不在，相互依存，共同构成了一个生态系统。作为以视频节目为主要产品、以屏幕为消费载体的新闻媒体，必须围绕着“屏”为核心，做好内容生产与经营管理的双重变革。

---

① 辛静、叶倩倩：《国际社交媒体平台中国文化跨文化传播的分析与反思——以YouTube李子柒的视频评论为例》，《新闻与写作》2020年第3期。

② 王康：《多屏互动：媒介融合趋势下电视的应对之道》，《青年记者》2018年第25期。

张扬工作室在个人账号上的呈现主要采用的媒介方式有图文、短视频、Vlog等不同形式，同时其个人账号入驻微博、抖音、B站等多种网络平台，根据不同平台的特点展现了不同媒介形式的新闻报道作品。在微博平台张扬多使用图文、短视频形式与用户进行互动，根据工作内容在微博上贴出最新作品进行宣传，或者是工作生活中的花絮，抑或是在不同节日表达自己对粉丝的关心与祝福，积极地与粉丝互动交流。在抖音平台除了推出《张扬对话》《张扬100秒》《张扬在现场》等新闻报道作品外，不同于其他平台的是，张扬还推出《张扬与你共读》系列短视频，与用户分享读书感受，交换书目等，通过个人力量引导用户品位。同时不同于微博的短视频，发布至抖音平台的工作或生活花絮时长较长，内容更为丰富。在B站平台，由于其对于创作者和长视频作品的支持与推广机制，《遇见西藏》系列Vlog视频则更优先被上传至B站平台，在此平台上，用户对相对较长的十几分钟的视频更有耐心与兴趣。

张扬工作室采用多种媒介形式，展现了不同的内容类型，从而多面立体地呈现了张扬的个人形象。在报道方式上以多屏共振打造自身品牌，重塑了新型主流媒体形象，增强了主流媒体引导力。

（三）群策群力展现媒介形象

前台区域进行着特定的表演，后台区域展现着真实的自我。电子媒介的出现模糊了前台与后台，让场景变得越来越重要①。针对不同情况进行不同的“表演”，呈现出不同的媒介形象十分有必要。在这种媒介环境下，主流广电媒体记者们要对自己前台、后台的媒介形象都进行管理，主动进行自我呈现。主流媒体记者在媒体上单一刻板的形象严重影响了记者个人魅力的发挥，张扬之所以能够顺利转型，最主要的原因就是呈现了一个与传统形象形成鲜明反差的真实的媒介形象。

在进行专业报道时，张扬会有意识地“去记者化”，化身为“小羊姐姐”。她不仅仅是一个好奇的提问者，更是事件的参与者、整体叙事的一部

① 刘宏颖：《主流广电媒体记者“网红化”呈现与转型研究》，硕士学位论文，西南财经大学人文与艺术学院，2022，第12页。

分，因此要忘记镜头的存在，和新闻人物共同完成这个故事。而这种创作观的形成，离不开团队对目前最受欢迎的视频产品形态的研究，相比于有些模式化的传统新闻播报，用户在新媒体端更想看到一个真实的人，看到第一视角的体验和感受。因此张扬在新闻报道作品中展现了对重大新闻事件的敏锐洞察力和大局观，还有接地气的报道逻辑和评论话术的媒介形象。最大范围地传播新闻观点，最大程度增强传统媒体的影响力和传播力。在专业报道之外，有了真实的媒介形象，还需要主动将自己的人设、形象呈现出来，让大家能够关注。传统媒体记者只有在广播电视媒介上刻画出来的前台形象，而后台被受众喜爱的真实亲和形象却无法被受众得知。张扬在发表图文时使用的语气大多幽默轻松，这样轻松又幽默的语言使其人物形象更加饱满，在不知不觉中可以拉近与受众的距离。在Vlog和视频中面对镜头时，她也非常自然轻松，经常呈现出来的是开怀大笑的状态，这样亲近自然的形象在人设之外也让受众能够感受到轻松愉悦的氛围。譬如从刚落地拉萨的生龙活虎到持续高原反应，张扬的一系列经历被剪辑制作成“幕后花絮”：拖着硕大的氧气罐采访，还一本正经地面对镜头解释“吸上氧感觉世界都亮了”。这一段落引发了网友热议与调侃。每次视频发出后，弹幕区、评论区和账号后台都会收到大量用户留言，有的粉丝甚至会手写七八千字的长信，分享从“小羊姐姐”的作品中汲取到的力量。

通过一次次的内容呈现，张扬的个人品牌被受众一次又一次地看见，让受众加深印象，最终在受众心中形成固定的形象，并泛化到所有与“张扬”相关内容的形象，让大众能在不经意间想起对记者张扬的印象，从而加强用户的黏性，获取更大的个人影响力和经济效益。团队群策群力对媒介形象进行“重复化”“标签化”的打造，最终形成媒体记者的个人IP，呈现更加多元立体的媒介形象，在弱化主流媒体宣传报道痕迹的同时还以超强的共鸣感提升了传播效果，从受众喜好、内容质量、商业效益、社会效益角度达到平衡状态，从而实现主流广电媒体记者的持续发展。

张扬及其团队的报道形式，开创了重大事件新闻报道的新样式，用活泼多样的报道方式展现热点事件内容，找到了短视频时代新闻“破圈”的方式和技巧。这也为主流媒体打造全媒型记者矩阵、加快深融步伐提供了参照。

第二节　庄晓莹：流量聚合效应与品牌持续输出

庄晓莹为中央广播电视总台国防军事频道编导、记者。2021年1月7日，庄晓莹因其节目表现受到观众与网友的关注。庄晓莹的“走红”来自流量的偶发聚合，在其获得较大关注后，央视团队及时跟进，建设打造全媒型记者个人品牌。

一、庄晓莹：军事记者偶成名

（一）成长路径：网络流量偶发聚合

庄晓莹，1996年出生于福建省永安市，本科毕业于安徽师范大学汉语言文学专业，硕士毕业于中国传媒大学新闻与传播专业。2019年，庄晓莹进入中央广播电视总台，担任CCTV-7国防军事频道记者、编辑。

2021年1月7日，CCTV-7国防军事频道《国防科工》节目播出后，庄晓莹因其外貌条件与节目表现受到观众与网友的关注，迎来其第一次“走红”。

2021年2月14日，庄晓莹开设B站账号并发布第一个视频，截至2023年3月，该视频共获得183.5万播放量；其新浪微博账号“铁翼飞旋z”已有粉丝102.2万。

（二）成长环境：央级平台资源扶持

庄晓莹与王冰冰、张扬等主流媒体记者相似，其“意外”走红通常来自偶发性的流量聚合，但都离不开具有高基础曝光度的大型媒体平台。王冰冰来自中央广播电视总台新闻综合频道，并长期担任吉林站驻站记者；庄晓莹来自中央广播电视总台国防军事频道；张扬来自新华社，担任多场重大会议出镜报道。记者所在的新闻单位构成了全媒体记者外形条件之外的头衔与补充，也是记者本人能力的侧面印证。

获得曝光的同时，维持“意外”流量需要持续倾注资源、重点扶持，高层次、大规模的平台与渠道，既是全媒体记者取得流量关注的先决基础，也是增强流量黏性、反哺平台的关键条件。

（三）传播环境：内容为本，渠道为王

随着信息互联网的发展、移动通信设备的普及、社交媒体的成长，Web2.0时代改变了信息的传播与接收方式，传统媒体所信奉的“内容为王”圭臬渐渐式微，媒介内容的可视化带来了受众审美的“奇观”化，媒介技术日益迎合受众的感官体验，“渠道为王”似乎正成为放之四海而皆准的理念。

（四）审美环境：优越外形收编景观受众

“景观社会”概念由居伊·德波提出，即“是以影像为中介的人们之间的社会关系”，是集产销和展演为一体的社会[①]，在此基础上，凯尔纳提出“媒体奇观”。不同于波德“景观社会”的无主体性，凯尔纳认为，媒介是“奇观”的直接制造者[②]。而今，声量巨大的互联网媒介在将内容可视化的同时，加强了受众的“奇观”审美，媒介技术也日益迎合受众的感官刺激需求，短视频与社交媒体平台进一步塑造着景观社会。景观社会中，眼睛是体验媒介产品的第一器官，眼球经济与注意力经济成为新蓝海，原本以新闻内容制胜的媒体行业，也将“荧幕颜值”捧上了新高度。

B站经过几次更迭吸引了愈来愈多大众受众，但其仍是国内聚集了最大多数的亚文化群体的媒介平台，无论是初期还是现阶段，都挖掘了无数“趣缘”群体，并在媒介可见性上为其赋权。甚至在其影响下，主流受众的审美正在被重新塑造，原本小众的审美需求得以可见，可爱、邻家、鬼马等来自亚文化的审美习惯，逐渐打破传统媒体对其“上不了台面”的刻板成见，甚至成为新的审美主流。庄晓莹打破了央视长久以来作为“国台”的“大气”“端庄”形象，在严肃新闻播报赛道完成突围，缓解了受众的审美疲劳，满足了受众的稀缺审美需求；此外，庄晓莹亲切邻家的个人形象，也与

① 居伊·德波：《景观社会》，王昭风译，南京大学出版社，2006，第3、15页。
② 道格拉斯·凯尔纳：《媒体奇观：当代美国社会文化透视》，史安斌译，清华大学出版社，2003，第2页。

其播报的国防军事内容形成反差。

由我国成都飞机工业（集团）有限公司制造的“歼-20”隐形战斗机，因其具有全黑涂装，与《轻音少女》中二次元角色秋山澪的一袭黑色长发具有相似之处，故该群体将“歼-20”娘化表达为“成飞秋山澪”。形象姣好、气质亲和的庄晓莹主持国防军事频道节目时，可爱、亲切的女性形象与强势、严肃的军事武器产生联系，吸引受众关注。

二、“铁翼飞旋z”：全媒体作品叙事策略

目前，庄晓莹的新媒体作品主要发布于其B站账号“铁翼飞旋z”，该账号目前共发布作品20个，除首个创建账号视频外，其他视频作品播放量波动较大，单个视频播放量最低为3.3万次，最高为68.4万次。除B站个人账号外，其作品同样在“央视频”App发布。

现阶段，庄晓莹仍然以参与制作CCTV-7频道军事节目为主要工作，其全媒体作品多以电视节目为基础素材，进行二次拆分、重组，调整叙事策略，制作更适应新媒体端平台传播特点的长、短视频作品。本节将就其B站账号“铁翼飞旋z”视频作品进行叙事策略分析。

（一）“破音少女”：强化个人风格，打造记者品牌

在CCTV-7国防军事频道《国防科工》节目中，庄晓莹因现场战斗机噪声较大，在播报节目内容时不慎“破音”而“走红”网络。央视团队敏锐、准确地捕捉到这一记忆点，在推出其后续节目时，将“破音”作为庄晓莹的个人风格，围绕其进行人设打造与内容布局。

截至2023年2月，庄晓莹B站账号共发布作品20个，其中，四个视频封面文案采用“破音”作为宣传重点，分别为：“铁翼降落，破音来袭”“天上四架威龙，地上喊破喉咙～”“歼-20让我又破音了”“要比高炮音量大才行”。

2022年1月11日，庄晓莹发布《歼-20首飞11周年，我决定表演一个才艺……和它的发动机比声音！》视频Vlog，该视频开头采用第一人称拍摄视角，突出庄晓莹作为“邻家少女”的个体性，弱化“央视记者”高高在上

的“权威感”。视频主题“和发动机比声音”继续强化了庄晓莹“硬核军迷”“破音少女”的形象特点。

在该视频评论区中，航天局新闻宣传中心直属文化平台官方账号“CNSA中国航天文化”与庄晓莹进行互动，获得网友1664点赞、11条有效回复。官方账号间的亲密互动能够较有效率地建立起机构的形象IP，顺应新媒体语境，达到事半功倍的宣传效果。

（二）“硬核军迷”：收编亚文化群体，收揽长尾效益

当前，新媒体已经成为亚文化内容创作与传播的独特文化场域，“长尾效应”在其中愈加凸显。“长尾效应”首先在经济学领域出现，由《连线》杂志主编克里斯·安德森在2004年最早提出，“长尾”实际上是统计学中幂律（Power Laws）和帕累托（Pareto）分布特征的一个口语化表达。安德森认为，市场中需求不佳、销量不尽如人意的产品，即使占据市场份额较小，但只要产品储存与流通的渠道足够大，那么这些产品便可以与数量不多的热门商品在销售额上匹敌[①]。该理论是对经典“二八定律”的一次冲击，将人们的目光引导至先前可见度较低的小众产品上。

在传播链条可以无限延伸，传播网络可以无限铺开的新媒介时代，基于互联网所产生的长尾效应，带来了日益可观的商业效益，青年亚文化的实践群体也在新媒介语境中出现明显的普泛化转向[②]。当达到一定的数量级时，小众群体不再是绝对意义上的小众，亚文化与亚文化经济也因此被主流文化收编、重视，在新媒介技术的加持下，小众审美趣味的表达也愈来愈明晰[③]。

在众多青年亚文化中，“军核”文化是特点鲜明的一支。如前文所述，庄晓莹的外在形象、职业素养等个人特点，符合“军核”受众的文化需求，央视同样抓住这一流量支点，全面打造记者个人作品。

“铁翼飞旋z”账号发布的20个视频中，战斗机相关题材共6个，军事武器相关题材共5个。2022年3月4日发布的《体验特战反恐利器，这次是特战队

① 克里斯·安德森：《长尾理论》，乔江涛译，中信出版社，2012，第43—52页。
② 樊家军：《青年亚文化的特征与价值审视》，《人民论坛》2021年第11期。
③ 许宁：《论新媒介时代小众审美趣味的显性表达》，《社会科学辑刊》2019年第6期。

员教我射击》截至2023年2月共获得68.4万次播放、35 000次点赞和1990次转发。特点鲜明的“军核”亚文化与旗帜鲜明的主流文化在庄晓莹身上得到和谐统一，也为央视带来了传统受众以外的“长尾目光”。

三、评价与启示

作为央视众多融媒体记者中的一员，庄晓莹具有鲜明的个人特点，这为她带来了黏性较高的受众关注；但也因其报道领域较为垂直，直接受众面较窄，作品播放量无法得到有效保证。

央视团队也正在发掘庄晓莹的更多可能性，如参与原创IP融媒体直播节目《国之大雅·二十四节气》、主播新媒体才艺秀《央young之夏》，客串大型益智游戏类综艺节目《开门大吉》等。针对“意外”走红的记者个人，珍惜偶发的流量聚合时机，打造记者风格与品牌形象，吸收长尾受众，抓住“意外”走红的流量，发展持续输出的品牌，成为大型媒体平台全媒型记者的“破圈”新路径。

第三节　彭译萱：创新政治报道　讲好中国故事

出生于20世纪90年代末的彭译萱，2017年入职中国日报社，是一名双语记者和栏目编导。《中国日报》的“两会”Vlog受到广泛的传播和关注后，这个用英语向用户介绍所见所闻的短发记者开始走进大众的视野，参与制作的“一带一路”专题、“新青年　新力量”专题等系列Vlog在各大网络平台累计总播放量破亿，微博话题“#小彭Vlog#”阅读量超2300万。不断创新报道形式、转换叙述视角，用Vlog展现“不一样的中国”，是彭译萱走向全媒型记者的融合新闻报道之路。

一、彭译萱在中国日报：从文艺“Vlogger”到主流网红

（一）创新政治报道，个人魅力初显：《小姐姐的“两会”初体验》

2019年“两会”报道期间，彭译萱和同事、领导们在一次头脑风暴策划会上，决定尝试把当时在国外开始流行的Vlog形式与时政新闻报道结合在一起的做法。经过最初一段时间的实验与坚持，中国日报社推出的《Vlog：小姐姐的“两会”初体验》系列视频获得第30届中国新闻奖媒体融合奖项短视频专题报道三等奖。

和传统的政治报道不同，彭译萱的“两会”系列Vlog展示了一个小记者的工作日常。第一期《第一次参加“两会”报道，怎么穿才正式又得体？》，从采访前收到报社的“两会”报道手册，却没有看到任何关于着装的信息引出为报道“两会”作的一系列准备；第二期《“追人”这件事儿，不仅“烧脑”还要很能跑！》，记录为了找到采访对象而苦练跑步、研究地图的过程，以及成功采访之后的喜悦和兴奋；第三期《小姐姐第一次上“两会”，就做了一件让BBC（英国广播公司）记者羡慕的事儿》，从“外国记者在‘两会’中都在关注中国的什么话题”问题切入，询问BBC记者麦笛文关注的话题和最想采访的人，帮助他完成心愿；第四期《如何拍出好视频？

是时候“供出”小姐姐背后的那些人了》，记录了制作一条爆款视频的全过程，呈现中国日报融媒体中心的工作日常；第五期《又到了该说再见的时候了……》，总结了“两会”带来的最大收获。

上述五期Vlog将政治新闻报道融入记者工作日常之中，彭译萱先后采访了曾参加过25年“两会”报道的中国日报社副总编辑孙尚武、北京冬奥会运动员委员会主席杨扬、中国心胸血管麻醉学会秘书长敖虎山、中国篮球协会主席姚明等，向观众传达值得关注的议题、冬奥会筹备工作情况、除颤仪科普、中国篮球未来发展等信息。这使得观众在获取新闻内容的同时，跟着“小彭”一起，一步一步从一个记者的视角了解了“两会”的幕前幕后故事。自此开始，简单轻快的打招呼方式，可爱的娃娃短发，发音清晰的语音和时不时发出的爽朗笑声，成为记者彭译萱的招牌特色。

（二）动画制作亮眼，持续打造爆款：《活起来的文化遗产》

近年来，《唐宫夜宴》《元宵奇妙游》《只此青绿》等大批文化类节目“破圈”传播，传统文化正以越来越丰富、新颖的方式“活”起来，焕发出新的时代光彩。与此同时，文化遗产保护也日益成为全国“两会”的热议话题，众多人大代表和政协委员纷纷为此建言献策，通过一个个议案、提案，为珍贵文化遗产得到更好保护鼓与呼。

2022年全国“两会”前夕，在国家对文化遗产保护的重视以及全社会对传统文化的关注氛围中，喜欢《唐宫夜宴》的彭译萱在浓厚的个人兴趣加持下，选择将“两会”报道的重点放在文化遗产保护的话题上。

在Vlog片头，唐代陶俑在春风中幻化成小彭，进而奔赴“两会”的趣味情节抓人眼球。彭译萱通过搜索与图片里新疆出土的阿斯塔纳墓仕女俑相类似的复原款汉服，再模仿学习《清平乐》剧中女子的珍珠面靥妆容，独自一人运用动画技术，低成本高效率地创造出活泼可爱的国风“小彭”——高耸的发髻、眉间上的一抹花钿、花纹复杂的新疆撞色小衫、橙黄竖条纹相间的长裙、淡绿色的衣袖和浅黄色的披帛，造型深入人心；当国风“小彭”一吹，阿斯塔纳墓仕女俑的衣服裙摆便飘动起来，画面栩栩如生。

为更好地了解全国人大代表和政协委员们对文化遗产保护所作出的努

力，彭译萱来到陈列《唐宫夜宴》小姐姐原型——红陶女俑的河南博物院，探寻“活”起来的文物背后的故事。通过采访工作在文化传承一线的全国政协委员、河南博物院院长马萧林，亲自动手在文创产品“考古盲盒”中感受“考古”的快乐，向全国人大代表、中国戏剧家协会副主席李树建学习豫剧表演、体验豫剧直播等形式，彭译萱在Vlog中带领观众一边找寻文化遗产和传承方式，一边共同感受中华文化的无限魅力。

（三）深度融入基层，反哺媒体品牌：《暖风习习｜See What Xi Sees》

2022年10月，党的二十大胜利召开。为深入宣传党的二十大精神，做好重大时政主题报道和主流舆论引导，各中央主流媒体涌现出多样化的融媒体报道方式，通过融媒体技术赋能，实现内外联动、多维传播的效果。在党的二十大报道中，中央媒体围绕主题，灵活利用立体平台进行对外传播，放大正向叙事，强化观点输出，推动对外议程设置。

中国日报推出《暖风习习｜See What Xi Sees》系列双语视频，这一次，作为网红记者的彭译萱突破Vlog形式，以纪录片编导和出镜记者的身份，深入习近平总书记探访过的基层地区，重温总书记的温暖牵挂和殷殷嘱托。

内容上，《暖风习习｜See What Xi Sees》第一集从内蒙古草原那达慕大会现场引入，寻找习近平总书记曾经看望过的一位搏克手，通过朝鲁门夫妇回忆讲述2014年冬季那达慕大会总书记来时的事和这些年来当地发生的变化；第二集来到云南腾冲，从做饭情景接入2020年新年前夕习近平总书记制作佤族新年传统食物大米粑粑的影像，李连欢一家回忆起与总书记之间的谈话；第三集带领地铁建设工人范勇和他的女儿来到故宫，并前往他施工和生活的地方，回忆2013年春节前夕习近平总书记来到施工工地慰问时的事。

主题上，《暖风习习｜See What Xi Sees》借搏克手展现民族文化发展，揭示中华民族强包容性的主题；借脱贫家庭展现国家政策帮扶，揭示小家国家命运紧密联系的主题；借城市建设者展现中国城市变迁，揭示崇尚劳动的主题。

节目摒弃了单纯宣教式的讲述，而是通过“小彭”与当地人交流、融入特色活动，展现风土人情和欣欣向荣的现实生活，描绘国家发展，构建国家形象，传递“中国声音”。从小家到大家，温暖的讲述让评论区网友留言：“草原真美！有机会我一定要去那里旅游！”

二、小彭Vlog叙事策略：从知识提供者到即时解读者

（一）自拍形式，主观介入客观

传统出镜报道中使用的景别多为中景，传受双方的社会距离较远。自拍镜头是平视着面对受众，且其景别为近景，与人们在真实环境中交谈的视觉语言相同，能够产生“你与我”“面对面”交流的“对话场”。

小彭Vlog使媒体记者脱离了官方单调的形象，缓解了受访对象的拘束感，画面中的受访者在述说或看向镜头的时刻，小彭记者会以自拍的形式将自己的半边脸凑近相框里，将自己纳入正在发生的事件之中。这种以主观视角介入客观叙事节奏的方式，不仅减少了受访者的“被采访感”，也让观众时刻感受到这不只是通过记者个人视角获取新闻信息的专题片，更是具有创作者强烈个人特点和主观情感的生活纪录片。

（二）风格活泼，颠覆严肃叙事

传统的时政新闻报道话语是严肃的，风格是偏说教的且长期固定的，是以新闻事件为主角，而非新闻报道者为主[①]。而在彭译萱的采访过程中，她颠覆了传统的采访方式，仅凭一部手机、一个支架便轻松上阵。视频节奏轻松明快，出镜记者接地气又有“网感”，剪辑包装符合年轻人的审美。

在小彭Vlog中，彭译萱在镜头前聊全国“两会”着装、采访秘笈，极具网生内容特点的台词、临场随机应变的采访过程与巧妙设置的环节在一定程度上颠覆了过往有关全国“两会”报道的严肃叙事，迅速拉近了时政报道与受众间的距离。

---

① 王喆：《Vlog在时政报道中的传播策略及发展趋势》，《科教望潮·2020Remix教育大会论文集》，2020，第182—186页。

（三）积极互动，增强用户黏性

当粉丝在评论中发表对视频和“小彭”的喜爱和建议时，彭译萱也会作相应回复。在这种积极的信息传递和双向互动中，受众不仅接收了报道的传播内容，也使媒体及时得到了受众的反馈。用户需求得到了有效回应，无形之中增强了受众与媒体之间的黏性。

三、启示：打造全媒型记者，实现主流媒体转型

（一）赋权记者，散发生命力

媒体机构应赋予“权利”让记者个人充当“意见领袖”，增加记者对行业的认同感和归属感才是留住人才的关键出路。在过去的传统媒体运营中，媒体人员所发表的言论几乎代表着整个媒体，所以很多记者除了报道工作要求的事宜外很少进行“个人活动”，多半是以“小编”的身份对工作账号进行代运营，很少在社交平台上发现记者公开认证的个人账号。但随着媒介的转型升级，媒体行业对于记者个人的限制放宽了许多。

彭译萱2019年创立了自己在机构的专属账号“小彭Vlog”。2019年“两会”走红后，第二届“一带一路”国际合作高峰论坛时她也到现场并发布了相关Vlog，引起了广泛关注。同时，自媒体账号与机构账号同步运营，相互成就。彭译萱在微博、B站、抖音、微信等平台都拥有庞大的粉丝量，Vlog总播放量超5000万。在党的二十大报道中，她发布的几条Vlog在各大平台都得到了广泛关注。其中一条与报道党的二十大的外国记者的交流Vlog仅在B站一个平台播放量就突破35万[①]。

（二）过硬业务，接地气形象

新媒体时代下，新闻记者必须具备互联网技能和思维，成为“全媒体、

① 锐西：《二十大中屡屡出现的主流媒体Vlog怎么考？赶紧来看看！》，https://mp.weixin.qq.com/s/NFlbYJ6q27sUujNjY08PTA，访问日期：2023年8月7日。

专业型”记者才不会被时代淘汰[①]。除了要具备基本的专业素养以外，还需要具备优质的语言能力比如即兴、口语化、片段化的语言表达；以及非语言化表现能力比如记者个人的镜头感、对象感，在报道过程中的表情表达、体态表达、服饰表达以及手势表达等[②]。

除“Vloggcr”和纪录片编导、出镜记者身份外，主持人的工作彭译萱同样应对自如。2019年10月1日，彭译萱在中国日报直播间内进行了当天的国庆庆祝大会实况直播。确定筹备这场直播后的一个月里，彭译萱和直播组的同事在快节奏的日常新闻工作之外，经常加班加点讨论直播的细节，最终确定了直播流程，这场向全世界转播的双语直播才最终成型。直播长达4个小时，在海外和国内的新媒体平台同时推出，吸引了超过1500万粉丝，互动量超过10万。

在过硬的业务实力下，彭译萱保证创新融合新闻报道持续输出，拥有《小姐姐的“两会”初体验》《小彭#一带一路Vlog#》《新青年　新力量》《小彭2020“两会”Vlog》等众多代表作品以及其他多元议题的报道作品。而标志性的笑容，亲切平和的语态，标准的英式英语发音，加之固定的视觉形象符号如特定的卡通转场，纯色外框，自制动漫形象等，成为她独有的富有人格化的标记性符号，深入观众心中。

（三）多元生产，多渠道分发

在彭译萱采写编摄的作品中，对于视频本身，针对不同类型的议题配以适宜的节奏；针对系列作品，则每一集的结构、风格、剪辑手法相似，在内容上又有一定的承接。此外，每个视频都会有相关的文字报道，并根据平台特点制作标题和导语，有些视频中无法呈现出来的事实，文章可以进行补充。具体而言，有以第三视角进行故事讲述，也有以第一人称通过采访日记的形式展开。

同时，记者之间的相互协作让融媒体作品融合了更多形式，更加完整和

① 唐娑妮：《融媒时代“主流网红”现象研究》，硕士学位论文，广州大学新闻与传播学院，2018，第16—17页。
② 王一维：《探讨“网红记者”的优势及打造手法》，《新闻传播》2022年第20期。

立体地呈现故事。在制作一期有关高山海岛海军的Vlog过程中，彭译萱和中国日报的文字记者一起去岛上采访。两人的采访套路有所区别：小彭使用的是新媒体套路，会问一些切入点很小、贴近生活的问题；另一位记者则会问一些更深刻、抵达人心深处的复杂问题。结果是，两个人采访到了不一样的故事。当传统文章和Vlog相结合，观众就能了解到那些视频以外的东西。

因此，视频、动图、推文等多元生产，微博、微信视频号、微信公众号、B站、国际网站等多平台进行传播，记者的创新创作能力得到进一步激发，媒体借势打造品牌，传播力和影响力大大提升。

从率先运用Vlog进行新闻报道，尝试转变传统新闻的报道语态、用轻松愉快的方式讲述新闻故事，到活用传统文化、复原唐代仕女俑，再到走进基层、沉浸式体验采访对象的衣食住行，中国日报记者彭译萱凭借优异的新闻业务能力、极富亲和力的形象，打造出众多令人耳目一新的融合新闻报道作品，为国内外观众展现“不一样的中国”，成为“讲好中国故事”的典范。

第四节　主流网红：南方名记培育工程

随着信息技术、网络技术的发展和应用，媒体融合成为发展的需要，也使得媒体的产业链和发展都发生了巨大变化。这种融合是多维度的，包括新闻生产、媒介功能、传播方式、组织架构等各要素的重构和融合，以实现信息的集中共享和融合互通。在这样的语境下，传统报业集团的运作模式受到冲击，开始思索应对融合发展的举措。

媒体融合的关键不仅仅是技术的融合，更是人的融合。引进、利用、培育一批能够应对新媒体变革、稳立潮头的人才是媒体融合发展转型工作的关键任务。名记者、名主持人的打造一向是媒体塑造品牌、提升影响力的重要法宝。在媒体融合的新形势下，全媒型、专家型记者的打造是应对行业的必然选择。

2016年10月，南方报业传媒集团实施“南方名记培育工程”，率先探索打造主流网红，培育全媒型、专家型优秀人才的模式，创新人才培养，推动集团深度融合。以该工程为起点，多名“南方网红”活跃在媒体融合创新前沿，推出了众多具有一定传播力、影响力、高质量的融媒体作品。

一、“南方名记培育工程”的布局

“南方名记培育工程”致力于优化人才队伍结构，培养一批具有新媒体采编运营能力的全媒型人才，打造新媒体时代的主流网红；实行“南方名记工作室”制度，注重优势项目、特色栏目的打造。自此，“主流网红”一词进入人们视野，作为幕后工作者的记者走向台前，肩负新闻工作者的传统使命的同时又需要适应互联网时代的市场环境。

该工程打破了选人用人的常规，不以年龄、资历、级别“论英雄”，而是以专业能力“拼高低”；重新定义了“名记”的标准，不仅仅要做“纸红”，更要做善于运用现代传播手段，在传统媒体和新媒体领域都具有较强的社会影响力、权威性、不可替代性的主流网红。将传统记者“单干模式”变成“团队作战”模式，实行“南方名记者工作室”制度，每一名南方名记者变身为团队的核心，带动形成一批灵活作战创新团队[①]。

第一批南方名记的选择就是在政经、教育、医疗、军事、三农等领域具有明显传播营销优势、专业特色鲜明的记者。具体实施中，南方报业对记者提出三点希望，一是做深耕主业的尖兵，成为内容生产传播的行家里手，南方名记主流网红作为媒体人的本质属性没有改变，优质内容的生产仍然是工作的职责使命所在；二是要成为开拓创新的尖兵，带头创新新闻理念、内容、体裁、形式、方法、手段，名记者面向的是新技术、新场景，须娴熟生产适合新阅读习惯的内容；三是要成为融合发展的尖兵，创造性地生产优质全媒体产品，做具备全媒体策划运营能力的领军人才[②]。

① 黄常开：《既要做“纸红”，更要做网红——南方报业人才培育工程的创新思路与实践》，《中国记者》2016年第12期。

② 丁建庭：《打造“主流网红”，唱响“南方声音”——以“南方名记·丁建庭工作室”为例》，《青年记者》2017年第10期。

经过多年实践，南方名记各工作室推出多个具有代表性的爆款内容，同时，以名记者为牵引，部门间界限日益弱化，多个工作室协力合作，推出大量鲜活、有深度的全媒体报道。

二、转型尖兵的打造：一人一策、因人施策

“南方名记培育工程”将工作重点划分为五个方面：一是经营有影响力的深度报道栏目，特别是调查性报道、监督报道栏目；二是打造垂直领域微信公众号；三是在“南方+”客户端等新媒体端推出全新节目、栏目；四是实施全媒体宣传运营重点项目；五是开发线下智库产品①。根据不同记者的主攻方向，形成“一人一策、因人施策”的独特培育办法，名记者在掌握全媒体的多项技能后，还要有相对精通的领域和特长，组建具有个人特色的工作室，打造具有影响力的个人品牌。

（一）赵杨：视频转型打造爆款产品

赵杨是南方日报时政新闻部的记者，他在多篇优秀的新闻报道实践中体现了良好的脚力、眼力、脑力和笔力，是能出入党政机关的时政记者、专业懂行的政法记者，是能采能评的国际新闻记者……2015年，他曾参与策划推出《跨界治水AB面》系列深度调查，该项目不仅完成了7篇深度报道，还组织了相应的群众照片征集活动，推进广东跨界河流污染治理这一老大难问题的逐步破解，实现了良好的建设性舆论监督报道，让记者工作有深度也有力度。

2016年，赵杨入选首批“南方名记孵化项目”，成立自己的工作室，围绕新媒体生产，在南方日报、南方网、“南方+”客户端寻找合作伙伴，组建了强大的视频制作阵容，着力打造新媒体爆款。在探索媒体转型的过程中，赵杨工作室打造了两款现象级产品《武松来了》和《“两会”TALKS》，提供了记者转型的内容样本。

《武松来了》全网点击量过亿，是创新反腐倡廉宣传工作的“现象级”

---

① 黄常开：《既要做“纸红”，更要做网红——南方报业人才培育工程的创新思路与实践》，《中国记者》2016年第12期。

融媒体精品。在反腐的大环境下，为跟紧中央纪委拍蝇打虎的反腐步伐，工作室非常形象地将节目命名为《武松来了》。这档脱口秀节目定位为以案说纪、创新廉洁教育，节目内容从家风建设问题到收送红包问题，从个别官员迷信问题到子女教育问题，都是非常典型的案例。在节目制作过程中，赵杨曾提出："节目的形态是否新颖？节目的品质是否上乘？最关键的是，节目是否具有传播力？"

节目形态上，选取"说书人点评+贪官忏悔视频+动漫"的独特形式，吸引了大量的网络关注。节目品质上，每个腐败官员的选取都极具有故事性，主持人赵杨一身长衫，手拿纸扇的形象深入人心。官员现身说法，主持人适当讲评，结尾处适时补充党章党纪，节目内容上下吻合，剪辑上节奏紧密，实现了"软"宣传。节目传播上，为了符合新媒体网络传播特点，该节目为每集仅有五分钟的短视频，可以充分利用网民的碎片化时间进行宣传。这样的融媒体作品，体现了主流媒体在传统报道方式与新媒体之间的完美嫁接。

2017年的全国"两会"，赵杨工作室与郑佳欣工作室联手打造了《"两会"TALKS》短视频脱口秀节目，以"TED式演讲+三维数据动画"的方式，每集讲述一个新闻话题，4集短视频节目，在全国"两会"期间播出，点击量超过5000万。该节目汲取《武松来了》的成功经验，广受赞誉。

同行认为，赵杨的武器在于资源整合能力[①]。在整合好人才资源、技术资源后，协调工作室发展，采用了"项目公司化"的运作模式：人才上，赵杨团队的成员都是从组织内部精心挑选出来的，满足了团队的需求，具有多样性特征；产品上，作为深耕时政新闻领域的团队，内容方面通过与纪委合作获取一手信息，形式方面打造视频形态的产品，善于运用互联网表达的方式，产出大量话题性内容，吸引受众关注；团队制度上，建立激励和成本约束机制，量化互联网产品的考核指标，促进团队发展[②]。这便是赵杨工作室能够很好地实现转型并打造多款爆款产品的原因。

① 梁文悦：《他在媒体转型的道路上猛力奔跑》，《南方传媒研究》2018年第1期。

② 李姝函：《融合语境下传统媒体从业者的体制内转型研究》，硕士学位论文，暨南大学新闻与传播学院，2018，第21—23页。

（二）曹斯：垂直运营打造个人品牌

2016年入选“南方名记培育工程”的曹斯，主打的是健康领域。随之成立的曹斯工作室，主要运营南方日报唯一的健康垂直领域微信公众号“南方名医帮”。深度融合、全面转型，开拓思维、延伸触角，曹斯运用“产品经理”的思维，专注健康领域，带领工作室团队在优质内容生产、权威服务平台打造等方面做出了很多成绩。

2017年6月，曹斯工作室在“南方+”“南方名医帮”首发了首档竖视频人物独白式产品《独白》。据不完全统计，五期节目播出后，截至2017年12月22日，影响力覆盖超过1300万名用户。该产品依托南方日报深耕多年的医疗线，从小切口出发，巧妙选取角度，深度挖掘有故事的人和他们背后的故事，节目关注到器官捐献协调员、超重群体、麻风病群体、心脏移植群体等。工作室的全媒体团队包括了文字、摄影、摄像等记者，以文字、图片、视频等方式在不同的平台进行差异化的呈现：报纸端侧重于文字形式呈现的深度报道，网络端侧重以音视频的形式呈现精彩对话、短视频和图片故事。根据不同渠道的个性进行选择性的表达，形成了多形式、多平台的情感共振，辐射影响大。

2018年8月19日，首个中国医师节，曹斯南方名记工作室联合广东省卫生计生委与广东各大医院，推出了广东医生原创主题歌《相信》，影响力覆盖千万人次，多波次传播，全方位共振，成为又一爆款融媒体产品。产品形态的确定源自主创团队寻找到的记者能力专长和产品创意的“融合点”，遂选择了由记者谱曲，写一首针对医生职业群体的音乐作品，用原创歌曲和音乐视频这一个性化的方式刻画广东医生形象。主题设定上，基于多年深耕医疗垂直领域的经验积累，曹斯工作室锁定了“医患互信”的主题，并将歌名定为《相信》。

为充分考虑目标受众关注的重点和表达的诉求，提高作品的参与性和互动性，《相信》这首歌曲的制作过程不仅只是简单地报道医生群体的故事，而是选择让歌曲从医生群体中来，让目标受众成为主角。主创团队通过“南方+广东医生”新媒体矩阵发起歌词征集，类似于UGC（User Generated

Content，用户生产内容）的歌词生产让内容更加深刻，更有说服力。该产品也在和用户的互动中，拓宽了影响力。在歌词承载相应主题和情感的基础上，主创团队还通过视听元素的融合为产品注入了更多内涵：音乐视频收录了35张广东医生的纪实照片，让广东医生的共同记忆引发群体共鸣，实现了更好的“传情达意”。

内容制作完成后，该产品的传播更是把握了影响力时间线，形成了多波次的高潮。基于互联网互联互通的特点，音乐发出后的第一波关注来自发送平台，第二波是其他媒体渠道的转载，第三波是被央视《新闻1+1》栏目关注且报道，再次激起全网关注，第四波是音乐上线音乐平台后的持续流行。此外，线上线下的传播资源相结合，也使得该产品的影响力不断扩散。在传播过程中，《相信》一方面是抓住了网络传播规律，跟紧了时事热点；一方面是整合平台资源，做到多平台共振，此外在歌曲发布后持续推出了新的报道，做到了集合报道，有节奏地推进[①]。

在优化团队人才建设、持续生产优质内容的基础上，为追求全面转型，实现记者工作的延伸，曹斯工作室还致力于优越平台的搭建。以寻找广东好医生项目为契机，工作室进行了全面转型服务优越平台的探索。寻找广东好医生项目是工作室策划的致敬活动，该活动通过多来源推荐，网友和专家等在海量的投稿中评选，选出了10位“广东好医生”[②]。在此过程中，工作室精心制作了28条好医生全媒体报道推送，为平台提供了好内容，带来了许多点击量[③]。基于垂直领域深耕的优势，工作室还促成了全省500家卫生计生系统新媒体入驻南方号，并在此基础上打造广东卫生计生系统新媒体矩阵，为服务用户、平台发展注入了新动力。

曹斯的转型过程，达到了南方报业提出的“优质内容、优秀人才、优越平台”要求，以更为丰富更为聚合的产品形态作内容的呈现，凭多技能人才的合作形成团队合力，用更精准的服务助力平台建设，展现了全媒型记者的生机。

---

① 曹斯、戎明昌：《创意融媒体产品如何唱响唱好主旋律——以南方报业打造的广东医生主题歌〈相信〉为例》，《中国记者》2018年第10期。

② 曹斯：《深度转型融合　做好“医”的文章》，《南方传媒研究》2018年第2期。

③ 曹斯：《“主流网红”更要守住初心》，《青年记者》2017年第19期。

三、全媒型记者的“出圈”经验总结

融媒时代，优质内容的生产仍然是媒体的立身之本。传统媒体和新媒体融合的“大媒介”形态包含了各种优势，记者在内容生产的过程中须把握好选题、采访方式、报道手段，全面提升全媒体供稿能力，对特定的内容的呈现应有侧重，呈现更丰富的聚合形态，全方位推进内容创新。

在爆款内容的制作上要把握好方向，持续创新，抓准互联网传播的规律。有学者认为，南方报业打造出的系列与主流媒体气质相一致的爆款精品，都是在“准”“新”“微”“快”上下好了功夫。“准”在跟紧时代主旋律、精准引导；“新”在创新内容形式和风格，技术赋能内容，大数据、短视频、移动直播、H5、无人机采集等都可以普遍运用到采编制作环节；“微”体现在碎片化传播，短小精悍、直奔主题的内容制作；“快”体现在反应迅速、抢占先机，积极抢占新媒体舆论场的话语权。

新媒体环境依然可以书写有吸引力的故事，精品内容的走红一靠时机，二靠记者的想象力和能力。南方名记工作室给予名记者空间使其以主人翁心态谋划转型发展。记者在把握好互联网融媒精品内容的共性后，以产品经理的思维进行策划[①]，融合生产者的专长和产品创意，打造个性化精品。当“受众”上升为“用户”，媒体应该思考精准服务的措施，充分考虑目标受众关注重点与表达诉求，适应受众的社交需求、审美偏好、价值取向；充分把握传播引爆点和影响力时间线，这样的融媒体产品才能达到入耳、入眼、入脑、入心的效果，产生成风化人的力量。

除此之外，为使记者成功“出圈”，团队建设和平台搭建也是必不可少的。南方名记工作室培育项目弱化部门的边界，强调人的融合，打通各线口资源，让团队形成合力，实现更聚合、更立体、更贴近、更走心的传播。平台搭建上，南方报业将主战场从传统纸媒向报、网、端、微等全覆盖，不仅为用户提供内容，还注重交流平台的建设。

① 曹嫒嫒：《“产品经理”思维如何助推媒体融合转型——以“南方名记者”培育工程为例》，《南方传媒研究》2019年第4期。

融媒体时代意味着在互联网思维下要整合不同资源、共享技术平台、重构用户关系，建立新的媒体生态。全方位、全媒体、全介质的转型探索是一个复杂、系统的工程，我们也能看到，全媒型记者的培养不仅仅在于其个人对于多媒体技术的使用，更在于一个具备专业技能的记者群体的打造。

第三章
数据新闻案例研究

信息时代已然到来，一种新的新闻报道类型——“数据新闻”应运而生。与传统的新闻报道不同，数据新闻以数据为驱动，通过可视化的图表、动画等形式将多元的数据信息表现出来，优化了传统新闻的表达方式。数据新闻凭借其天然的可视化优势在众多的新闻报道中脱颖而出，其发展优势不可忽视。而作为新兴的新闻报道形式，数据新闻同样存在着一些局限性，亟待优化及改善。

第一节　澎湃“美数课”栏目的数据新闻生产

尽管数据新闻是一种较为新颖的新闻报道形式，但它仍然离不开传统新闻生产的滋养，与数字新闻、精确新闻以及计算机辅助报道息息相关、一脉相承。要分析数据新闻案例，必先理解概念的内涵，了解数据新闻的起源与演变[①]。

一、数据新闻的演变历程

（一）数据新闻与数字新闻

数据搭配文字作为计数统计说明可以追溯到远古时期，而随着新闻报道的出现，数据也被应用到新闻生产当中。英国《卫报》作为第一个利用数据进行新闻报道的纸质媒体，可追溯到1821年。利用量化的形式更加精准地报道新闻，数字可以更加直观地展现新闻事物的全貌，帮助读者了解新闻内容[②]。一方面，数据本身就是新闻，可以直接反映新闻现实；另一方面，数据还可以起到辅助性的作用，使新闻报道更加客观、真实、准确。

---

① 孙莹：《澎湃新闻“美数课”栏目的数据新闻研究》，硕士学位论文，兰州大学新闻与传播学院，2017，第8、9、13页。

② 王澜：《数字应用在新闻传播中的基本规律》，《新闻导刊》2006年第6期。

（二）数据新闻与计算机辅助报道

计算机辅助报道（Computer Aided Reporting，CAR）是一种借助于计算机在线收集数据的辅助工具，它用统计等社会科学研究方法来分析数据，从而形成新闻报道。20世纪50年代，计算机辅助报道起源于当时经济实力雄厚的美国，在计算机技术普及的背景下，记者们开始使用计算机对数据库中的信息进行分析，用以查证、修正新闻信息①。数据新闻看似与计算机辅助报道概念相当，其实不然，计算机辅助报道将数据运用作为新闻报道的一种辅助工具，而数据新闻则是以数据为核心，围绕数据展开新闻生产。换言之，数据新闻传承了计算机辅助报道对数据的运用形式，但更重视数据的主体地位。

（三）数据新闻与精确新闻

精确新闻报道起源于20世纪60年代的美国，又称精确新闻、精确新闻学，是一种基于科学的量化研究的新闻报道。菲利普·迈耶于1973年在其著作《精确新闻学：一个记者关于社会科学方法的介绍》中，正式把精确新闻学定义为“将社会科学和行为科学的研究方法应用于实践新闻的报道”②。在大数据时代下，数据新闻采用可视化的图表来呈现新闻，部分继承了精确新闻报道采用社会学研究方法的方式。

计算机技术不断革新，越来越被广泛地应用到新闻报道中，从数字新闻、计算机辅助报道到精确新闻报道，一脉相承。数据新闻是信息时代的产物，正深刻地、全面地影响与改变新闻生产的模式。

数据新闻（Data Journalism），也被称为数据驱动新闻（Data Driven Journalism），数据本身是其核心。既有研究从新闻生产的角度定义数据新闻，澳门学者章戈浩称“数据新闻是对数据进行分析与过滤，从而创作出新闻报道”；有的学者从数据新闻的特色对其下定义，认为数据新闻将新闻敏感和用数据讲故事结合起来，为新闻生产带来新的可能性③；还有学者从新闻

① 孙莹：《澎湃新闻“美数课”栏目的数据新闻研究》，硕士学位论文，兰州大学新闻与传播学院，2017，第8、9、13页。
② 喻国明：《从精确新闻到大数据新闻——关于大数据新闻的前世今生》，《青年记者》2014年第36期。
③ 郝丽伟：《英国〈卫报〉数据新闻研究》，硕士学位论文，河北大学新闻传播学院，2014，第5页。

行业发展的角度来进行界定，直言数据新闻是未来新闻业的发展趋势和关键变革方向。

综上所述，数据新闻是信息时代的产物，是一种利用科学方法对数据进行抓取、挖掘、统计来分析其蕴含的价值与意义，并采取图表、动画等可视化手段呈现的新兴新闻类型①。

二、澎湃“美数课”栏目的选题特点

（一）澎湃“美数课”栏目概况

澎湃新闻是上海报业集团与旗下党报《东方早报》联合建立的新媒体平台，它诞生于传统新闻媒体转型、变革的浪潮中，顺应新媒体的发展趋势，于2014年7月22日正式上线。澎湃新闻也是上海报业集团成立后投入4亿元巨资运作的首个新媒体项目，它同时推出了新闻网页版、移动客户端，并与微信公众号、官方微博组成了新媒体综合平台。2017年起，《东方早报》休刊，重心向澎湃新闻转移，这也标志着上海报业集团迈出了传统媒体转型的第一步②。

作为上海报业集团建设新媒体平台的重心，澎湃新闻牢牢抓住了发展数据新闻这一机遇。上线之初，澎湃新闻的内容板块主要包括“时事”“经济”“思想”和“生活”，并细分了各种小标签。数据新闻栏目最早归属于时事模块，名为“花边数据”。2015年，澎湃新闻根据发展需要对栏目进行了整改和优化，将数据新闻栏目“花边数据”正式更名为“美数课”，归属于“时政”板块，提出最新宗旨“数字是骨骼，设计是灵魂。与新闻相关，又与新闻无关”。“美数课”栏目每月平均发布14篇数据新闻，可视化的形式包括静态信息图表、交互可视化、视频及动画等③。

① 孙莹：《澎湃新闻“美数课”栏目的数据新闻研究》，硕士学位论文，兰州大学新闻与传播学院，2017，第8、9、13页。

② 孙莹：《澎湃新闻“美数课”栏目的数据新闻研究》，硕士学位论文，兰州大学新闻与传播学院，2017，第8、9、13页。

③ 郭岩：《数据新闻发展与实践研究——以澎湃“美数课”为例》，《中国传媒科技》2021年第4期。

（二）澎湃“美数课”的选题特点

1. 选题均衡：事件性与话题性兼具

从选题性质的角度出发，数据新闻可以被划分为以事件为选题和以话题为选题[①]。其中，以事件为选题的数据新闻主要根据独立的新闻事件进行报道，对某一事件中挖掘到的具有新闻价值的数据进行分析。而以话题为选题的数据新闻则关注某一类型的新闻话题，并依照话题来收集数据、呈现新闻[②]。

澎湃新闻“美数课”栏目的事件性选题与话题性选题比重较为均衡，“美数课”数据新闻报道能敏锐把握新近发生的重要的新闻事件，从热门话题、独特视角着手。2022年11月21日—12月18日卡塔尔世界杯正如火如荼地进行，新闻媒体争相报道赛况，世界杯相关新闻报道布满了各大媒体的版面。澎湃“美数课”则另辟蹊径，于12月9日推出交互性新闻报道《老说我是伪球迷，来看看你自己有多真》，以游戏答题的形式测试读者对世界杯相关知识的了解程度，从而验证其是不是真球迷。

2. 关注民生：贴近百姓日常生活

评判新闻价值的五要素包括时效性、重要性、接近性、趣味性和真实性，其中接近性是不可或缺的重要一环。接近性，也就是新闻的贴近性，用以表示新闻报道与受众的关联程度，与受众关系越密切、离受众越近，新闻价值就越大。《数据新闻大趋势》一书中提及，数据会由于贴近受众而变得更加精彩，出色的数据可视化报道能让受众在浏览过程中产生共鸣[③]。澎湃“美数课”无论是选题还是报道内容都十分关注国计民生，大部分的数据新闻都与百姓的生活息息相关。如“美数课”微信公众号中所分列的“数说健康”“新冠疫情”等合集，关注的都是人民的健康问题，以《劳动者在高温中倒下，如何维权？》和《囤了那么多口罩，囤错了？》为例，这两个数据新闻作品分别归属于上述两个合集，均为生活常识及医学知识科普，通过生动形象的可视化图表，帮助人们更清晰、更直观地了解相关知识。

① 方洁：《数据新闻概论：操作理念与案例解析》，中国人民大学出版社，2015，第33页。
② 邓思敏：《澎湃新闻“美数课”栏目数据新闻研究》，硕士学位论文，湘潭大学文学与新闻学院，2019，第20、32、33页。
③ 西蒙·罗杰斯：《数据新闻大趋势》，岳跃译，中国人民大学出版社，2015，第300页。

3. 话题创新：专注趣味与科普新闻

除了关注时事热点新闻、开辟独特报道视角以外，澎湃“美数课”还特别注重趣味性新闻以及科普性新闻，能在短时间内吸引读者眼球，引人入胜，还能填补受众在医疗、经济、地理、日常生活等方面的知识盲区。以澎湃“美数课”下设的“数说生活”合集为例，被收录的作品平均阅读量破千，其中《这五千个案子，让我重新认识电信诈骗》结合时事热点，以趣味性的话语形式，向读者揭秘电子诈骗的最新手段，提醒受众不要受骗。而“数说健康”合集有14个作品被收录，从科学的角度向民众科普基础的医学知识，如《为什么不孕不育的人越来越多了？》深入浅出地说明了做试管婴儿的原因、过程、价格等。

三、澎湃“美数课”的优势与不足

数据新闻作品将晦涩难懂、复杂抽象的数据转化为生动形象的图片、图表、视频、动画等，受到读者的欢迎与喜爱。澎湃“美数课”秉持着“数字是骨骼，设计是灵魂。与新闻相关，又与新闻无关”的宗旨，不断增强报道的可读性、易读性，在作品形态、创意表达和交互设计三个层面优势较为突出。同时，在对“美数课”栏目进行研究时，笔者还关注到该栏目在内容影响力和数据整合力方面仍有提升空间。

（一）澎湃“美数课”的优势

1. 形态多样：可视化作品类型丰富

数据新闻从呈现形式上划分，可分为静态可视化和动态可视化。研究统计发现，“美数课”栏目主要以静态可视化为主，比重高达69%，动态可视化则占比接近三分之一，高于国内许多同类媒体。而具体到可视化的类型上，澎湃“美数课”则运用到图解、图表、统计图、地图、时间轴、动画、H5等多种类型。其中，图表（33%）和图解（25%）的占比最大①。在单篇数据新

① 邓思敏：《澎湃新闻“美数课”栏目数据新闻研究》，硕士学位论文，湘潭大学文学与新闻学院，2019，第20、32、33页。

闻作品中，也会使用多种不同类型的可视化形式，通过多元变化的形式不断吸引读者的眼球。以“数说生活”中的《油价“十连涨”，没有人的钱包逃得了》为例，在这一作品当中，就使用了动图、图解、图表三种可视化形式，让受众更直观地感受到油价上涨对日常生活的影响以及背后更深层次的原因。

2. 创意多元：创新性表达层出不穷

除了改变传统的新闻生产方式，数据新闻还在不断优化新闻的表达方式，逐步地影响着人们的信息审美习惯。在信息时代下的数据新闻生产模式下，受众从感受文字美，以想象来解读信息，转向去关注图像美，清晰、直观的图像更能快速捕捉读者的注意力[①]。澎湃“美数课”以创意为驱动力，不断优化新闻作品中的数据呈现形式，推出新颖的风格，让受众眼前一亮。例如，2022年12月12日新推出的作品《中国婴儿越爬越早，上学后体能下坡，问题在哪？》在对比中国婴儿和各国婴儿体能发育情况时，用“独坐”“手膝爬”“独站”“独走”四种生动形象的婴儿动作指标来表现婴儿在不同发育阶段的状况，为作品增添不少趣味。

3. 着重互动：交互设计面别出心裁

交互的理念运用到数据新闻当中，新闻报道从单向的输出转变为包含用户参与、互动的双向交流[②]。澎湃“美数课”也关注到交互的重要性，在新闻作品中适当地插入一些交互设计，增强与读者之间的互动和联结，也能提升用户的参与感。2022年世界杯期间，澎湃“美数课”推出了不少与世界杯相关的作品，其交互性、趣味性十分突出。以《用AR玩蹴鞠、上月球，这么有趣的点球游戏还不来试试》为例，该作品以AR互动为支撑，让读者沉浸式体验点球大战，还能解锁一系列成就，交互感、场景感十足。

（二）澎湃“美数课”的不足

1. 阅读、点赞和评论数据欠佳，内容影响力有待提升

传播效果是衡量信息传播水平的重要指标之一。从狭义上看，传播效果

① 张艳：《论数据新闻的图像表意与审美转向》，《编辑之友》2015年第3期。

② 曾祥敏、方雪悦：《新闻游戏：概念、意义、功能和交互叙事规律研究》，《现代传播》2018年第1期。

是信息传播活动中传播者目的或意图实现的程度，而从广义上看，传播效果指传播活动对受传者及社会所造成的影响的总和①。总体而言，澎湃“美数课”的数据新闻作品传播效果未达理想水平，影响力不足。一方面，从作品的阅读量和点赞量可窥一斑，“美数课”栏目报道的阅读量和点赞量偏低。以合集“数说健康”为例，该合集共收录14个作品，虽然每篇报道都贴近人们的日常生活，但平均阅读量仅3500左右，平均点赞数更是仅有两位数，并且阅读量的峰值在1万，并未达到现象级作品10万以上的阅读量水平。另一方面，澎湃“美数课”受众的参与度较低。通过观察栏目下面的评论、留言发现，每期作品的精选留言寥寥无几，读者与栏目的互动关系不够紧密，受众鲜有在阅读文章后发表自己的看法或对栏目提出一些实质性的建议。

2. *表现形式喧宾夺主，数据整合力亟待优化*

目前国内新闻媒体对于数据可视化的运用仍在探索阶段，还存在一定的误区，盲目地追求视觉上的可视化，容易造成本末倒置，形式大于内容的局面。澎湃“美数课”虽相较于国内其他同类型媒体在数据可视化方面略胜一筹，但仍有可以改进和优化的空间。“美数课”栏目中的部分数据新闻作品也存在表现形式喧宾夺主，主题内容不突出的情况。以“数说生活”合集中的作品《大公司炒股，会比普通人强吗？》为例，虽然这个作品被收录到了与生活相关的合集中，但“大公司炒股”与普通人仍有一定距离。而说明上市公司的两种炒股路线所做的示意图中，所采用的颜色过多且数据点不突出，须将整张图片从左至右、从上到下仔细观察后，才能抓取到所表达的信息。该数据图一眼望去较美观、色彩鲜艳，但并不符合用户的阅读习惯和信息需求，没有突出想要表达的内容，数据的整合和呈现仍有提升空间。

四、澎湃“美数课”的改进方向

数据新闻作为一种新兴的新闻报道形式，是未来新闻业发展的重要趋势。澎湃“美数课”虽位列国内新闻媒体中数据新闻报道探索的前列，但在

① 周鸿铎：《传播学教程》，中国书籍出版社，2010，第87页。

实践层面仍有较大的提升空间，与成熟的数据新闻实践还有一段距离。通过对澎湃“美数课”的“数说生活”“数说健康”等合集的分析研究，下文将从信息时代背景下数据新闻的内容、形式、传播三个层面出发，试图对“美数课”栏目及其他媒体数据新闻的进一步发展提供参考。

（一）内容优化：回归新闻本位，深挖新闻价值

大数据分析的重要价值在于通过分析多维度、多层次的数据，找到问题的根本，挖掘事实的真相[①]。在信息时代的背景下，如何更好地运用数据为新闻生产服务，回归新闻本位，深挖新闻价值，是数据新闻媒体不可忽视的重要命题。澎湃“美数课”的选题范围较广，内容远及国际新闻、近触国内新闻，上至国家政策、下达百姓生活，看似包罗万象，但在某种程度上已经脱离了新闻报道的本位。与其将各行各业的新奇见闻都纳入报道范围，不如瞄准具有新闻性、值得报道的选题进行深挖，回归到新闻报道的初心，挖掘更深层次的新闻价值。以腾讯新闻旗下的谷雨数据的数据新闻作品《师范大学毕业生就业难，考老师这条路更卷了》为例，该作品发布于6月，正当高校毕业季，不仅踩准了毕业季这一“风口”，还敏锐地捕捉到了“师范毕业生就业难”这一新闻线索，不失为一个颇具新闻价值的优质数据新闻作品。

（二）形式优化：瞄准用户需求，合理运用可视化

“美数课”栏目在数据可视化运用上存在着色彩过于丰富、主题内容不突出、表现形式喧宾夺主等问题，导致用户难以接收到有效的信息。不管是鲜艳的色彩还是绚丽的图表，都是为了内容的表达服务，应抓住用数据讲故事的重心，而非一味追求华丽的可视化设计，忽视用户真正的信息需求。恰当运用数据可视化需要注意以下要点：第一，选择合适的可视化形式，根据数据的呈现需要匹配相应的可视化图表，突出作品的内容主题；第二，色彩简约统一，不宜采用多种不同色系的鲜艳颜色，徒有外表而不利于数据呈现；第三，关注用户的使用习惯和信息阅读需求，删繁就简，突出重点信息，降低

① 喻国明：《大数据方法与新闻传播创新：从理论定义到操作路线》，《江淮论坛》2014年第4期。

读者从图表迅速获取信息的难度。

（三）传播优化：树立品牌形象，提升作品影响力

品牌是市场营销领域的重点概念，指的是传播主体通过表层符号的扩散传播，让受众建立起对其倾向性的印象[①]。换言之，品牌形象会影响受众对传播主体的认可度。对于新闻媒体来说，在读者心目中树立良好的品牌形象十分重要，将直接影响到新闻作品的影响力和传播力。笔者在上一小节中提及，澎湃“美数课”数据新闻作品的阅读、点赞和评论指标表现不佳，平均阅读量难以达到现象级水平，点赞数更是寥寥无几。除了需要从内容和形式方面不断提升数据报道的质量以外，“美数课”栏目还需要关注自身品牌形象的建立。要想真正打动读者、培养受众黏性，“美数课”一方面需要增强与读者的贴近性，选取人们感兴趣的、关注的话题来制作作品；另一方面还需要适当地为数据栏目作宣传，如让澎湃新闻客户端将“美数课”的优质作品放在主页推送、应用程序开屏推送等，给栏目增加亮相机遇，让更多的用户有机会接触到澎湃“美数课”，对其感兴趣，并最终成为“美数课”的忠实读者。

信息时代到来，给传统的新闻媒体行业带来了严峻的挑战，但同时也带来了崭新的机遇。在信息技术的推进下，新闻行业不断革新，萌生了数据新闻等新兴的新闻生产、报道形式。澎湃“美数课”栏目作为国内建设数据新闻略有成就的媒体，在可视化形式、创意想法、互动设计等方面有可取之处，同时也在内容影响力、数据整合等方面有提升空间。新闻从业者、媒体人要正确理解数据新闻的概念、特点，恰当地利用数据可视化，发挥其呈现优势，做出更有价值的新闻作品。

---

① 舒永平：《品牌传播策略》，北京大学出版社，2007，第3页。

第二节 财新网“数字说”频道数据新闻作品解读

作为一家财经媒体，财新网于2011年开始尝试用图表数据展示和解读财经新闻[①]；2013年10月，财新成立了数据可视化实验室，推出数据新闻专栏“数字说”，加大投入发展数据新闻。财新数据可视化实验室主要由编辑、设计师和程序员组成，作品创作打破传统新闻生产流程，实验室成员散布于编辑、设计和技术部门，需要完成数据新闻项目时对成员进行灵活抽调，组成项目组[②]。

自财新网“数字说”栏目创办以来，财新数据新闻团队及其作品屡获大奖。作品《青岛中石化管道爆炸》《周永康的人与财》《从调控到刺激 楼市十年轮回》先后获得2014年度亚洲出版业协会（SOPA）卓越新闻奖、2014年度腾讯传媒大奖“年度数据新闻”奖和2016年度亚洲出版业协会（SOPA）卓越网络新闻奖，财新数据新闻中心获得2017年度中国应用新闻传播十大创新案例奖和2018年度“全球最佳数据新闻团队奖”。本节着重对财新大型交互设计作品《2016·洪水暴至》《通向留学offer的54条路》《新冠逝者：献给疫情中离去的生命》进行案例分析。

一、《2016·洪水暴至》解读

《2016·洪水暴至》是财新数据可视化实验室完成的2016年终策划，作品以翔实的数据、专业的报道和图文、视频、音频交互融合的方式，回顾了2016年中国特大洪涝灾害情况、受灾群众、灾后重建以及灾害反思等，不仅在视觉呈现和表现形式上新颖，在内容报道的深度上也丝毫不差。该作品入围了亚洲出版业协会（SOPA）2017年度新闻报道创新奖。

---

① 许金玲：《财新数据新闻获中国应用新闻传播十大创新案例奖》，https://www.caixin.com/2017-10-28/101162547.html，访问日期：2023年2月14日。

② 黄志敏：《程序员获新闻奖，你怎么看？——解读财新网可视化数据新闻》，《中国记者》2015年第1期。

作品采用VR视频、图片、文字、音频和交互图表相融合的方式叙事，图表叙事和文字叙事并置，二者各取所长，既发挥了数据新闻在视觉维度上的优势，又实现了社会议题的理性建构①。作品以一则VR短视频开篇，点开视频即可听到洪水奔涌的声音，再配以字幕和画面，让受众在了解2016特大洪水灾害情况的同时，沉浸式感受洪水暴至的肆虐与恐慌，极具视觉冲击力。VR视频播放完成后，受众可下拉页面进入图文交互报道。该部分由“洪水突袭干旱村庄”“水祸”“武汉”“自然？人为？”“98和厄尔尼诺”以及“救灾之变”六个小标题组成，从受灾最为严重的村庄之一——河北省石家庄市井陉县台头村的故事开头，以“文字+图片”的形式聚焦受灾群众，讲述特大自然灾害下四个家庭的遭遇，并辅以“动态地图+静态图表”，直观展示2016年3—8月降雨量和降雨频次变化，并由此引出此次受灾最为严重的城市武汉。在对洪灾基本情况介绍完成后，作品对造成此次灾害的原因、灾后重建和灾民生活等进行深入挖掘，采用“动态地图+解释性图表”的方式展示1998年长江流域降水变化和1950—2014年全国洪灾造成的农作物受灾、经济损失、人员伤亡和房屋倒塌情况。

相较于纯文字的叙述，动态图表可以生动直观地展示雨量的变化，勾勒受灾地区，让数据得到可视化呈现。静态图表和解释性交互图表能将复杂叙事简单化，从图形面积的大小和线条的长短即可辨知受灾最为严重的地区和损失。要完成VR视频的制作一般需要采用专业的视频软件，对前期拍摄和后期制作的要求都较高。而动态地图和图表的制作可以在镝数图表、Pixelmap等专业图表网站上完成，如若想追求更高标准的可视化呈现，还可通过编程完成。财新数据新闻作品制作工具主要是HTML5、CSS3和JavaScript，用HTML5绘制图形和动画，JavaScript处理交互和动画，并用CSS3完成排版②。

从作品结尾的制作者名单可以看到，《2016·洪水暴至》的制作有记者、开发、设计、图片、视频、监制等十余位成员的共同参与，与一般的新闻报

① 刘涛：《理解数据新闻的观念：可视化实践批评与数据新闻的人文观念反思》，《新闻与写作》2019年第4期。

② 黄志敏、张玮：《数据新闻是如何出炉的——以财新数据可视化作品为例》，《新闻与写作》2016年第3期。

道相比，数据新闻的投入相对较高，作品完成的周期也相对较长。此外，报道中的雨量数据来自世界气象组织全球通信系统数据库中的公开数据，并邀请中国天气网担任作品科学顾问，由此也可见报道的专业性和科学性。

二、《通向留学offer的54条路》解读

《通向留学offer的54条路》既是一个交互式数据新闻作品，也是一个新闻游戏。读者在阅读完引言后，可以点击下方“开启你的留学之路”按钮进入游戏，根据页面提示选择对应选项，完成本科留学申请和研究生留学申请。游戏结束后，页面会给出玩家留学申请路上所花费的金钱成本。不同的选项会导向54条不同的留学路径，读者在沉浸式体验游戏的过程中，对留学申请的流程有了初步的了解。游戏结束后，读者还可下拉页面，继续阅读来自老师、留学生和留学中介等人对留学的看法，加深和完善对留学的理解。相较于传统新闻报道的长篇累牍，新闻游戏将信息隐藏在游戏之中，读者通过参与游戏去自主挖掘信息，更具趣味性。

总体而言，该作品的游戏操作简单，只需要在阅读完页面提示后稍加思索，点击对应选项即可，并不需要完成高难度的游戏任务。“新闻+游戏”的形式不仅提高了作品的可读性和关注度，还实现了在数据挖掘基础上的预测功能[①]。但新闻游戏的制作并不简单，尤其需要程序员的参与，运用Python、JavaScript或HTML5等编程语言对游戏进行设计和开发，单靠传统的新闻记者或编辑是不可能完成的。也正因如此，新闻游戏的制作成本较高，制作周期也较长，媒体对其的应用并不广泛，且游戏天生带有娱乐属性，一般适用于轻松有趣的“软”新闻，而不适用于严肃正经的“硬”新闻。人才和技术的匮乏是横亘在新闻游戏面前的两座大山，需要加强对复合型人才的培养，提升技术水准，充分发挥新闻游戏对传统新闻的补充作用[②]。

此外，新闻游戏需要用户花费更多的时间参与，且有一定的知识门槛。

---

① 曾祥敏、方雪悦：《新闻游戏：概念、意义、功能和交互叙事规律研究》，《现代传播》2018年第1期。

② 李华、王瑶：《我国新闻游戏实践特点及优化路径》，《青年记者》2022年第1期。

在碎片化信息时代，用户的注意力有限，缺乏新意的游戏设计或难度过高的游戏体验都会劝退用户。媒体花费了大量精力制作出来的作品反而传播效果不佳，正如财新数据可视化实验室创始人黄志敏所言："操作越复杂，作品获得的回报越小。"[①]

三、《新冠逝者：献给疫情中离去的生命》解读

相较于前两个作品在表现形式和交互设计上的出彩，《新冠逝者：献给疫情中离去的生命》（以下简称《新冠逝者》）显得有些普通，但却充分体现了专业媒体的人文关怀。该作品和2020年《纽约时报》将周日版头版献给新冠逝者，在整个版面写上逝者名字有着异曲同工之妙。这也提醒我们，数据新闻不是只追求数据和图表，也能兼具人文关怀。

《新冠逝者》说是新闻作品，更像是一座由无数花瓣装点起来的纪念馆，作品页面开篇写道："这座纪念馆，献给逝者，也留给缅怀他们的人。"作品采用嵌套叙事，在可视化的过程中给作品注入人文关怀。主体页面全由悬浮着的粉色花瓣组成，每一片花瓣代表一位逝者，点开花瓣旁的名字，就可查看这位逝者的生平简介。在页面下方还可以切换"中国"和"海外"，长按下方中间的圆圈可快速浏览逝者名字，旁边的搜索图标可输入想要搜索的逝者信息。被记录的逝者不仅有国内的，也有国外的；不仅有普通人，也有医护人员；不仅有个体，也有家庭。财新以一个数据新闻作品记录下了在疫情中逝去的生命，并且至今还在持续收录逝者信息。

该作品的制作相对新闻游戏更加简单，但其动画效果的呈现和搜索功能的设置并非易事，需要用到HTML5、Python和JavaScript等技术。随着新媒体技术的发展，数据新闻的制作可以借鉴和使用专业网站的模板和功能，制作门槛有所降低，但对技术性要求较高的筛选、搜索等功能，依旧需要专业程序员协助完成。《新冠逝者》在财新数据新闻作品中并不是技术要求最高、表现最亮眼的那个，但却是最具人文关怀的一个。数据新闻虽重数据处理和

① 唐铮、丁振球：《数据新闻的社交化传播之困——基于两个数据新闻微信公众号的定量研究》，《新闻记者》2020年第11期。

视觉呈现，但并不是唯数据论，数据新闻仍要以传达信息为首要功能，视觉吸引力应当服务于信息功能[①]。此外，人文关怀对于新闻作品而言同样重要。《新冠逝者》在兼具数据可视化呈现和动态交互设计的基础上，其人文关怀的展现丰富了作品的内涵。只有将科学与人文相结合的数据新闻才可以借助数据的力量，为公众建构一个有深度也更有温度的新闻窗口，从而让公众直面客观的真实，让数据更具说服的力量[②]。

财新是国内较早开始数据新闻实践的专业媒体，也是中国内地首个在国际上获得数据新闻类奖项的媒体，其数据新闻作品具有典型性和代表性。深度的数据挖掘和出彩的交互设计是财新数据新闻作品的优点，但“付费墙”的存在无形中增加了经济和阅读门槛，传播的受众有限。过于复杂的图表和体量庞大的数据不仅耗费了巨大的制作成本，也不易于轻量化传播。此外，人才的缺失一直是数据新闻发展所面临的共同难题，未来需要加大对数据新闻人才的培养力度，创作出更多传播广泛和具有影响力的数据新闻作品。

第三节　网易数读的数据新闻可视化传播创新

从2011年起，网易、新浪、搜狐、腾讯四大网络媒体开始在门户网站上设立数据新闻栏目，分别是“数读”“图解天下”“数字之道”“数据控”，后来也相继涌现出大批优秀的数据新闻制作团队，如新华网的数据新闻、澎湃的“美数课”等。经过十多年发展，我国数据新闻无论是在可视化技术还是盈利模式方面都已经取得了一定的进步。

在各类数据新闻移动端平台中，无论是样本的数量还是样本的代表性，网易数读都具有典型性。网易作为中国网络媒体四大门户之一，拥有互联网

---

① 黄雅兰、仇筠茜：《信息告知还是视觉吸引？——对中外四个数据新闻栏目可视化现状的比较研究》，《新闻大学》2018年第1期。

② 郭嘉良、倪万：《科学还是人文：数据新闻价值观念探析》，《中国出版》2022年第14期。

浏览量庞大的页面资源和强大的新闻媒体团队，是最先在中国开展数据新闻本土化实践的网络媒体。2012年1月，网易新闻推出数据新闻可视化栏目“数读”，以“用数据说话，提供轻量化的阅读体验”定位自身，进行数据新闻的深度报道，具有丰富的经验积累，在中国数据新闻领域具有领头羊的地位。2015年6月4日，网易数读微信公众号创建，在各种数据新闻公众号中，网易数读报道速度最快、报道数量最多、数据来源最广，选题也非常多元化，具有国际视野，并且维持每周3—4篇文章的更新频率，在受众群体中具有很高的信任度和亲和力。网易新闻始终在定位方面保持自身特色，且顺应新媒体发展的变化，具有丰富的经验，在微信公众平台的运用也逐渐走向成熟。因此，其成长历程具有典型性。

一、网易数读的数据新闻生产现状

（一）数据来源：真实的数据采集

数据搜集是数据新闻生产流程中最为基础的重要环节，直接关系到新闻的真实性和客观性。在大数据时代，网络上有来自政府机构或者企业单位的公开的海量数据；同时随着数据抓取技术的发展，记者也可以对社交媒体内容或者用户生产的数据进行搜集分析；另外，数据新闻本身也提供了向用户获取信息的开放性。我们将数据来源编码为：①政府公布数据；②非政府组织机构公布数据；③企业及行业公开数据；④信息服务咨询公司；⑤院校及科研机构；⑥媒体（传统媒体、新媒体）；⑦图书期刊文献；⑧自主调查搜集；⑨用户提供[①]。

据统计，2022年网易数读的数据可视化图表共有300个明确的数据来源，平均每篇数据新闻2.6个。其中，数据新闻来源排名前三的分别是企业及行业公开数据、图书期刊文献、政府公布数据，此外便是自主调查搜集、信息服务咨询公司、媒体（传统媒体、新媒体）、非政府组织机构公布数据、院校

① 唐铮、丁振球：《数据新闻的社交化传播之困——基于两个数据新闻微信公众号的定量研究》，《新闻记者》2020年第11期。

及科研机构和用户提供。经观察，网易数读引用的政府公布数据多出自国家统计局的各类统计年鉴以及各省市政府报告，从上述三类主要信源可见网易数读数据新闻的严谨性和学术性。

自主调查搜集的数据来源占比排名第四，记者多使用Python数据挖掘技术在各大社交媒体平台如微博、知乎、B站上的话题讨论板块下获取信息，从而捕捉当下社会中年轻人的生活状态与精神面貌。这一点高度展现了数据新闻的开放性，证明了数据新闻具有相对独立的自由空间。

另外，网易数读有时会在文末投放一张问卷二维码，邀请受众填写，在由用户提供的信息而写成的数据新闻文末后会公开此次样本数量和样本中年龄阶层、所属群体。这种众包新闻的方式让受众参与到新闻报道的过程中，不仅有利于降低新闻制作成本，而且也会赋予所有的参与者一种共同体归属感，这种归属感只有在分享和合作的时候才能得到①。

（二）数据处理：可视性的新闻呈现

想要报道一篇优秀的数据新闻，需要记者同时结合新闻素养、艺术素养和技术素养。经过长期观察对比网易数读每篇数据新闻文末后面的成员分工可以了解到，数据新闻的制作分为三个部分：文字、数据、设计。有时一个人兼具新闻采写与搜集数据的能力，但是数据可视化始终为独立的板块，由特定的工作人员处理，这份工作对数据分析师的新闻专业素养与新闻敏感有很高的要求。

根据国内外学者的定义，数据新闻的可视化呈现形式共分为三大类：①静态信息图表；②动态交互图表；③多感官传递信息图表。静态信息图表包括柱状图、饼状图、折线图、散点图、数值形象图、静态数据地图、时间轴、社会网络关系图、词频分布图、文字云、流程图；动态交互图表包括动态数据地图、交互图表、H5、交互时间线等；多感官传递信息图表包括动画、视频、动图、音乐等②。

① 喻国明、李慧娟：《大数据时代传媒业的转型进路——试析定制内容、众包生产与跨界融合的实践模式》，《现代传播》2014年第12期。

② 唐铮、丁振球：《数据新闻的社交化传播之困——基于两个数据新闻微信公众号的定量研究》，《新闻记者》2020年第11期。

经观察与统计，在网易数读中静态信息图表仍然在单篇数据新闻报道中占据着主导地位，但随着时代的进步与科技的发展，网易也越来越多地尝试使用多感官传递信息形式，如视频、漫画等创新叙述形式。

（三）内容特点：独到的新闻角度

从新闻议题来看，网易数读的社会热点覆盖率很高，在重大新闻事件面前给出丰富详细的数据，如2022年北京冬奥会期间《冬奥中国破9金背后的神秘科技，藏不住了》一文，不仅梳理了中国队在历届冬奥会以来夺金的数量与运动项目，历数中国冰雪运动的发展，还回应当时网友关注奥运装备的热点，讲述中国品牌在服装上采用的科技进步，选题角度另辟蹊径，清奇独特。同时，网易数读又能在平时的新闻选题中做到“大写的亲民”，新闻叙事角度第一人称居多，常常从小的场景故事切入，如《烧这么多纸钱，阴间会通货膨胀吗》《618最值得囤的东西，你绝对想不到》等文章选题十分独特，标题尤赞，然而文章并没有一味娱乐，其内容叙事一针见血，洞见本质，无形之中也让人们理性消费，引导了良好的消费风气。可以说，网易数读巧妙地将严肃与娱乐二者融合在一起，创作出了一篇篇引人入胜的精品报道。

从报道对象来看，网易数读十分关注青年一代，从吃喝玩乐、学习工作到各种喜怒哀乐，尤其关注教育问题。网易数读做的不仅仅是记录，而是尝试揭示年轻人的精神面貌和生活状态，找到其社会根源。考研出成绩时的《985研究生，救不了本科双非》一文中还贴心地整理出了“学校不好，考研怎样扬长避短”的答案，用数据为大家抽丝剥茧，答疑解惑。另外，网易数读还关注了未成年人的保护问题、老年人的健康问题，并多次报道女孩遭遇的不平等待遇，呼吁社会看到女性力量，具有强烈的人文关怀色彩，使数据新闻中的数字也不再变得冷冰冰。

（四）传播效果：高频的互动留言

微信作为日常生活中使用频率最高的社交媒体，其本质优越性正在于互动机制的活跃程度高，数据新闻公众号底下的留言回复功能让传受双方的即时沟通和深层交流成为可能。网易数读作为一个新闻媒体栏目不仅拥有广泛的传播力，而且十分注重通过互动来维系受众的忠诚度。留言区粉丝与数读互动热烈，特别是触及教育等社会痛点时，往往能一石激起千层浪，引发大量评论，从而在公众号上形成探讨公共事务的网络空间，使得数据新闻揭示社会现状、引起受众思考的社会意义凸显出来。数据新闻微信公众号肩负着三重责任：启示和重构受众对“数据之美”的认知、培养和提升“真实之美”的品味、鼓励和维护“互动之美”的创新[①]。读者对网易数读可视化数据新闻中的图表纷纷表示称赞，同时也对作图工具表现出了强烈的好奇心。另外，从留言互动的情况可以观察到，大部分读者都是年轻群体，有一定的教育水平，关注社会热点，且能为数据新闻的制作提供技术方法上的建议。这种积极的互动模式有利于构建数据新闻走向大众、鼓励大众参与制作的新闻良性生态，同时培育大众的阅读兴趣和审美情趣。

二、网易数读可视化创新路径

（一）叙事结构：多维立体与时空交错

新闻的叙事结构能对新闻的阅读产生非常大的影响。传统新闻的叙事结构呈现倒金字塔形，先把最具新闻价值的消息凝练成短句放在文章前面，再由现象、背景、原因、细节等逐层递进报道，叙事顺序讲究规范，而数据新闻则强调利用数据对事件进行全面、多维、立体的报道，将众多各自独立的数据图表关联起来，发现其中特殊的新闻关系，从而发掘普通数据之下深刻的新闻角度。网易数读的数据新闻运用多种叙事手法和视觉语言，把众多数据结果串联成一个完整的新闻事件。在《中国最能花钱的地方，你肯定猜错了》一文中，作者从线上消费、外卖夜宵、服饰美容、酒店交通、教育、娱乐消费、宠物消费等多个维度为省级消费金额排名，可谓是数据翔实丰富，角度清奇有趣，将许多板块按照“衣食住行”的逻辑严丝合缝地拼接在一起，形成一个非常完整且多维立体的数据新闻报道，同时各个板块之间又各

---

① 翟红蕾、陈一凡：《数据新闻微信公众号叙事角色变迁与数据传播创新——基于“数读”微信公众号的内容分析比较研究》，《新闻与传播评论》2019年第6期。

自独立，便于阅读者根据自身爱好进行跳跃式阅读，非常符合当下用户碎片化和趣味化的阅读模式。

数据可视化是具有一定门槛的技术，设计师不仅需要掌握Adobe Illustrator和Photoshop这样的设计软件，更需要梳理数据的内在逻辑，在数据之间搭建起时间与空间的多维度联系，通过对比、共现呈现数据的价值，最后选择适当的图表形式并融入美学，从而最大化托举起新闻叙事这一核心准则。网易数读的数据新闻也善于利用时空交错的特点来打造别具匠心的报道。数据新闻不仅可以对已发生的事件进行分析，揭示其内在因果与规律，还可以分析事件的发展趋势，从而对未来进行预判。网易数读的城市报道合集“#假装我们在城市”就很好地结合了时空交错的特点。以介绍宁波的《中国最闷声发大财的城市，人均GDP超杭州》一文为例，在时间上，报道从过去延伸到未来，通过回溯从唐朝开元年间宁波正式开港到2021年宁波舟山港成为全球唯一的10亿吨级港口的历史，梳理宁波创造的许多个“中国第一”，呈现其悠久的工商文化与其强大的港口经济；在空间上，报道将宁波与其他城市作横向交叉对比，丰富了信息的层次。“大数据的真正价值不在于它的大，而在于它的全——空间维度上的多角度、多层信息的交叉复现；时间维度上的与人或社会有机体的活动相关联的信息的持续呈现。”[①]网易数读很好地利用了时空的交错，使得数据报道既明晰有力，又不失人文历史温度。

（二）视觉呈现：漫画与视频锦上添花

在新闻叙事中合理加入漫画、视频、图片、照片等，能有效提高阅读者的兴趣，然而少有新闻机构能做到。网易数读致力于讲好视觉故事，在深入的研究和强有力的数据支撑的基础之上，使用漫画这种兼具艺术性和趣味性的形式，生动地为读者呈现出一篇篇新闻报道。如在2022年卡塔尔世界杯期间发布的《爱上阿根廷队，是多少人的命中注定》一文，全文采用漫画形式，用第一人称视角在家庭场景中带出主人公喜欢上阿根廷队的原因，行文

① 喻国明、李彪、杨雅等：《新闻传播的大数据时代》，中国人民大学出版社，2014，第30页。

从1978年中国第一次转播世界杯到后面细数阿根廷队的一次次胜利与荣光，随之而变的也是主人公的家庭与成长，叙事视角与场景设置十分具有代入感，让读者备感温馨亲切。除了漫画之外，创作团队还将漫画全文制作成了可播放的动画视频放在文章前面，感官刺激从单一的视觉发展到“视听并行”，生动活泼的画面语言大大降低了数据新闻的阅读门槛，在轻松述说新闻内容的同时为读者构建了宽松的阅读环境，可谓是锦上添花。

总体而言，网易数读公众号无论是在数据搜集还是数据处理方面都做到了严谨与灵活的结合，对于社会热点覆盖率高，具有较强的人文关怀色彩和大写的“亲民感”，其数据可视化呈现也在多感官传递信息形式上逐渐丰富。在可视化创新路径上，网易数读从叙事结构与视觉呈现两方面为行业内其他数据新闻树立了典范。最重要的是，数据新闻作为新闻报道的一种方式，应该始终以新闻叙事为核心，以社会责任为本心，避免过度娱乐化倾向，在报道中彰显新闻专业主义和人文关怀色彩，同时提升数据可视化呈现技术，使数据新闻在中国获得更健康的发展。

第四节　谷雨数据：用数据了解当代年轻人

谷雨数据是腾讯新闻旗下原创栏目，聚焦数据新闻、数据报告，核心是关注年轻人的一切，喜好用数据挖掘理解文化与生活，议题与当下生活息息相关。谷雨栏目内容个人化，满足用户对现实题材的期待。谷雨数据下划分“独家调研”“社会观察”“消费观察”“生活观察”等多个主题栏目。

一、谷雨数据现有数据新闻的优势

（一）多元议题

谷雨数据常与其他数据新闻生产主体合作，如互联网公司、移动平台企业，甚至政府机关，共同促进了议题内容的多元化。与一般的新闻媒体不同，谷雨数据关注的事件更加具体，通过宏观的数据聚焦到微小的个体，议题呈现社会化、年轻化与接地气的特点，既深度关注年轻人的社会焦虑，也聚焦于青年群体的思想、消费等方面。

1. 年轻一代的社会焦虑

激烈的社会竞争之下，当代年轻人面临较大的就业压力，就业焦虑在年轻人中弥漫。谷雨数据针对年轻人的社会焦虑，从多个维度对年轻人的就业情况、压力与选择进行了分析。年轻人的就业情况是谷雨数据的高热话题，收获了较高的关注度与阅读量，如《我985211毕业，在暑期实习被同龄人吊打》《沪漂青年决定撤离，宠物和梦想都挂上闲鱼》《毕业后没找到工作，我的人生完了吗》等文章。以《我985211毕业，在暑期实习被同龄人吊打》为例，就业压力的增加使得大学生提前“卷”进实习。谷雨数据从简历投递、实习花销、实习体验、就业率等多方面进行对比分析，侧面反映目前弥漫在年轻人中的就业焦虑。虽然实习是一件自贴腰包的事情，但在巨大的就业压力之下，这也是获得工作offer的有效路径。

立业之外，“成家”又是横亘在年轻人面前的一大沟壑。谷雨数据在《当代年轻人恋爱，从心动到下头只需要半天》一文中，通过对豆瓣小组“我今天遇到一个crush”进行数据总结，观察当代单身年轻人的感情观。“crush”指一种突然心动的状态，crush的时间、地点、对象在数据面前有了比重与排序。然而这种快餐式的情感，对年轻人来说注定来得快去得也快。谷雨数据使用Snow NLP对组中帖子“给crush的一句话”进行情感分析后发现，消极比重远大于积极比重。当年轻人的情感成为直观的、可被测量的对象，其感情观也由此浮现。

2. 对社会传统观念的反思

谷雨数据对自己的定位是“关注年轻人的一切”，在这个宗旨之下，年轻群体所代表的“开放”“新潮”等特征，也体现在了谷雨数据的议题上。谷雨数据不避讳谈及一些在传统观念中被认为是“私密”“羞耻”的内容，比如“性”。谷雨数据有关“性”的文章不在少数，典型文章如《别再说年轻人浪了，他们在性上比想象的“佛”》《耻于谈性的老年人：谁来关注他们的欲望与需求》《那些藏起需求的女性，不必觉得羞耻》《月经就叫月经，不需要其他称呼》。

以《别再说年轻人浪了，他们在性上比想象的“佛”》为例，谷雨数据调查了数万不同年龄、性别、婚姻状况、生育状况的人对性的感受和表达，涉及问题包括“理想性生活频率和时间”“性需求满足程度”“对性伴侣不满意之处”等。理想与现实对比的反差，使得全文基调轻松幽默，逻辑明确又层层深入。《月经就叫月经，不需要其他称呼》一文基于谷雨数据独家调研《2022年月经认知与现状报告》，用一种公开和客观的方式，直面偏见与“羞耻”，探讨在被模糊的称呼背后，被忽视的女性正常生理现象与月经羞耻给女性带来的真实困境。

3. “质”与“速”兼具的热点事件

数据新闻一般来说重数据，利用数据挖掘深层社会现实，这也往往与一般新闻的时效性并不兼容。在强调“质”与“速”之间，谷雨数据的文章都能将两者较好地结合。随着2022年底疫情政策的调整，周围的世界遍地都是“小阳人”。谷雨数据连续推出《重生之人人都是安陵容》《这个元旦，你在三亚听到的咳嗽声可能比北上广还密》两篇与新冠病毒阳性相关的文章。《重生之人人都是安陵容》使用网上热梗“宝娟，我的嗓子”——形容感染新冠的人群出现的嗓子不适症状，并结合热门影视剧《甄嬛传》人物安陵容的角色人生，由感染症状谈及人物命运，投射当下的普通人生活，引人深思。

《这个元旦，你在三亚听到的咳嗽声可能比北上广还密》则关注“阳康”后的人群去向，依托各大旅游平台调查数据，分析呈现2023元旦热门目的地，其中尤以三亚为代表。谷雨数据以图表呈现近一个月以来三亚旅游热度变化、省外游客来源地，发现北方游客占比最高。谷雨数据同时还对网友的心愿作了数据爬取与整理，发现“旅行”与“回家”是网友最大的心愿。全文充满着昂扬向上的基调，试图在巨大的变动中给予人们心理安慰：尽管过去的影响还在，但是未来也永远值得期盼。

4. “种草”与“拔草”指南

年轻群体的消费娱乐方式同样被纳入谷雨数据的议题范畴，通过数据解读流行的消费方式，为年轻人提供消费指南，远离“智商税”。《靠低卡零糖“躺瘦”的人，最后真的瘦了吗？》一文，揭示零食因为“低卡”的标签而身价倍增，实际热量却名不副实。管不住嘴也迈不开腿的年轻人，面对食物既想丢掉热量，又想保留口感，“减肥”也只能是自我欺骗。

针对年轻人喜爱的旅行活动，谷雨数据在2021年做过对网红景点的契合度分析。《打扰了，网红景点照和朋友圈看到的不一样》一文对现有热门网红景点进行数据爬取，对网红景点进行“拔草”与“种草”。其中甚至通过对景点类别进行划分，“楼”“广场”“塔”之类的关键词成为雷区，而“海”“山”“湾”等代表自然风光有关的景点则有一定的“质量保证”。除此之外，谷雨数据还使用词云图和柱状图等分析了游客的差评原因，说其是一份旅行排雷指南也不为过。

（二）叙事形式多样化

数据新闻本质上是用数据进行叙事，要把故事讲好，既需要有趣的灵魂，也需要好看的皮囊。谷雨数据在利用数据叙事时，主要使用的形式创新包括漫画为主的形象化叙事、交互性叙事和色彩、用词搭配上的符号化叙事。

1. 形象化叙事

漫画摆脱了“文字+图片”的生硬组合模式，通过绘制人物形象，设置具体场景，利用人物的行动串联起整个叙事结构。《996打工人成为父母后，他们的孩子怎么样了》一文中，漫画图景被一分为二，先是融合对比80后、90后与10后的童年记忆，左边用泛黄的色调绘画80后、90后的成长记忆，右边则用浅蓝的色调绘制10后的童年生活。然后时间转至2021年，漫画左边变成了80后、90后打工人父母的一天，右边则是他们的孩子的一天。忙碌的父母与孤独的孩子形成强烈的对比，“城市996儿童”一词也随之进入读者的视野。漫画结尾还引出了谷雨数据联合奥利奥所做的儿童节特别策划调研数据——《2021年中国城市996儿童成长现状报告》，相较于直接放出报告结果，漫画将场景具现的过程，更能激发读者对这一报告背后的现实关注。

2. 交互化叙事

谷雨数据目前仅有官方公众号作为内容发布渠道，近年来互动形式开始在推文当中普及。“叙事者的主体性被削弱，用户成为新闻的‘叙事者’，甚至可以体验成为‘创作者’的快感。”[①]除了用漫画进行场景再现，增强在场感以外，谷雨数据也开始尝试用互动形式调动读者的兴趣。以往的推文主要调动眼睛这一感官，而互动元素的加入带来了触觉的增强，提升了用户的参与感。

《成年人的聊天记录里，到底有多少潜台词》一文，列举了当代年轻人在工作、学业、追星等多方面的语境中的话语。全文以“潜台词”为核心，将“潜台词”隐藏在普通的日常微信对话界面中，读者可以自行猜测对话中的“潜台词”是什么，然后点击按钮即可点亮“潜台词”。触发动作生效后，对应图片整体变暗，“潜台词”以高亮形式依次呈现。虽然只是一个简单的点击式互动创意，但其中蕴含的游戏思维却让用户玩得不亦乐乎，直呼“好有意思”。

3. 符号化叙事

除了在互动创意形式上下功夫，“对于涉及数据、图表等专业性较强的符号的数据新闻来说，用这些符号驱动叙事，将语言复杂性分析纳入日常叙事的步骤中”[②]，是增强作品感染力的有效途径。谷雨数据文章整体的色彩与用词搭配也大有讲究，和谐的色调搭配与整体文章相得益彰，用词的准确与创意给全文画龙点睛。《别再说年轻人浪了，他们在性上比想象的“佛”》一文，整体画面颜色以浪漫的粉色为主基调，使用男女性别标识、粉红色爱心进行点缀。小标题使用谐音对应调研问题，用词贴切又大胆，比如用“白日做梦”概括男女性的性幻想对象，用“内有外幻”概括人们性幻想中的场景。

二、谷雨数据现有数据新闻的短板

谷雨数据在议题和形式上能够抓住年轻人的喜好，用独到的视角补充目前媒体在公共性上的缺失，整体内容质量较高，但是仍然有其劣势所在。

---

① 党琼、胡林莉：《数据、交互与可视化：数据新闻的多元叙事研究》，《新闻潮》2022年第7期。
② 王鹏：《数据新闻中数据叙事的问题与反思》，《青年记者》2022年第9期。

（一）数据来源模糊

虽然谷雨数据开设了“独家调研”板块，但其成立后一段时间内，该板块下的原创数据内容仅有十几篇。更多的时候，谷雨数据是搜寻、整理其他途径的数据并进行进一步的分析。谷雨数据“并非在每个数据新闻中都提供了相关数据原始数据的查询、下载的链接或方式，这种原始数据来源的缺失使得数据的可信度有所不足”[①]，其真实性、代表性一定程度上会打折扣，数据新闻以数据为核心的属性也随之被削弱。

（二）数据处理表面化

目前谷雨数据对数据的使用、处理大部分仍停留在归纳层面，主要模式为：抛出问题—对答案进行归纳整理—数据呈现。在使用其他来源的数据时，这种模式的弊端更为明显，因为数据报告已经经过一定程度的筛选和处理，留给他人分析的空间较小，不仅分析思维会被局限，可供分析的范围也被缩小。

（三）数据呈现图表化

“数据成为新闻叙事主体，可视化则成为数据新闻基本叙事手段和意义阐释载体。”[②]尽管谷雨数据尝试结合多种形式呈现数据内容，但是整体仍然以“图表+文字”的模式为主，文字为主，图表数据为辅。静态图表的频繁出现不利于内容的可视化呈现，两者之间有一定的割裂状态。这也是目前的数据新闻存在的通病，数据的可视化呈现需要花费大量的精力，如何在保证更新频率的同时，将好的议题与好的数据用好的方式呈现出来，在目前看来似乎是一件鱼与熊掌不可兼得的事情。

---

① 张书娟、程天鹏、邵彤：《国内数据新闻创新之处分析与问题对策研究》，《温州大学学报（社会科学版）》2022年第3期。

② 董卫民、吴坤玉：《数据新闻演进中的创新向度与未来发展》，《未来传播》2022年第4期。

三、结论

谷雨数据在议题与叙事形式上做出了创新与亮点，将目标用户定位为年轻群体也奠定了其内容的整体基调。关注年轻人生活的方方面面，也从思想、风格等维度接近年轻用户的心理。在充满人文关怀的议题背后，数据不再是冰冷的数字，而是一个又一个生动的故事，是当下中国年轻人生活现状的缩影。形象化、交互化与符号化的叙事形式，则贴合当下年轻用户的媒介接触习惯，有利于提升用户的好感度。但是针对数据新闻最为核心的数据来说，虽然谷雨数据会进行独家调研，但是其数据同样也存在着现有数据新闻的通病。数据来源的模糊性与数据处理的表面化影响着数据分析结果的真实性与可靠性，数据呈现的图表化让新闻叙事的属性被削弱，也影响着用户的观感。未来谷雨数据还应加强建设数据新闻的队伍，在使用人工智能广泛、深入地挖掘数据的基础上，对数据进行更加全面的分析。

第四章
H5新闻案例研究

媒介融合语境下，数字科技的高速发展对新闻生产流程及信息呈现形态产生深远影响，具体体现为以H5、VR、AR、AI等为代表的新兴技术广泛应用于新闻传播领域。其中，H5技术凭借其开发设计简易、设备兼容性强、交互功能多样等特性，在融合新闻报道中备受青睐，成为媒体内容创新的重要技术引擎。近年来，各大主流媒体纷纷尝试H5新闻报道形态，打磨出一大批优质的H5新闻作品，在受众群体中获得广泛好评。

第一节 人民日报H5作品解析

H5新闻是一种建立在H5技术规范基础之上，综合了特定的网页效果、视听效果、感官效果和交互性等因素，以“超媒体”的技术形式呈现出来的报道形态。人民日报在主题报道中加入全新的创意，更新主流媒体的新闻形式，嫁接科技的元素以转换话语方式，借助H5的场景融合表达增强互动趣味。受众在亲切的语态下更好地理解宏大的话题，并借助移动互联的特性构建共享网络，在互动的游戏中玩“活”新闻，也切实提升了主流媒体的舆论引导力和传播力。

一、人民日报H5作品特色

（一）内容与表达特色

1. 聚焦纪念性大事件，选题具有时代特色

从选题上看，人民日报推出了很多聚焦宏大事件、借势社会热点的H5作品，特别是在纪念性报道中经常运用。作为针对某个特定的历史事件、人物或历史纪念而展开的报道，纪念性报道是以“历史”为报道对象，对相关人物和事件进

程进行挖掘式报道[①]，例如依托国庆、党的生日等重大纪念日。据统计，在2020年12月10日至2021年11月10日期间，人民日报发布H5作品总计27个，其中关于“节日”的作品有8个，占比约30%；以“建党百年”“中国发展”为关键词的作品为10个，占比约37%[②]。

鉴于主题鲜明性、呈现方式多样性的特征，纪念性报道已经成为达成社会共识、实现社会整合的媒体工具。如描绘40年改革开放的风雨历程H5作品——《幸福长街40号》，采用漫画形式，用鲜活的大场景、细致的小细节，带受众一起重温了改革开放以来很多历史性的时刻。产品上线后也引起广泛传播，被网友冠以改革开放版“清明上河图”的称号。网友纷纷来到“幸福长街”打卡，感受改革开放40年翻天覆地的变化，重温时代记忆。

主流媒体的主旋律报道建构着我们对于相关历史的集体记忆，使人们共享着对历史意象和现实的共同理解。

2. 创新话语表达方式，探索亲民化叙述语态

受众与政治之间的“隔阂感”是主流媒体新闻报道中常见的问题，高高在上的叙述语态拉远了与受众之间的距离。在多种新媒介技术应用及媒体融合的大背景下，主流媒体开始从受众的角度出发，展示更加平民化的内容，从俯视变为平视，从小的切入点出发引出大的主题。

重大时政活动由于先天具有宏大的话题性更需要亲切的平民化表达，严肃政治议题生活化、故事化已成为以人民日报为代表的主流媒体拉近与受众距离、增强报道传播力的重要手段。

如全国“两会”期间的H5作品《傅莹邀请您加入群聊》将受众与傅莹、钟南山、敬一丹、马化腾及各大媒体记者“邀请”到人大新闻发布群中，模拟微信聊天群的场景对“傅莹3月4号答中外记者问”进行报道；《你有一份来自总理的神秘快递》中，人民日报制作出总理的卡通形象，将惠民清单送到留乡农民、城市居民、基层务工者、学生、企业经营者、退休人员等群体手中[③]。

① 孙夏、周丽：《融媒体环境下纪念性报道创新路径探析——以〈人民日报〉庆祝改革开放40周年报道为例》，《采写编》2019年第2期。

② 曹林、杨梦鸽：《〈人民日报〉H5新闻报道特色探析》，《采写编》2022年第8期。

③ 王雅君：《基于H5技术的可视新闻研究——以2016年人民日报微信公众号“两会”报道为例》，《传媒》2016年第10期。

这类注重话题式的亲民化传播脱离了官方话语体系，紧跟网络热点，以平等的姿态面向受众。作品标题呈现故事场景，内容基于受众视角，富含生活气息，除实景拍摄外，也采用手绘漫画、人物抠图等形式进行创新的话语表达，进一步拉近主流媒体与受众的距离。

（二）技术与制作特色

1. 多元场景融合，营造视听阅读体验

H5的本质是移动Web+，利用任何浏览器都可以打开H5，在PC端观看也很流畅，但人们出于便捷性会更多地使用移动终端浏览H5内容。在移动端打开是竖屏的翻页H5，而在PC端打开则会切换为横屏，更像是一个网站，细致的用户体验设计令人舒适。同时PC端和移动端的转换也可以通过诱导海报实现，扫描海报即可进入H5，线下创意海报与H5相结合，打通了线上线下的隔阂，为用户创造适配的场景化体验需求，大大提高了用户打开和分享H5的欲望[①]。

融媒时代下场景传播发展迅速，用户倾向于随时随地打开手机，感受媒体融合带来的多重感官体验。区别于传统新闻“文字+图片”的报道形式，H5将丰富多彩的图片、引人入胜的音频、切合主题的视频、生动有趣的动画等元素融为一体，从用户思维出发，摆脱繁冗文字的堆叠，从而减轻阅读过程中的压力，开拓出呈现扁平化效果的多元可视化之路。而这在主流媒体新闻报道的创新表达方面体现得尤为明显。H5的应用使得时政新闻不再难懂，既提高新闻报道的视觉效果，在众多同类型的新闻报道中第一时间抓住受众的眼球，延长其停留时间，又能让受众在趣味互动中了解新闻所要传达的重要内容。

另外，H5的场景融合表达趋向于与日常生活衔接，例如H5作品《十九大邀请你加入群聊》，它将微信群聊这样的生活化场景融入重大新闻报道之中，直接带领用户进入场景化体验中，增加了转载和互动的积极性。这种充分利用移动时代场景的传播形式的报道直观且创新地展现了文本内容，给人以耳目一新的阅读体验。

---

① 李戈、钟樾：《主流媒体H5产品及其设计趋势》，《中国出版》2018年第12期。

2. 运用多种交互手段，打造沉浸式情感互动

传播效果是用户对于H5作品的评价标准，也是评价作品质量好坏的直接反映。相较于传统媒体形式单一、古板、枯燥的表达形式，H5融媒体叙事取各家之所长，用互动游戏等故事式的叙事手法报道新闻，打破了原来独立的文字、图片、视频的传播方式，将不同媒体内容通过交互的方式整合到一起，实现新闻内容的可视化、交互化、趣味化和易分享[①]。

主流媒体秉持用户为上的传播观念，在创作H5产品时把用户作为整个产品中重要的一个环节，用户既是传播对象，也参与内容生产和传播。人民日报制作的H5作品会事先为受众预设一定的参与空间，让其通过获取信息、参与创作、自发传播的过程，把自身情感融入作品中，在分享转发的同时获得极大身心满足。《我的年代照》引导受众拍照生成不同年代的照片并分享在朋友圈，营造了一种超越拟态环境的虚拟真实。在这个虚拟空间里，人们“沉浸”其中，由此获得强烈的感官体验和情感共鸣。

而由于网络的匿名性、公开性特征，现实生活中的情绪也更容易反映到网络中。H5页面往往以故事化的叙述，通过视听觉手段和技术投入在互动中挖掘用户从受传者到再次传播者的情感共鸣。人民日报客户端H5产品《看！这就是当年的我！你是什么样？》让用户通过上传个人照片获取不同历史场景下的角色扮演，并通过分享机制，让越来越多的好友参与进来，不仅加深了对自我认同的价值观塑造，同时这一群人也建构了共同体想象。

另外，由于主流媒体的天然使命，在国庆节、建军节等特殊节点，最重要的并非传播数据，而是正能量的传递，对主流媒体而言，要通过制作精良的内容、简单流畅的产品体验，源源不断地生产“回忆”，增强宏大事件的亲和力，深化网民对主流价值观的了解，以“看不见的宣传”实现对普通人的正能量情感号召[②]。

---

① 王皓：《媒介仪式观视阈下融媒体产品的特征与创新——以〈人民日报〉新中国成立70周年创意H5为例》，《传媒》2020年第18期。

② 兰小红、张鑫：《现象级H5产品的生产和传播规律分析——以主流媒体国庆系列H5为例》，《传媒》2020年第4期。

3. 专业团队制作精良，跨平台跨媒体合作

人民日报多年来传播形态创新持续推进，全面融合之势渐进渐强。随着媒体融合的大势，人民日报已经从传统报纸形态，逐渐发展为全媒体形态的媒体方阵。结合一次采集、多种生成、多元传播的“中央厨房”的运营，人民日报以拥有各种专业条件的H5制作团队完成作品生产。

与此同时，优质的传播渠道更影响H5传播的关键因素，它可以有效地提高信息的传播量与转化率。人民日报全媒体矩阵覆盖率高、传播渠道多，“报网端微”深度融合。人民日报还与其他媒体形成了广泛联结，实现多元传播渠道建设，推动H5作品矩阵化传播，发挥协同效应。

另外，除传播之外，作品的制作同样需要合作。人民日报积极与商业媒体合作，借用其更为灵活的技术投入和个人特色，打造更多现象级的H5作品。例如由人民日报中央厨房青创营工作室制作、被称为首部闪卡H5动画的《史上最牛创业经》，这款H5通过文案与图片的相互配合、历史事件与历史人物的交错出现，展现出中国共产党伟大而光荣的创业史，讲述这支“中国最牛创业团队”是如何从13人的“小船”，发展到8000多万人的大党，并总结了这支团队的“创业秘笈”，配上“超燃”背景音乐、闪卡动画、弹幕元素，具有极强的震撼力和感染力。该作品推出不到一周就获得了千万点击量，最终的曝光量高达3000多万①。

二、人民日报H5作品案例分析

（一）照片创作类——《快看呐！这是我的军装照》

为纪念建军90周年，人民日报客户端借助人脸识别、融合成像等技术，制作互动H5《快看呐！这是我的军装照》，帮助网友生成自己的虚拟“军装照”。

图片生成类H5是一类较为常见的H5作品，设计团队在对作品主题、DIY元

① 刘杨：《融媒时代党政新闻报道方式的创新之路——以2017年十九大中的H5报道为例》，《东南传播》2018年第5期。

件要素进行提前设计后，可由用户主动点开链接，上传个人图片，进行加工创作后生成契合作品主题的新图片，生成后分享至个人主页形成独具个人特色的再传播。此类H5作品互动难度低，但由于不同用户选择的个人图片各不相同，创作的新图片具备独特性，更容易激起用户的分享欲，从而形成链式传播，可以迅速积攒起大量的关注。

扫描二维码后，页面首先出现“中国人民解放军建军90周年 1927—2017”字样，然后以做旧的笔记本为基础，用翻页的动画效果向用户展示数张珍贵的军装老照片。展示结束后“你的军装照怎么不见了？”一行字引导用户点进制作页面，选择由南昌起义到抗日战争，再到解放后的时期等10段不同的年代，并上传个人正脸后进行性别选择，点击“穿上军装”后，打印机特效便制作出一张专属的“军装照”，长按图片可以保存并分享到个人主页，完成传播。

“军装照”H5于2017年7月29日晚发布后，立即呈现病毒式模因传播，不同年龄、区域、行业的网友都踊跃生成、分享自己的“军装照”。雷军等微博大V也纷纷在社交平台上传自己的“军装照”，进一步引导个人用户加入照片创作的行列，营造了浓烈的爱国爱军氛围。截至2017年8月7日，H5的浏览数（PV）超过10亿，独立访客数（UV）累计1.55亿。其中，8月1日建军节当天的浏览次数达到3.94亿，独立访客超过5700万①。

“军装照”H5的技术并不复杂，但整个作品从制作到推广拥有四支高质量团队。第一，人民日报新媒体中心负责创意策划和执行，主导把控整个开发制作过程。第二，人民日报的采访力量做后盾支持，联系到了军队院校专门研究军服的专家。经过审定，选定了11个阶段的22张照片。第三，腾讯旗下的天天P图提供图像处理支持和后端服务器支持。他们的雄厚技术实力和强大资源调动能力，保障了这个H5海量用户需求的处理。第四，人民日报的第三方供应商未来应用（北京流量源泉科技有限公司）负责完成H5的前端设计开发和前端服务器的维护。整体上，人民日报作为官方媒体并非独揽整个作品的制作任务，而是积极选择和商业平台合作获得技术支持，结合其独有的

① 聂书江：《H5产品的情感传播及其路径选择——以人民日报客户端创意产品“军装照”为例》，《新闻战线》2017年第20期。

政治资源完成爆款作品的制作与传播。

整体而言，“军装照”H5在立意上，借助建军节契机，采用普通人喜闻乐见的方式，展示了广大网友对党和国家、人民军队的拥护和热爱。在制作上严谨细致，向军史专家认真请教，保证了页面素材和“军装照”模板的正确性。在设计上，页面庄重大方，流程方便简单，互动性强。在技术上，借助先进互联网企业的最新技术，实现了技术与创意的结合。在效果上实现了“沉浸式传播”，同步达到海量传播和广泛好评双重效果，在互联网上奏响主旋律，形成爱军拥军的热潮，社会效益极佳。

（二）长图故事类——《复兴大道70号》

为庆祝新中国成立70周年，人民日报新媒体中心推出沉浸式横屏手绘长图H5《复兴大道70号》。作品以超长画卷与“一镜到底”的形式，描绘了新中国成立70年来的时代变革与社会发展。

作为长图故事类H5作品，《复兴大道70号》和此前人民日报于改革开放40周年推出的《幸福长街40号》以及此后国庆100周年推出的《复兴大道100号》类似，都是采用横屏长图的形式，将多个社会场景融合在一幕画卷上，以讲故事的形式交由用户手动拖动，完成沉浸式阅读。总的来说，长图拖动类通常会设置一定的场景，内容承载量大，制作较为费力，对整体图画的美观性和协调性要求较高。另外，人民日报制作的多数长图类H5内容具备一定空间或时间跨度，且多用于纪念意义较大的节日，增强社会意义。

《复兴大道70号》在手机端长约55屏，覆盖500多个历史事件和场景，包括4000多个人物、500余座建筑、200余件物品，创造了同类新媒体作品的最大尺寸和最全内容，被网友赞为“当代版清明上河图”。据不完全统计，全网浏览量超过2.6亿，总点赞量超千万，转发量近百万，评论量近30万，话题#复兴大道70号#阅读量2.2亿，成为现象级的融媒体传播作品。人民日报微信公号单篇阅读不到半小时超过10万；人民日报官方微博单条微博阅读量1.2亿[①]。

作品开始以天安门广场上的开国大典为切入点，播放毛主席宣布“中华

① 刘镇杰、刘若轩：《“复兴大道70号”是如何引爆网络的》，《青年记者》2020年第4期。

人民共和国成立”的音频，将用户拉入70年前，随着画面变化，人民公社、新华书店、供销社、影剧院等具有时代特色的建筑鳞次栉比，北京亚运会、澳门回归等纪念性历史事件也在画卷中纷纷呈现；另外，音频也配合画面给用户带来沉浸式阅读感受：热闹的街道传来叫卖声，自行车按动铃铛的清脆响声，孩童们做游戏传来欢乐的儿歌，电视机播放熟悉的《西游记》……与此同时，长图H5还加入了丰富的动画元素。骑车的邮递员、指挥交通的交警、玩“老鹰捉小鸡”的儿童、跳迪斯科的年轻人……动态画面和鲜活的人物大大增加了长图的立体感和场景感。此外，用户还可以进行AI“换脸”互动，可以随时下车参观，在复兴的各年代场景中亲自感受，生成属于自己的年代照片并分享到社交平台，进一步促进了作品的传播。

总体来看，“复兴大道”在展现国家发展过程中的重大历史时刻和重要事件的同时，加入了人们日常生活的微小细节，如四合院里用脸盆捕鼠、穿喇叭裤跳迪斯科、刷脸支付等，将时代变迁具象为特定年代的真实生活场景，引发不同代际用户的共同记忆。在画面场景的呈现上，大到历史事件，小到墙体上的标语、字体和各个时代人物的着装、发型等，都有据可依，以忠于事实、还原历史的画面，带给用户更加真实的体验感。在构图方面，通过草图勾勒、风格打磨、上色制作、场景拼接等一系列烦琐的制作流程，最终成稿以复兴大道为主轴时空线，通过纵向布局与横向延展相结合的散点透视构图法，使用户以更强的代入感纵览70年的波澜壮阔。在交互方面，作品加入了声效、动画、AI换脸等多项互动，创造可沉浸、可参与的环境，让用户更自主地、积极地体验新闻产品，实现全维度、沉浸式的体验。

（三）互动游戏类——《抉择》

人民日报新媒体联合B站在中国共产党成立100周年之际推出互动微电影《抉择》，用户可以在阅读过程中化身为剧中人物选择情节走向，感受建党、建国、科研和祖国建设的艰辛之路和胜利之路。

互动游戏类作品H5一般会设置一定的故事背景或游戏场景，聚焦用户参与，通过交互完成作品传播。用户的体验不以阅读为主，从旁观者晋升为参与者。因此，游戏类H5的用户带入感也是最强的。但大多数游戏类H5以小事件入手，用户在互动中完成小任务即可，例如《猜猜这是什么字》用拼字游戏的形式展示党的二十大精神，《今天，我们都是升旗手》让用户长按按钮使国旗在阅兵典礼上爬上旗杆。《抉择》作为特殊的互动游戏类H5，以微电影的形式讲述了一个祖国兴盛的故事，整体叙事更大，游戏性稍弱，主题感更强。

打开作品后，“红色起点”“归国巨轮”“圆梦茶乡”三个主线故事呈现在用户面前：“红色起点”讲述了一位爱国学生追随导师，在导师因支援工人大罢工牺牲后，将中国共产党成立的消息告慰导师英灵，并毅然加入中国共产党，参与救国救民的故事。“归国巨轮”讲述了科学家们放弃海外优厚待遇，回归祖国怀抱，在轮船上通过收音机聆听开国大典，亲手制作五星红旗，遭境外势力挟持后，被祖国奋力营救回来的故事。“圆梦茶乡”讲述了女大学生毕业后投身乡村建设，带领茶农创立品牌，开展生态旅游，扩展承载项目，发展网络引流，帮助茶农脱贫致富的故事。

整体而言，三个故事对应了建党前、建国时和建国后的时间段，用户任意选择一个进行体验，提前制作好的电影片段便开始播放，用户将化身微电影中的主题人物，可以点击自己想要的剧情走向。作品整体的逻辑清晰，用户观看电影时在节点选择剧情即可，故事的发展是不变的，但是剧情会根据用户每一步的选择来演绎。电影结束，查看完剧情解锁图后，用户可以清晰地看出自己有哪些节点上的剧情没有看到，再次沉浸时可更换选择，解锁更多剧情。

影片的制作除了使用演绎剧情外，还有实景录像，有很强的年代感。用户在观看影片的同时，很容易带入其中，真正化身为一名为国家发展贡献个人力量的青年，很容易在画面与声音多感官沉浸的环境下调动个人情感，完成交互体验。

另外，该作品与B站视频平台合作，借由其专业的视频制作团队与广泛的传播力完成作品。主流媒体平台和商业媒体合作，以跨媒体、跨平台、跨场景的传播思路，打造平行交叉、多维互动的传播矩阵，全面、立体地展现了新中国成立以来波澜壮阔的历程，勾勒出国家发展的轨迹与社会进步的脉搏，深度唤起了用户的回忆，引发了广大网友的情感共鸣。

第二节 澎湃新闻H5报道的叙事策略

H5即HTML5，是互联网超文本标记语言技术标准。HTML5被视为Web标准的巨大飞跃，它的使命是将Web带入视频、图像、动画以及用户交互均实现标准化的应用平台[①]。与早期的HTML相比，HTML5的创新之处主要体现在开发成本低、兼容能力强、交互设计多样以及多媒体整合功能突出；这些技术优势运用在新闻传播工作中，催生出具有内容丰富、形式有趣、沉浸体验、传播高效等特点的新型报道样态——H5新闻[②]。

简言之，H5新闻是指基于HTML5技术，集文字、图片、视频、音频、动画、游戏等媒体元素及交互设计于一体的新闻呈现形式。2017年，我国超过70%的省级媒体基于自身的内容和渠道优势，制作并发布了H5新闻，满足了用户个性化和多样化的信息获取需求，实现了裂变式传播效果[③]。当前，为积极顺应媒体深度融合发展趋势，主流新闻媒体结合丰富的呈现形态与多元的报道视角，在内容、形式、技术等方面推陈出新，打造出立体多样的H5新闻作品[④]。其中，人民日报《复兴大道100号》相关内容点击量超过10亿次，新华社《2021，送你一张船票》全网总浏览量超过5亿次，传播效果可见一斑。

数字时代，H5新闻因成本低廉、形式新颖、传播高效而备受媒体青睐，成为融合新闻代表性报道形态。在此背景下，澎湃新闻进行诸多卓有成效的探索，推出众多思想精深、制作精良的H5新闻产品，走在国内融合新闻报道前沿。自2018年中国记协在中国新闻奖评选中首次增设媒体融合奖以来，澎湃新闻H5报道连续两届获评中国新闻奖一等奖，其报道策略为业界提供了大量可供参考的经验。

---

① 马新强、孙兆、袁哲、迟凤利：《Web标准与HTML5的核心技术研究》，《重庆文理学院学报（自然科学版）》2010年第6期。

② 陈思雅：《移动交互与情感唤起：H5新闻的跨媒体叙事研究》，硕士学位论文，云南民族大学文学与传媒学院，2021，第8—9页。

③ 李戈、钟樾：《主流媒体H5产品及其设计趋势》，《中国出版》2018年第12期。

④ 唐田：《H5技术支持下的移动端融合新闻作品叙事研究》，硕士学位论文，西南财经大学人文与艺术学院，2020，第17—18页。

新闻叙事的研究重点是新闻通过何种叙述方式和文本形式来表现和编码新闻的本质。在媒体深度融合的背景下，新闻媒体要想制作出融合新闻精品，必须跳脱传统新闻叙事规则，以新的叙事思维进行融合新闻生产①。通过对近年来澎湃新闻H5作品进行梳理，本节从叙事主题、叙事视角、叙事风格、叙事元素、互动叙事五个层面探讨澎湃新闻H5报道的叙事特征及策略。

一、叙事主题丰富，传播主流声音

H5新闻的叙事主题是指作品所关注的核心议题。丰富的叙事主题有助于媒体覆盖更多用户，提升传播力与影响力。通过对澎湃新闻H5报道进行分析，我们将其作品主题简要归纳为时政热点、社会民生、时代变迁、特定纪念、典型人物、生态环境及其他七类。

具体而言，澎湃新闻时政热点类H5作品主要聚焦于国内外重大政治活动及热点事件。在此类重大主题宣传报道中，澎湃新闻密切关注党和国家的重大决策部署，推出一系列优质报道。2018年全国“两会”首设“代表通道”“委员通道”，在此背景下，澎湃新闻首次派出集文字、图片、视频、直播于一体的全媒体采编团队，创新策划《“两会”通道里的中国2018》特别报道，对“两会”重大议题及部长观点进行系统整理，并将图文和现场视频集纳于H5页面，增强“两会”声音的网络传播力②。此后每年全国“两会”期间，澎湃新闻均延续这一报道视角与形式，对每日部长通道、代表委员通道的热点问题进行集纳追踪，并整合推出H5报道③。

社会民生类H5作品主要关注的是与广大人民群众生计生活密切相关的新闻，涉及百姓日常生活的方方面面。如自疫情发生以来，政府部门多次对疫情防控进行科学研究部署，相关政策一经发布立即引起公众的极大关注。

---

① 王惠珊：《新型主流媒体融合新闻的叙事研究》，硕士学位论文，新疆财经大学新闻与传播学院，2021，第46页。

② 方晓：《澎湃新闻社会责任报告（2018年度）》，https://www.thepaper.cn/newsDetail_forward_3558494，访问日期：2023年1月23日。

③ 方晓：《澎湃新闻社会责任报告（2019年度）》，https://m.thepaper.cn/newsDetail_forward_8294416，访问日期：2023年1月23日。

2020年2月，为扶持、推动疫情下企业健康发展，上海各级政府出台了一系列有力举措。4月，澎湃新闻推出《上海复工复产两月记》H5新闻，对两个月以来上海各级政府发布的政策举措、各行各业复工情况及各区先进经验总结的报道进行回顾、整合呈现，有效发挥主流新媒体的信息服务作用，为进一步平衡好发展与防疫工作提供指引和参考。

时代变迁类H5作品常常以历史和现今的发展变化为切入点展开叙事。如《奔涌入海·北外滩》聚焦上海北外滩的历史变迁，通过近代历史与现代国际化发展的相互对比，深入描绘新时代北外滩的精神风貌。

特定纪念类H5作品通常围绕具有重大意义的特殊日期展开报道。如为致敬改革开放40周年，澎湃新闻推出《40年家国协奏曲》H5互动产品，网友可以自主上传关于家、城、国的影像，随后生成一段融合文字、图像、音乐、动画的微视频，通过将个体叙事镶嵌于集体记忆的主题策划，吸引广大群众共同参与到庆祝改革开放40周年的宣传报道中来。此外，《小雪日记》是从东方早报延续至澎湃新闻的专题报道，十几年来独家追踪艾滋病夫妇的故事。在世界艾滋病日，澎湃新闻推出《小雪日记》H5报道，以文字、图片、音频等形式全面记录小雪抗击病魔的心路历程，以期小雪的乐观与勇气能感染到更多人。

典型人物类H5作品聚焦新时代各行业领域的奋斗者、奉献者的先进故事，凝结着浓烈的社会主流价值观念。为致敬全国优秀县委书记廖俊波，澎湃新闻推出《廖俊波的信仰之路》H5作品，通过竖屏动漫的方式回顾廖俊波19年基层主政生涯，深入诠释了“廖俊波精神”，展现了对党忠诚、心系群众、忘我工作、无私奉献的优秀共产党员形象。在抗击疫情的危急时刻，澎湃新闻策划《上海援鄂医疗队4封家书里的家国情怀》特别报道，将前线援鄂医护与亲人之间的信件往来呈现在H5界面中，纸短情长，凸显出医者担当与家国情怀，唱响团结一心、众志成城打赢抗疫阻击总体战的主旋律，发挥了强信心、聚民心的作用。

生态环境类H5作品聚焦人与自然关系，对于号召全社会形成节约适度、绿色低碳、文明健康的责任意识与生活方式具有重大意义。2019年，澎湃新闻打造“最美的中国：探路国家公园”大型新闻纪录专题，推出《我们的国家公园》H5作品，以细腻的文字描述、高清的自然风光展示国家公园的原真性、完整性与多样性保护，讲述人与自然和谐共生的故事。

澎湃新闻不仅关注话题度很高的社会事件、社会现象，还围绕那些被忽视、被遗忘的人与事策划报道。如《毒气，余生》聚焦于日本遗弃化武受害者的生存近况。该作品以H5形式为主体，内嵌特稿和纪录片两种阅读形式，将人物故事与数据可视化相结合，详细介绍了日本遗留化学武器的历史来源和受害情况，真实而深刻地展现了残酷无情的战争对于人们生活的长期冲击，极具感染力。报道刊发后，在网络平台被广泛转发，客户端上单篇点击超过167万，并获得第30届中国新闻奖三等奖。

二、叙事视角灵活，释放叙事张力

新闻的叙事视角是指对所叙事件进行观察、报道与呈现的特定角度。对于H5新闻而言，叙事视角多元意味着文本框架的建构各有千秋，能够带给用户更加多样的浏览体验①。法国叙事理论学者热奈特将叙事视角分为三种形态，即零聚焦叙事、内聚焦叙事和外聚焦叙事。

在H5新闻中，零聚焦叙事是一种常用的叙事视角，可以理解为全知视角，即叙事者超越时空限制，可以从任意角度俯瞰事件本身，追溯事件的前因后果，洞悉故事人物的内心想法，还能在必要的时候对某一情节或人物作出评价②。零聚焦叙事有助于全方位把控新闻事实，多角度挖掘新闻内容，赋予用户更清晰全面的认知。如2016年，澎湃新闻推出的《好人耀仔：一位宁德村支书的45岁人生》H5报道就是零聚焦叙事的成功典范。采编团队在对大量新闻素材进行充分收集整理后，以凝练且富有表现力的语言还原了福建省古田县卓洋乡庄里村党支部书记周炳耀在抗击第14号强台风“莫兰蒂”的过程中为保护村民生命财产安全献出宝贵生命事件的整体脉络。在叙事过程中，既有“他叫周炳耀，平时大家都叫他‘耀仔’，已连续当了三届村支

① 周蓉：《数据新闻报道的叙事分析——以澎湃新闻“美数课”为例》，硕士学位论文，浙江传媒学院国际文化传播学院，2020，第21页。

② 叶传增：《普利策特稿写作奖作品的叙事视角》，《青年记者》2018年第30期。

书”这类旁白式的情节描述，也有“周炳耀的女儿周巧兰原本期待着，明年能在父亲的注视下披上婚纱”这类人物心理刻画，还有“太阳照得到的地方，再找一个跟他一样的人，没有了”这类当地村民的追思。作品通过各类精心组合的叙事线索，展示出周炳耀急公好义的性格与大公无私的作风，同时，也呈现了其妻子、儿女以及当地村民对周炳耀离去的不舍和痛心。该报道推出后48小时，澎湃新闻平台上的阅读和点击数达280万，网民献花55万次，引发广泛关注①。

内聚焦叙事将视角囿于新闻当中的固定人物，只能从他们的视角展开叙事，因此也被称为限知视角。在纪念汶川地震十周年之际，澎湃新闻出品《我的汶川记忆》H5报道，收集了两千余位网友关于汶川地震的记忆，并按照地理位置标记在中国地图上，分享震区内外群众不同的经历与感知，最终建构出一份丰富、鲜活的集体记忆。作品发布后在全社会引发强烈的情感共鸣，广受好评，并获得2019年度亚洲出版业协会（SOPA）卓越新闻报道创新奖。

在外聚焦叙事中，叙事者本身不带有强烈的个人倾向与感情色彩，而是对新闻事实进行客观描述。如澎湃新闻制作的《灌河呜咽：响水爆炸事故七日祭》H5报道，在开篇引用新华社报道作简要背景交代，主体部分则按照时间线梳理响水爆炸事故现场情况、灭火救援进展、周边影响程度及集中悼念活动。整个叙事过程语言极其简练，以客观的视角对事故进行可视化重现，对事件本身则未作任何评述。

三、叙事风格多元，内容可读性强

H5新闻的叙事风格选择与其叙事语境建构密切相关。在此方面，澎湃新闻依据叙事主题差异，结合新媒体平台的传播特色，选择与之相适配的视听呈现形式渲染叙事主基调，从而增强内容可读性，提升用户体验，实现良好的传播效果。如在政治性题材方面，《为你千万遍，奔小康一个都不能少》以海报图集的方式进行视觉呈现，辅以气势恢宏的背景音乐，从农业发展、

① 黄芳：《澎湃新闻的深度报道探索》，《青年记者》2017年第22期。

治安保障、文化教育、户籍改革、医疗健康等角度展示过去五年来在党的领导下我国惠民工程建设成果，凸显大国风采与责任担当。在灾难报道中，《逆行的最后身影》通篇使用黑底白字，配合沉痛哀乐，按照时间线的逻辑梳理凉山森林火灾事件，流露出对30名救火英雄牺牲的无尽悲恸与敬意。

在传播语态上，澎湃新闻讲求用户思维，洞察用户兴趣，注重发挥网络文化优势，以更新颖丰富的话语表达去解释新闻和引导受众[①]。如《这些寄给太阳的漂流瓶，有你的一份吗？》中，既有“那些年错过的阴雨，这些天全部还给你”“骑车冷冷的冰雨在脸上胡乱地拍，雨水鼻涕混一块”这类歌词改编，又有“上海人民集体嚷着改名为雨洛德莱·范德·耀西”“上海进入‘周冬雨’模式，周周都有冬雨”这类谐音梗穿插，还有“内裤千万条，现在剩一条”“臣妾，做不到啊”这类网络流行语妙用。作品一方面以一种极其欢脱幽默的口吻调侃上海冬雨对市民日常生活造成的不便，疏解群众的烦闷心情；另一方面，活泼轻松的话语表达方式与主流媒体身份的权威性形成鲜明反差，颠覆用户对以往天气报道信息枯燥沉闷的刻板印象，极大提升了内容的可读性。

四、叙事元素多样，界面呈现出彩

H5技术具有富文本特征，能够将文字、图片、视频、音频、动画等多样的视听叙事元素聚合于同一新闻界面，为叙事内容的可视化呈现提供保障，带给用户多感官体验[②]。澎湃新闻H5报道在充分把握主题的基础上，通过调配多种视听元素，搭建叙事场景，从而达到理想的叙事效果。

2017年4月23日，澎湃新闻刊发了H5报道《长幅互动连环画丨天渠：遵义老村支书黄大发36年引水修渠记》。该作品以水为主线，内部多种叙事元素并不是简单的叠加，而是在融合中取长补短，从而达到1+1＞2的效果。具体而言，在视觉呈现方面，使用下拉式长幅连环画、渐进式动画、航拍画面、

① 王惠珊：《新型主流媒体融合新闻的叙事研究》，硕士学位论文，新疆财经大学新闻与传播学院，2021，第44页。

② 顾石秋：《H5新闻作品的创新策略研究》，《传媒》2022年第8期。

全景照片、实拍视频等报道形式，再现天渠修筑背景；在听觉设计方面，全文配以深沉大气的背景音乐，同时融入当地歌谣音频、相关人员采访录音以及山洪到来、炸药爆破等动画辅助音效，进一步渲染叙事氛围。《天渠》作为典型人物报道，突破了传统主旋律题材叙事的单调枯燥，它以众多鲜活的细节塑造出立体丰满的人物形象，为用户带来更具沉浸感的体验效果，以真正唤起读者对经典人物的认同。作品推出24小时，系列报道在澎湃新闻平台总点击阅读数突破300万，荣获第28届中国新闻奖一等奖。

五、互动叙事创新，强化沉浸体验

除了大量视听元素的充分融合，优质H5新闻的界面呈现效果离不开出彩的交互设计。交互是H5新闻的重要属性，利用用户的体验与转发实现新闻信息的最大化传播，从而将新闻报道推向更高的层次[①]。总的来说，澎湃新闻H5报道的互动设置体现在用户参与及用户分享两方面。

在用户参与层面，首先，澎湃新闻H5报道最常使用的互动方式就是界面响应。用户根据媒体设置的特定路径，通过滑动、点击、拖动、按钮、擦除等操作，实现场景转换，触发新的叙事情节，从而完整接收信息。如《在“世界屋脊”消灭饥饿的青稞王子》即通过界面图标引导用户进行下拉、点击等操作，一步一步解锁叙事情节，将尼玛扎西学成回归西藏后潜心青稞的良种研究和推广最终解决了西藏人民的温饱并带领农牧民致富奔小康的先进事迹娓娓道来。值得一提的是，该作品互动形式虽然常规，但界面设计创意十足。用户进入作品叙事主题后，伴随着下拉操作，一粒青稞种子破土而出，并随着剧情的推动与用户的持续互动逐渐成长、成熟。整个作品的叙事节奏均由用户个人把控，随着用户一“滑”一“动”，让用户在阅读过程中能够感受到，事件似乎是随着自己的每一次操作而变换的，即每一次操作都能得到及时的反馈，持续激发读者阅读兴趣。

其次，澎湃新闻H5报道在叙事过程中融入游戏元素，以趣味性的叙述方

① 何芳：《H5新闻的传播优势与存在的问题》，《青年记者》2018年第8期。

式凸显新闻主题，丰富并拓展了原有内容。如《致敬攀登者》在攀登珠峰路线可视化的过程中融入六个相关问题，用户必须回答后才可获取下一界面信息，在六问六答间完成登山运动科普，同时展现了登山队员勇攀珠峰的艰难险阻与视死如归精神。《暖途》则关注骑摩托车返乡过年的务工群体，除叙事主线外，澎湃团队特别设计“骑行回家”小游戏，用户通过长按屏幕滑动控制骑行方向，致力以最快速度躲避沿途障碍到达终点。游戏环节紧张刺激，有助于用户感受骑行返乡的艰辛不易，进而与该群体产生情感共鸣。

此外，基于社交媒体的强分享性设置的交互方式也在澎湃新闻H5报道中得到充分应用。如在上海解放70周年之际，澎湃新闻推出《百变魔都》H5报道，通过引导用户点击文字地标，进一步描述上海迪士尼、外滩、陆家嘴、浦东机场等十大标志性地点的发展变迁历程，展示出一个守正创新、锐意进取的城市形象。作品末尾，用户可点击勾选打卡过的地标，并自动生成海报，便于在社交媒体平台分享传播，调动网友广泛参与的积极性。

综上所述，澎湃新闻H5报道在叙事策略上具有主题丰富、视角灵活、风格多元、元素多样、互动创新的特点，其策划思路与传播思维为今后新型主流媒体开展融合新闻报道提供了有益借鉴。

在新媒体时代，主流媒体应在积累经验的基础上充分认识到自身肩负的责任与使命，坚守底线意识，发挥把关作用，调整运营思路，优化话语表达，强化服务能力，从而提升传播力、引导力、影响力和公信力。

第三节　“南方+”H5新闻文本特征

南方日报作为传统的主流媒体，为了加快媒体融合发展步伐，实现传播效果的最大化和最优化，于2016年下半年成立了“南方+”新媒体实验室。“南方+”的H5融合新闻主要由“南方+”新媒体实验室负责制作。“南方+”

新媒体实验室在H5融合新闻的制作过程中坚守主流媒体守正创新的应有之义，以创新表达为己任，从而使得主流声音传播得更加广泛、主流思想传达得更加深入。

一、视觉表现特点

视觉元素组合要为主题服务，视觉呈现的本质目的是要与读者产生意义互动，要让读者明白H5融合新闻的创作意图。因此H5融合新闻所运用的文字、图案、色彩等元素要能够构成一个有机的整体，并有效地服务于主题的表达。

“南方+”推出的2022年虎年新春庆贺H5《画一笔！领取你的生肖福利卡》，打造虎年“+”画，在满足用户春节贺词需求的同时，突出品牌展现，在佳节以“+”画会“+”人，让优秀传统文化“活起来”；文字样式为书法手写字体，文雅又不失稚朴，笔画的毛边还原了毛笔的笔触，对应“画”这一主题。除此之外，金粉墨汁多用于书写春节的对联，该H5融合新闻的字体“墨痕”中可以看到有金色夹杂其中，充分体现春节的主题。

图案包括纹样和图形。《画一笔！领取你的生肖福利卡》封面的背景酷似传统手工纸张，泛黄的底色和图案的纹路极大程度地还原了手工纸张的质感和纹理，呼应主题中的“画”纸。

《画一笔！领取你的生肖福利卡》将国画风格的柿子元素放置于封面，这也呼应了主题当中“虎年”春节的喜庆氛围以及“画”的主题。柿子的“柿”字与“事”字同音，取事事如意、万事如意、心想事成之意。而且成熟的柿子色泽金黄或火红，更添一份喜庆的意味。由于柿子为“吉物”，古往今来有不少画家都偏爱以柿子入画，因此柿子也是国画的常见题材。

十二生肖是中国传统文化的重要组成部分，十二生肖指代的动物形象也是中华民族熟悉的文化符号。《画一笔！领取你的生肖福利卡》中十二生肖的动物形象在视觉呈现上还结合了剪纸这一中国传统民间艺术。每年在窗户上张贴不同纹样的剪纸也是春节传统民俗之一。从画面的视觉呈现来说，将传统民俗剪纸融入H5的视觉设计中，能够营造出春节的氛围。同时在红色的主色调下，简约生动的动物纹样与繁而不乱的花卉纹饰的交替穿插能使画面呈现丰富多样的同时又显得和谐统一。

色彩是视觉元素的重要构成部分，也是视觉修辞的重要分析维度①。色彩是能给予读者最直观感受的视觉元素。不同的色彩基于不同的文化背景象征着不同的情感，拥有不同的含义，并且能引发观者一系列的联想、认知与情感反应。红色对于中华民族而言是一种拥有丰富文化意象和深厚内涵的颜色，红色在我国的文化背景中，往往意味着喜庆、幸福、吉祥等一系列正面含义。因此，作为中华民族最重要的节日，春节的主色调也是红色。《画一笔！领取你的生肖福利卡》大量运用了红色这一颜色，不仅呼应了春节这一主题，同时还能使读者能够很快地联想到春节，唤醒与春节相关的文化记忆。

二、语言表达特点

《画一笔！领取你的生肖福利卡》在语言表达上的特点体现为词汇句法新旧交融，在兼顾H5这一新兴形式的文本特点的同时，也不忘呼应该H5作品主题的传统风格。从词汇来看，“墨客”“雅兴”等属于古语词，但却不会令读者觉得晦涩难懂、难以理解。这是因为现代汉语词汇与古代汉语词汇一脉相承，中国上下五千年的文化源流贯穿其中，古语词就是现代汉语词汇中最具文化气息、最典雅、最书面的部分。古语词汇在呼应传统文化这一主题之余，其言简意赅的特点还顾及碎片化阅读环境下新媒体用户的阅读方式偏好。

同时，汉语词汇“一音多义”的特点，也造就了汉语“谐音”的修辞手法。例如“+画”：一方面“南方+”的“+”谐音“佳”，意为佳画；另一方面“+画”谐音“佳话”，一语双关值得读者细细品味。

从句法来看，《画一笔！领取你的生肖福利卡》采用了较多的省略句以及古代固定句式。省略句是指句子中省略某个词或某个成分的现象，在古代文言文中较为常见。例如，“以字为贺、以画作礼”这一短句中便省略了主

① 刘霄昂：《媒介图像的情感动员机制与策略研究——以〈人民日报〉抗疫海报为例》，《科技传播》2022年第21期。

语。一方面省略是为了避免重复内容，另一方面省略还能起到突出新信息，或者重点，使上下文紧密联系的作用。除此之外，“以……为……”也是固定句式，不仅突出了汉语意味悠长的特点，也兼顾了新媒体传播环境下迅捷简短的文体要求。

三、互动形式特点

（一）沉浸式情景再现

春节是我国重要的传统节目，春节文化的记忆深深刻在一代代中国人的血脉基因里。上文提及《画一笔！领取你的生肖福利卡》将众多视觉元素整合为一个有机整体，共同呼应了“春节”“字画”的主题。要想为读者打造沉浸式的再现情景，仅仅依靠视觉元素还不足够，需要视听语言共同协助才能再现逼真的节日情景。

H5融合新闻借助交互技术建造出逼真的虚拟现实场景，为读者提供多感官沉浸式的体验①。《画一笔！领取你的生肖福利卡》采用的背景音乐为古风纯音乐，听觉符号不喧宾夺主，没有歌词去分散读者对于视觉内容的注意力，仅仅只有喧闹的锣鼓、轻快的笛声、雀跃的鸟叫也能够为用户营造出春节欢庆的气氛，引发用户的情感共鸣。同时，沉浸式的情景再现使得用户拥有了主动参与性，在该条融合作品中，用户将自己扮演为创作画作的“文人墨客”，可以自主选择想要生成的生肖福利卡，也可以在结尾处选择“再画一次”返回之前的操作步骤再次体验。

（二）仪式共享情感体验

传播仪式观认为仪式中“无形”的信仰共享和精神体验才是传播的真正本质。传播仪式观强调的是受众（用户）在“共同的媒介场域”中，经由集体参与，从而进行信仰共享和情感体验的历时性模式。春节等传统节日存活于民众生活中，正是借由传统的信仰仪式、神灵和祖先祭祀仪式以及民俗仪

① 梁丽：《H5新闻的视听艺术研究》，硕士学位论文，南昌大学新闻与传播学院，2021，第21页。

式等，将民族记忆串联起来，赋予时间以深刻的民族文化内涵。而当下媒介仪式对传统节日的每年一次连续呈现，使传统得以完整而有序续接①。中国习惯以十二生肖标记一个人的出生年月，每十二年轮回一次，子年出生的人再遇子年，即为本命年。本命年在中国民间的传统习俗中，常常被认为是诸事不顺、不太吉利的年份。不仅是本命年需要注意运程，不同生肖在不同年份也有不同的运势。用户被标题或封面内容吸引点击进入《画一笔！领取你的生肖福利卡》，该作品的阅读情景即为仪式的互动场域。该作品利用用户趋利避凶的心理，将画作生成的按钮设置为“开启一年好运”。不仅如此，“互赠书画是古今文人墨客雅兴”此句也是一个巧妙的心理暗示，让用户自动代入“文人墨客”的角色身份中去，积极参与画作生成这一操作。用户在参与仪式的过程中，不仅重温旧时春节传统民俗的集体记忆，同时也得到获取好运的心理暗示，其中饱含的情感能量可能还会促使用户进一步将生成的画作转发给自己朋友圈中的亲朋好友，邀请他们一同加入这一互动仪式链。

四、品牌运营意识

融合新闻的制作不能只停留在内容制作上，更需要考虑如何通过一系列的产品为自身运营账号打造一张独特的品牌名片。全媒体时代，海量信息的供应必然导致媒体精准选择用户，用户精准选择信息，而品牌的独特性、差异化、稀缺性会成为进入全媒体时代的通行证，全媒体时代在介入更多媒介的同时，更应该强调植入品牌的重要②。

品牌的建设与融合是同步进行的，“南方+”的融合新闻制作注重塑造自身的品牌形象——小南，并将其巧妙地融合在诸多H5新闻作品中。从品牌形象的塑造而言，小南的形象为红色的卡通小人。红色的外形、卷曲的发型对应着“南方+”的图标。可爱而简约的卡通形象，一方面在一定程度上消解传统媒体的严肃性，能够拉近传统媒体与新媒体青年用户的心理距离，另一方

① 郭讲用：《仪式传播：信仰共享与文化转换——中韩端午节仪式传播比较》，《当代传播》2011年第4期。

② 刘浩三：《传统主流媒体在全媒体时代的融合之道》，《中国广播》2012年第4期。

面能够在用户内心建立起品牌与形象的直观联系。

从品牌形象的融合而言，以《画一笔！领取你的生肖福利卡》为例，封面中的红色卡通小人就是小南。从视觉元素来说，为了迎合虎年春节的主题，小南戴上了虎头帽，穿上了虎头鞋，旁边还带着一只小老虎。从互动性来说，小南与画面中的其他元素并不是割裂开来的。在封面的开场动画里，小南的入场动作是将“虎”字的其中一个笔画作为滑梯，顺着“滑梯”划入场中。在结尾生成的画作中，小南和“画”中的诸多元素也存在互动，例如虎生肖福气卡的画面中，小南伸手接住书上掉落的柿子。

从品牌形象的出场而言，品牌形象的打造固然重要，但融合新闻的制作本质还是要为主题和内容服务。因此，在安排品牌形象出场时，要考虑融合新闻主题与品牌形象的适配性。例如偏娱乐向的手绘题材就适合安排小南这种卡通形象出场，不会与画面中的其他元素形成冲突。同时，制作者也要考虑到用户的心理，对于不了解品牌以往融合新闻作品和品牌文化的用户而言，品牌形象在同一个融合新闻作品中的频繁出现可能会使用户感到厌烦。因此，出于将品牌形象出场效果最大化的考虑，应该将品牌形象主要安插于封面与结尾。这是因为封面是用户点击进入融合新闻看到的第一画面，甚至用户在未点击时也能通过预览看到设置好的封面。至于安插于结尾则是因为，结尾处大多是用户生成分享图片的界面，将品牌形象安插在此处，有利于扩大品牌形象的传播范围。

随着媒体融合进程的不断深化，H5融合新闻的制作要坚守一切为主题服务的整体意识，多种媒介手段的可应用对制作者的整体把控能力而言是挑战，也是机会。将各种媒介手段与元素整合为一个为主题服务的有机整体，就能实现1+1＞2的良好传播效果。同时也要注重树立品牌运营意识，在用户的注意力争夺战中，品牌化的经营策略才是媒体融合持续发展立于不败之地的根本途径。深入人心的良好品牌形象能够增加用户黏性，提高用户的忠诚度，从而实现更好的传播效果。

第四节　网易H5刷屏的背后

自媒体界流传着一句话："你被网易H5刷屏了吗？"可见网易H5的知名度有多高。网易内部拥有众多H5制作团队，包括网易哒哒、网易传媒设计中心（NDC）、网易新闻中心原创组H5团队等。

网易哒哒是网易新闻孵化的新媒体团队，其核心是通过打造趣味内容进行广泛传播，不断提升网易新闻的品牌影响力。前期，网易哒哒以生产趣味内容为主；2016年底则开始转变内容方向，日常生产一些有趣的原创内容，追求"用最短的时间，带你看最酷的世界"①。其推出的H5策划有《我的新年FLAG》《睡姿大比拼》《自白》等。

网易传媒设计中心拥有交互和用研团队、视觉设计团队30余人，各团队除了专注自身领域，又时时融合在一起，以科学的设计方法和流程打造高精尖产品，以"不断提升网易产品用户体验，带给用户极佳的使用感受"为目标。目前传媒设计中心服务的范围涵盖网易门户旗下所有内容部门，包括新闻、财经、体育、娱乐、科技、直播、原创等多条业务线，从H5迅猛发展以来，打造出了多款页面浏览量上千万的H5产品，刷爆朋友圈②，例如《娱乐圈画传》《里约小人大冒险》《滑向童年》等。

网易新闻中心原创组H5团队由不同的编辑、文案、设计人员组成。然而，每当有热门话题被大众所关注，散落在各处的会员们便会"闻风而至"，然后将风格各异的文字和多姿多彩的图案融合在一起，最终形成精彩的H5。这些H5用犀利的眼光解剖各种社会现象，能够发掘新闻中细小但却意味深长的细节，让读者得以俯瞰新闻的全貌。

此外，网易在未来的内容创作上作水波式的扩展，基于现有品类继续扩展，打造谈心社、浪潮工作室等品牌，并对IP进行延展，推出虚拟网易哒哒IP形象。

---

① 王雅琳：《网易哒哒介绍》，https://www.163.com/news/article/E6RTLETF000187HL.html，访问日期：2023年1月25日。

② 网易传媒设计中心：《H5匠人手册：霸屏H5实战解密》，清华大学出版社，2018，第4页。

一、网易H5的主要类型

网易H5的主要类型大体上可以分为测试类、新闻热点类、互动游戏类和公益类。相比于主流媒体，由于网易平台具有更强的商业性，在进行H5新闻的讨论时，本节将重点放在更具有新闻性的案例上。

新闻热点通常以热点事件为素材，具有高度的时效性，注重与使用者的距离，赋予使用者更多的参与感和真实感，并能让使用者积极参与到内容的互动中，常常让用户以第一视角一镜到底完成体验。网易的新闻热点类H5除网易新闻团队独立制作之外，还常常与主流媒体进行合作。

2018年10月24日，全长55公里的港珠澳大桥正式开通运营，对经历了香港回归和澳门回归的一代人来说，港珠澳大桥将三地联结在一起，必然会激发他们的情感与共鸣[①]。因此，网易新闻联合新华社、新华网制作了H5新闻《一分钟漫游港珠澳大桥》。就常规的报道、图文、视频或直播来说，很难让用户立刻了解港珠澳大桥的全貌。如何让用户能够身临其境地迅速了解大桥全貌，成了H5的灵感出发点。点击长按《一分钟漫游港珠澳大桥》，展现港珠澳大桥风光，整个H5系列产品紧紧围绕着“快速认识港珠澳大桥”这一主题，贴合热点，满足用户对资讯的需要。比如整个H5中单页呈现的文字几乎都在20字以内，叙述言简意赅，介绍了大桥的造型设计、建造技术和寓意。在穿越完海底隧道后，H5的左上方会出现一条提示：“来自内地的朋友请注意，你即将从右向左开始变道。”为了不让用户感到无聊，H5每隔一段距离就会显示“走过”的公里数，提示播放进度。

《一分钟漫游港珠澳大桥》用比较文学性的语言，如“你站在桥上看风景，看风景的人在远处看你，不知道谁是风景，谁又装饰了谁的梦？”“我一直在找一座桥。什么桥？通往你心里的桥”，通过明信片的方式激发用户分享，完成了对《一分钟漫游港珠澳大桥》H5的二次传播。

在新中国成立70周年之际，网易新闻推出了28种不同视角、不同内容、不同形式的H5作为国庆献礼，并在对话中创新了爱国青年的家国情怀语境，

---

① 邓琴玲玉：《千万级流量H5新闻类产品传播及应用——以网易新闻〈一分钟漫游港珠澳大桥〉为例》，《传媒论坛》2019年第5期。

体现了网易公司的社会责任。网易结合国庆热点制作的H5包括《前进吧，中国！——地表最强阅兵全图鉴》《那些年，你看不懂的时尚》《穿越中国70年》等。

与新华社合作的《前进吧，中国！——地表最强阅兵全图鉴》在阅兵前获取独家资源，以全景式的方式展示了这场盛大的阅兵，难度极高，创意十足，在阅兵当天获得了刷屏级效果。

《那些年，你看不懂的时尚》色彩鲜明，采用舞厅风格的背景，互相比较大妈和小姑娘的时尚风格，包括跳舞、内衣、身材、理发、发量、女神、美妆、医美、照相、小白鞋、妈妈“织”造、时装、工作服、“买买买”的对比。最后一页显示“新中国成立70周年时尚穿梭之旅，每一次反转，都意味着美好生活，拥有了更多可能，时尚的变革，可以成为一个时代最鲜活的记录之一，也许，今天回看过去的日子，会有些土气，但它，见证了一代人最宝贵的记忆”。

该H5是极有网感的历史回望，网易新闻从小切口、平视角解构了宏大叙事，展现了70年来时尚界的记忆变迁，讲述的视角从“我”出发，通过代入感的场景画面拉近回忆，互动机制激发用户关于这场大型集体记忆的共鸣感。

2020年网易跟新华社合作的《我们的2020年代》是一款数据展示H5，从人口变化、能源使用、黄金储备、城镇化、工资收入、个人所得税、婚姻、食物占有量、快递量九个角度展现2020年中国发展的数据，并与以往年份数据对比，用户可以点击屏幕左上角进行快速的数据查看。

2022年香港回归25周年，为了追寻香港文娱的发展足迹，展现香港回归以来的时代风貌变迁，网易新闻旗下网易娱乐推出了“风继续吹”香港回归25周年系列特别策划。网易娱乐充分调动了旗下亿级爆款IP《娱乐圈画传》的原创人马，推出了特别视频策划版《画传·港风吹到2022》，为观众呈现《喜剧之王》《无间道》《花样年华》等经典香港电影。

网易哒哒也切合热点，与民生银行联名合作，制作了庆祝香港回归25周年特别策划H5《PICK香港的乐章》。该作品整体采用浓郁的港风配色和独具特色的杂志风格绘画风格，搭配老歌、老街、老景、传统香港本土商标招牌和港台歌星，引发情怀共鸣，用经典港剧对白和特色地标，带用户一秒回到自己的青春年代，PICK自己心目中的香港。

此外，网易还结合最新玩法，开发满足年轻人消费习惯、社交需求与价值审美的数字藏品。数字藏品是基于网易传媒区块链技术协议发行的数字商品，塑造了8款以8位香港艺人为原型的各具风格的HK CARD。每个ID有3次抽签机会，8款随机掉落，抽中后可免费兑换相应款式数字藏品1枚。每个数字藏品在网易传媒区块链都有链上唯一标识，且不可篡改，网易传媒区块链为其发行交易提供底层区块链技术支持，提供可信存证技术服务。该数字藏品一经兑换成功，不支持转赠，且仅保证其在网易传媒区块链上的唯一性。

网易联合人民日报，在党的二十大召开期间推出《猜猜这是什么字》H5策划，作品以关键词为核心，将大会的精神传递给广大网民，让他们了解到会议的内容，了解社会发展的趋势，以及与自己的生活息息相关的民生计划。作品将汉字的笔画拆开，让用户自由排列，并让用户猜测这是什么字，从三个答案中选择，选择后上方会提示答案是否正确，笔画慢慢组合到一起，并转换成与下方详情介绍相关的美术样式，用户阅读后，继续下一题。答题完毕后，关键字海报生成，包括用户的关键字和答题结果。

公益类作品通常以环保、保护濒危动物、关爱老人等社会热点话题为主题，通过对当下社会热点问题的洞察体现了社会责任感，具有深刻的教育警醒作用。

《自白》又名《她挣扎48小时死去，无人知晓》，是网易团队在公益领域尝试创作的首个H5作品，作品上线于动物保护日，用黑白条漫的方式展现动物保护主题。H5开篇，似乎讲述了一个小女孩岚及其家人遭遇的怪兽入侵的故事，然而故事到了后半段，用户才会发现小女孩其实是鲸鱼，而怪兽竟然是人类自己。作品最后罗列了近年来逐渐濒危的北极熊、鲸鱼、穿山甲等物种。《自白》H5巧妙地让人类自己也体会到濒危动物的处境，其所展现的，是一个物种对另一个物种的屠杀，直击用户内心深处，上线短短一天之内，浏览数（PV）已经逼近千万，几乎达到了一部畅销影视作品的触达率。

在形式上，《自白》采用长图视差交互搭配下滑手势来作为整体创作思路，带动H5连贯播放，具有较强的空间层次，能增强画面的新鲜感，减轻因内容密集而造成的视觉疲劳，减少阅读长图文时的乏味，并能在画面上帮助

H5流畅转场[①]。它通过向下推进故事情节，向用户展示人物的改变，并利用滑动的手势来控制故事的播放，增加了用户的参与性。

在这之后，网易又推出了《英雄》。该作品以“英雄”为题，采用故事与新闻事实相结合的双重叙事结构，设置了跌宕起伏的故事情节，以“反英雄式”的手法，将观众带入一种悲壮而又悲怆的气氛中，最后提出了“个体的作用可能微乎其微，可真正的改变不正是由千千万万个微小的瞬间造就？面对事实，我们无法保持沉默，只要更多人愿意为环保发声，这世界的下一秒就不会比上一秒更差”的口号。叙述时，作者对题材的情感表达和观点的精妙运用，使其具有相当的深度和感染力。

互动游戏类H5一般以互动性较强的小游戏为题材，特点多为有趣、简单易上手，让用户感受到游戏的愉悦感、成就感。围绕2019年国庆70周年阅兵活动，网易新闻与新华社共同推出了一支互动游戏H5《手速大考验！你敢挑战“阅兵级操作”吗》，总共有五个小游戏，分别是“稳住，我们可以走直线”“Hold住你的正步”“军乐队达人”“飞行训练”“被选中的孩子就是你”。这是一款手速游戏，要求用户的反应速度很快，极大地增加了用户的体验感和参与感。

测试类H5契合用户低成本、有趣了解自我的需求，测试最后生成的海报可以充当“我”的人格代言词，帮助用户获得社交货币，提供谈资，塑造形象。北京冬奥会期间，网易文创与人民日报推出冬奥特别策划测试类H5《我是冬奥运动员》。该策划灵感来自北京冬奥官方宣传片，“当火光跨越千年，穿越冰雪，来到北京2022年冬奥会”，通过用户选择，最终将生成用户是什么冰雪运动的运动员的海报，包括运动项目及项目科普及人格特色。

网易三三工作室联合中国冰雪推出《新的一年我会成为什么冠军》H5策划，通过测试题邀请用户加入自己家乡的代表队，通过结合日常生活的趣味测试题，预测自己的冠军项目，包括“社交牛啤冠军”“血压平稳冠军”“爱谁谁冠军”等幽默风趣的头衔，选择完毕后，输入昵称可生成答案海报。

---

① 运营的小事6：《网易爆款H5的交互方法参考》，https://zhuanlan.zhihu.com/p/86347316，访问日期：2023年1月25日。

二、网易H5刷屏的原因

近年来，网易的H5频频刷屏，其原因可以归结为成熟的团队运营、直抵用户的利益痛点、有效结合营销活动、将硬新闻做软等方面。

（一）专业成熟的团队进行可持续化运营

H5是微信里继图文、音视频、漫画之后第四种内容形态，并且可以包含前面三种内容形态。相比于前三种形态，H5的产出成本太高，对创作者的要求更高，个人很难完成，团队需要花费很多的时间和成本。成为爆款收割机需要专业成熟的团队进行可持续运营，网易内部拥有众多H5制作团队，包括网易哒哒、网易传媒设计中心（NDC）、网易新闻中心原创组H5团队等，网易的爆款H5，制作周期都在1—2个月，不断推翻策划、打磨内容、优化表现形式，用做产品的思路去做内容。

（二）直抵用户的心理诉求

如果一个H5产品能在受众传播时彰显个性或社会责任感等积极方面，受众就具有很强的分享欲。根据“约哈里之窗”理论，认知世界的知识由开放区域、盲目区域、秘密区域、未知区域构成。受众通常热衷于探索及展示自己未知的一面即“未知区域”，向他人展示自己潜在的性格特质[①]。广泛使用的H5产品是建立在对受众心理的高度理解之上的。测试类可以强调用户的独特能力，强化用户在社会领域的优越感，新闻类可以强调用户对国家大事的关心态度，公益类可以强调用户强烈的社会责任感和良好形象。同时网易采用了更符合H5核心人群，即年轻人喜爱的表达方式。

（三）有效结合营销活动

不管花样如何多，这都是网易的内容营销，H5产品通过朋友圈进行自传播往往遵循“与我相关”原则。受众更关注传播内容是否与“我”有关，乐

① 赵雅琳、李龙锐：《新媒体视域下H5产品传播策略研究——以网易H5产品为例》，《记者观察》2022年第20期。

于分享与自己高相关度的内容，而对于广告则比较排斥，广告营销类H5页更难“出圈”。作为商业媒体，网易并没有新闻采编权，只有转载权，所以相比起新华社等主流媒体，网易制作的H5新闻性并没有那么强，但是网易采用“弱营销”的传播策略，通过与不同的品牌和IP联名来进行传播，热门IP本身吸引一定数量的粉丝群体，具备一定程度的社会影响力，超级大IP覆盖的人群量级不亚于任何一个节点或新闻热点。巧妙地借用IP可以提高H5在关注度和话题性方面的影响力，熟悉的事物容易引发人们的共鸣情绪。

2022年端午节期间，网易文创联合伊利推出《端午假期图鉴》H5策划，通过类似《千里江山图》青绿山水的美术风格和“青山绿，豆叶长，龙舟竞渡，好榜样”的童声演绎，让用户品味到端午节的文化历史，将国风与火热的MBTI测试相结合，体现出传统与现代的碰撞。

（四）结合热点事件，将硬新闻做软

追社会新闻的热点对于H5来说几乎没有特别大的用处，无意义的追热点方式会产生流量，但是很难让用户记住品牌，这是一种从流量到流量的方式，而不是从流量到品牌。偏小的团队通过追热点有快速崛起的可能性，但追热点不是一种可持续性的路径，但是节点性热点如六一儿童节、中秋节等，包括一些相对比较小众的纪念日如世界睡眠日、动物保护日等，是一种全民共同的话题。网易通过寻找这些相对小众的纪念日，找到传播节点背后大家都关心的话题，实现“破圈”传播。

2019年开始，结合跨年的热点，网易每年都会推出一款有关新年FLAG的H5策划。《2022FLAG》采用3D魔方选择模式，提供更流畅的选择与多元的装饰，结合近两年网络热梗和事件设置约200个事件选项，用户在事件中进行选择，也可以通过自定义填写个性化事件。最后，根据用户的新年FLAG将随机生成关键词及福气描述。

网易与人民日报新媒体合作，于2020年“5·12”护士节上线的H5《无人知晓的天使》，以帧动画的形式展示了全国400多万名护士的平凡与伟大，在疫情和护士节这个特殊的节日，通过深刻的社会洞察，打破了护士群体与用户的屏障，让不了解这个行业的用户也能极大地产生共情，成功地激发了用户的同情心和分享欲。

第五章
短视频新闻案例研究

第一节　人民日报抖音号爆款短视频叙事特征

第二节　时政新闻短视频《主播说联播》的创新

第三节　中国军网抖音号短视频新闻的叙事策略

第四节　N视频客户端的探索

第五节　四川观察抖音号短视频新闻的叙事传播

第六节　梨视频的短视频特色

第七节　泗阳融媒贴近县域受众的短视频新闻

短视频新闻是近年出现的一种新兴网络新闻形式。一般认为，短视频新闻指的是“长度以秒计算，总时长一般不超过5分钟，利用智能终端进行美化、编辑，并可在多种社交平台上实时分享的一种新型视频新闻产品”[①]。从内容形态上看，短视频新闻属于融合新闻的一种，将图片、文字、视频、音频等多种媒体形式融合在一起，具有极强的感官感染力、情感共情力。而且由于短视频拍摄方便、制作快捷，短视频新闻具有时效性强、现场感强、成本低廉的特点，适合对突发事件进行第一时间报道。

第一节　人民日报抖音号爆款短视频叙事特征

移动互联网的发展为各大短视频平台发展和内容生产提供了契机，同时短视频也成了用户日常获取信息的重要方式，短视频消费文化逐渐成熟。相较于传统图文和电视新闻形式，短视频新闻声画结合，信息承载量丰富，符合当前碎片化的阅读场景和人们高效获取信息的习惯，易分享扩散，尤其符合资讯类内容的传播需求。2016年，伴随独立资讯短视频平台梨视频的成立以及传统媒体对短视频内容形式的初步探索，资讯短视频受到越来越多媒体和内容生产方的关注[②]。近年来，伴随抖音等短视频平台的成熟发展以及微博、微信等社交平台对短视频内容的开放和重视，资讯短视频加速发展，内容生态日益丰富。同时，诸多主流媒体已建立旗下独立的资讯短视频品牌，在多个网络渠道分发优质资讯短视频内容。

2018年9月，人民日报入驻抖音平台，秉持参与、沟通、记录时代的专业理念，受到了众多抖音用户的喜爱。截至2022年12月4日，其抖音号共发布4708条视频，收获1.6亿粉丝，总获赞量104.4亿。

① 常江、徐帅：《短视频新闻：从事实导向到体验导向》，《青年记者》2017年第21期。

② 艾媒报告：《2020年中国资讯短视频市场洞察白皮书》，https://www.iresearch.com.cn/Detail/report?id=3669&isfree=0，访问日期：2022年12月30日。

与传统媒体时代相比，数字媒体时代主流媒体的短视频新闻采取了什么叙事策略？呈现出哪些新型的叙事特征？在数媒时代背景下，分析人民日报抖音号的爆款视频内容，探究生产叙事策略，对主流媒体如何更好在移动互联时代把握话语权具有启发意义。

一、人民日报抖音号内容分析

本节重点以人民日报抖音号2022年10—12月的爆款短视频为研究对象，从叙事学角度对这些文本进行分析。

（一）短视频时长分布

最初，初级用户在抖音平台只能上传15秒的内容，能够生产优质内容的抖音账号可获得60秒的长视频权限。2020年6月，抖音官方将普通用户视频时长延长为60秒。目前，抖音平台已经不再限制视频时长，用户均可通过创作平台上传1—15分钟的视频。分析发现，19个爆款视频中，最短时长为13秒，最长时长将近5分钟，16个视频时长在2分钟内，其中6个视频为30秒内。可以看出，短小精悍仍然是爆款短视频的重要特点，但时长并不是衡量视频质量的绝对标准，长视频开始同样受到用户的关注。

（二）短视频中的主题和人物

人民日报抖音号爆款短视频主题主要集中在时政和社会题材方面，除此之外，还涉及军事、外交等题材。其中，时政题材的内容主要是党和国家领导人的重要讲话、参加的重大活动与国家重大节日等，社会题材的内容多为社会上的见义勇为、英雄事迹和暖心故事，少部分涉及对负面事件的批评。

短视频中涉及的人物有党和国家领导人、政府官员、公安民警、消防员、名人艺人、普通人、军人、体育教练等。

（三）短视频的视觉元素

视觉元素方面，人民日报抖音短视频绝大部分采用动态视频加解说型字幕的形式，少部分单独使用动态视频，极少数使用静态图片。此外，使用直接截取或简单裁剪处理的电视新闻视频，也是人民日报抖音号的重要视频素材来源。

解说型字幕虽然诞生于电视时代，但短视频对其进行了多方面的改造和创新，不再拘泥于固定标准的字幕形式。与传统电视字幕相比，人民日报抖音短视频字幕字号无固定限制，字号更大，样式更醒目显眼；字幕颜色以白色为主，黄色强调重点，具有较为统一的字幕风格；字幕位置不固定，多数位于视频下方，有时也会在视频上方、左方等位置。短视频解说型字幕一定程度上补充和丰富了短视频新闻的信息内容，弥补了画面信息指向模糊的缺陷，受众能够简洁、直观、迅速地获取信息。

（四）短视频的听觉元素

听觉元素方面，人民日报抖音号短视频大多配有与新闻事件主题高度吻合的背景音乐。比如，在歌颂英雄题材作品中，背景音乐动感激昂，烘托家国情怀；记录平凡人的感动日常题材，背景音乐舒缓温情。其中，背景音乐与同期声结合的形式出现最多，根据题材的不同，背景音乐与同期声单独出现也是一种主要的表现形式。而画外音这一重要的听觉元素，在短视频新闻中基本消失不见，解说型字幕已经完全取代了略显拖沓的画外解说声。

二、短视频新闻的叙事特征和叙事策略

（一）叙事角度单一与个体化叙事

为保证新闻的客观性和可信度，传统新闻一般采用多个叙事视角相结合的方式报道新闻，包括主持人或编辑的全知视角、记者的第三人称视角和当事人的第一视角，有时还包括旁观者的第三人称视角。而短视频短小精悍的要求，使得短视频新闻一般只能选取一到两个角度展开叙事，如主持人/编辑的全知视角、当事人的第一视角。短视频开头不再使用导语、旁白或者口播，而直接呈现新闻画面和人物，新闻标题直接点明新闻背景或要点，二者配合快速完成叙事。

叙事视角的选择影响着新闻的传播效果。分析人民日报抖音号爆款短视频可以发现，第一人称叙事视角运用最为广泛，个体化叙事策略十分典型。直接以新闻当事人的第一视角呈现新闻内容，最大程度保证了新闻的真实性，提升了新闻的可信度。个体化叙事虽然造成了内容的碎片化，但新闻叙述者直接与受众言说的形式，极大拉近了受众与新闻事件的距离①。

（二）叙事形式灵活与情感化叙事

相比于传统的报刊新闻和电视新闻，短视频新闻的叙事元素更为丰富，组合形式更为灵活多样，根据不同的题材，可以任意选择图片、视频、文字、音乐等多种元素。以《这段视频至今看来仍然惊心动魄！应健达，向你致敬！　@美丽浙江》为例，该短视频综合运用了文字、现场视频、图片、背景音乐等多种元素，展示了公安民警与歹徒殊死搏斗的紧张场面，歌颂了公安民警的大无畏精神，极具视频感染力。文字除了基础的语言字幕帮助用户准确理解视频中的信息外，还增加了解说型字幕，介绍新闻事件的新闻要素和新闻背景，帮助用户更好地理解新闻事件。字幕突破了传统底部滚动的单一形式，可以出现在画面的不同地方。字幕颜色和大小都可以自由选择，大大提高了短视频新闻的信息密度。

除了字幕形式有了大的突破，背景音乐的运用可以看作是短视频新闻的“精髓”。与主题高度契合的背景音乐，能够使用户快速理解新闻主题，并使短视频新闻极具情绪感染力。情感化叙事策略往往使短短几十秒的视频具有很强的情感冲击力，从而达到理想的传播效果。此外，人民日报抖音号善于借助平台的流行歌曲，通过“音乐米姆”自身极强的传播力和创造力来带动短视频新闻的传播②。仍然以《这段视频至今看来仍然惊心动魄！应健达，向你致敬！　@美丽浙江》为例，该短视频选取歌曲《孤勇者》高潮部分为视频的背景音乐，既高度符合新闻歌颂公安民警无畏精神的主旨，又使用户情

① 张志安、彭璐：《混合情感传播模式：主流媒体短视频内容生产研究》，《新闻与写作》2019年第7期。

② 陈贝贝：《主流媒体短视频新闻的新型叙事——以人民日报抖音号为例》，《新媒体研究》2020年第6期。

绪随着歌曲达到高潮，不由皱起眉头替民警的安危担心，达到了很好的传播效果。而《孤勇者》自身所携带的巨大流量，也使得该短视频新闻在抖音平台获得更大反响。

（三）叙事切口微小与细节化叙事

从叙事内容来看，人民日报抖音短视频一般选取小切口展示新闻事件，内容的碎片化体现在叙事内容的不完整和不连续。区别于传统的报刊和电视新闻，在短视频新闻中，新闻片段的呈现取代了新闻事件的完整介绍，观众观看单个视频并不能完全了解新闻事件，需要用户主动寻找其他新闻碎片进行事件还原和拼接。如《天安门广场2022年国庆升国旗仪式。今日份点赞给我们的祖国：我爱你中国！》《习近平会见俄罗斯总统普京》等，均是直接截取了重大活动中的局部片段。即使是通过单个短视频展现一个新闻事件，新闻的五要素往往也是不全的，如《帅！16岁女生54秒淡定扑灭起火电动车。梁芷琪，好样的！》《幼童迷路哭着跑进小商店，店主的反应太暖了！》。

（四）叙事风格宏大与差异化叙事

虽然人民日报抖音号题材涉及广泛，但仍以时政社会等与广大群众相关的大题材居多，切口小但整体风格宏大，在抖音这一泛娱乐化平台有着明显的去娱乐化倾向，以正确的价值取向引导受众。因此，主流媒体这一位置的限制，反而使人民日报抖音号形成了差异化叙事策略。在抖音平台上众多的娱乐视频中，偏严肃化的时政社会新闻使用户突然眼前一亮，注意力被吸引了。如《习近平：祖国完全统一一定要实现，也一定能够实现！》《国家疾控局点名通报疫情处置群众反映较多的问题：坚决清理和制止各种形式的简单化、一刀切和层层加码！》等短视频，以严肃的叙事语态传达了重要时政新闻。当然，并不是所有的严肃内容都会受到欢迎，有的内容发布时机不对或者缺乏爆点时，遇冷现象也会出现。

综上所述，人民日报抖音号的成功，离不开符合短视频技术特性的叙事特点和叙事策略的运用。个体化叙事策略吸引了受众注意力，完成了新闻事件快速聚焦；情感化叙事策略为受众提供了独特的情感体验，形成了强烈的情感共鸣；细节化叙事策略为宏大的硬新闻自然地介入用户日常生活提供了通道；差异化叙事策略使主流新闻在娱乐化社交短视频平台形成了自己的独特魅力。整体来看，以人民日报抖音号为代表的主流媒体已经初步完成了对短视频新闻的探索，并取得了一定成就。如何继续在短视频新闻领域继续生产用户喜闻乐见的资讯新闻，又能继续坚持正确主流导向，是所有主流媒体下一步需要继续探索的课题。

第二节　时政新闻短视频《主播说联播》的创新

《主播说联播》是中央广播电视总台新闻新媒体中心于2019年7月29日正式推出的短视频栏目。该栏目每期视频时长平均在1分钟左右，从《新闻联播》中播发的新闻出发，结合当天重大事件和热点新闻，由一位值班主播用年轻人喜爱的网络化语言解读新闻、品评时事，传递主流声音，旨在实现《新闻联播》内容的碎片化、分众化、年轻化传播[①]。

一、在新媒体平台争夺主流话语权

新闻机构的工作遵循新闻习惯，有模式化、流程化、重复的做法和形式。但在《主播说联播》的跨媒介叙事中，模式化的、重复的形式一定程度上被打破，针对不同平台和用户特征精准分发，体现了新媒体平台主流话语权争夺的迫切性。

媒体融合时代，新媒体平台是各大媒体寸土必争的阵地。基于全融合、万象交互的传播环境，央视通过《主播说联播》进入各大新媒体平台，从电

① 孙楠：《〈主播说联播〉：让〈新闻联播〉传播年轻态》，《电视研究》2019年第9期。

视舆论场转战微博、微信等社交媒体舆论场，构建起了“两微一抖一端一站”（微博、微信、抖音、客户端、B站）的新媒体传播矩阵①。一期栏目可以通过全网多样的传播平台进行播放，满足阅读、浏览习惯不同的用户接受信息的需求，实现立体化、多层次传播。信息在不同平台之间联动传播，真正做到“一次采集、多元生成、多端传播，并在舆论场引发强大涟漪效应，提升传播效果和影响力”。

时政新闻全覆盖一直以来是《新闻联播》的权威性“硬核”，但是由于其节目时长的限制，很难实现热点新闻与社会民生的兼顾。《主播说联播》的推出就在一定程度上弥补了这一短板。该节目更加注重对社会民生的关注，注重通过不同事件之间的衔接，平衡新闻内容选择的倾向。

二、时政新闻短视频的创新性实践

《主播说联播》在时政新闻内容选择、表达语态和平台传播等方面进行创新，在短视频中用通俗的语言传递主流声音，取得了良好的传播效应。

（一）内容轻快亲切

主持人用类似与观众面对面交谈的方式阐述对事物的见解和态度，可单独与观众谈话评论，也可邀请嘉宾一起谈话。《主播说联播》的内容侧重于国内政治、国际事务、社会民生、公共健康等方面，但与传统新闻节目有着很大的差异性，尤其在体量与内容上更加轻快，观感与表达上更加亲切②。主播采用谈话体评论，同时具有很强的新媒体特征，口头语言注重趣味性，肢体语言突出，增强了亲和力，在网络传播话语体系中，对主流新闻进行二次解读。

以评论前的开场白为例，《新闻联播》为“本台刊播央视快评/国际锐评”等，而《主播说联播》的开场白为“主播说联播，今天我来说”。播报主体从“本台”转变为第一人称的“我”，播报方式从“刊播”转变为

① 张杰、王子涵：《〈主播说联播〉：新媒体时代的新探索》，《视听》2020年第7期。

② 嘉锐：《轻快与亲切：〈主播说联播〉短视频的内容分析》，《西部广播电视》2022年第7期。

“说”，显然语言表达更通俗亲切。视频中还使用了不少网络语、双关语调侃。如“no zuo no die”“奥利给”等网络语均在标题中被使用，权威性和趣味性相结合是成功的关键。

（二）适应互联网的表达语态

区别于电视新闻评论严肃的论事说理，《主播说联播》适应社交媒体的用户特征及情感胜于事实的互联网传播特征，短视频主播的表达语态更具有网感。从修辞策略上来看，电视新闻评论重在诉诸理性，而短视频中的观点表达重在诉诸情感，虽价值观同源，但输出方式不同。

《主播说联播》倾向于使用内叙事视角，站在事件之中，或从普通人的视角出发，更细致，更有感染力。2019年11月26日，《新闻联播》刊播国际锐评《止暴制乱是当前民意迫切诉求》针对香港街头暴力，谴责“一些政客妄图以香港人民的苦痛谋一己之私”。而当天《主播说联播》标题为《刚强：“家暴”再继续，家就得“爆”了》，提及“好好的家园充斥着暴力，还能是家吗”“温馨、和谐和美好，这才是家的样子”。将主体从宏大叙事的“国”转向“家”，以唤起网民的同理心。

大众传媒是公共情绪的泄压阀，《主播说联播》将主流政治观点带入新媒体，可增强媒体宣导和抚慰公共情绪的功能。同一事件、同样的观点，从电视转向移动端，表达方式发生变化，从不同的角度引导舆论。

（三）传播要闻和输出观点

在“娱乐至上”理念的影响下，大众传播泛娱乐化现象严重，新闻节目主持人必须坚守职业操守，若长期遭受泛娱乐化产品的影响，就会失去正确价值观的判断。如何在不削弱权威公信力的同时，与受众达成共识，实现主持风格的多变，是每位新闻工作者思考的问题①。《主播说联播》是很好的尝试，也是新的开端，主持人不再是“符号象征”，而是用多种多样的语言风格彰显“个性化”，持续不断地传递主流声音。

---

① 赵博宇：《新媒体视域下新闻节目主持人的语言风格探析——以〈主播说联播〉为例》，《视听》2020年第11期。

《新闻联播》作为传统电视新闻节目的代表，在当代中国人心中形成了严肃、权威的印象。《主播说联播》的每期节目在较短的时间内传播新闻要点，形成了碎片化的节目特点。从话题选择来看，《主播说联播》的新闻事实来源于《新闻联播》，但又不同于《新闻联播》事实选取的全面性，碎片化地选取更具新闻价值和话题效应的内容进行评论，通过“碎片化”选题满足新媒体传播的内容需求，进而引发受众热议。从播出时长来看，主流媒体的短视频叙事多选择30—60秒之间。《主播说联播》的时长有着严格限制，最长不超过2分钟，短小精悍的视频适应了数字时代的接受心理，再加上节目本身优质的内容，便于节目的广泛传播。从传播效果来看，节目碎片化适应了社交平台的功能设置，便于转发分享，增强受众的媒介参与感，形成良好的传播效果，达到传播要闻和输出观点的目的。

《主播说联播》顺应了中国互联网快速视频化的趋势，是主流媒体利用短视频争夺话语权、引导舆论的探索之一。《主播说联播》是传统主流媒体主动设置媒介议程，及时向受众传递信息，积极引导舆论的创新性实践。

第三节　中国军网抖音号短视频新闻的叙事策略

中国军网是中国人民解放军新闻传播中心网络部官方账号。截至2023年1月，其粉丝数3591.2万，获赞量9.1亿。其宗旨是“精神抖擞，记录强军新时代”。中国军网抖音短视频天然代表着军队主体向社会表达官方话语，致力于传播最新军事消息、讲好军队故事及传播军队形象，以期吸引更多受众，最大化提升军队形象的塑造效果。本节以中国军网抖音短视频为成功个案，探讨其运用短视频新闻传递军事信息、塑造军队形象等的叙事策略，分析其叙事特点。

一、多样化的叙事形式

（一）视：画面突出，动感醒目

视频是一种爆破性的动感①。当人们的目光触及视频，其诱惑性随即转化为对意识的冲击，像磁暴一样瞬间在头脑里产生强烈影响，这种专注的吸附力是其他信息形态所没有的。文字信息借助思考与理解捕获人们的心理，但缺少诱人的标题或视觉刺激，难以引人注目。图片映入人们的视野，一睹尽知，由于缺少动感或没有惊扰人们心理的影像，往往难以抓住人的眼球。因此，短视频新闻以其视觉动态信息的独特形态被受众感知。

中国军网也充分利用这一特点进行传播，在其短视频新闻中，封面大多使用画面效果醒目、在生活中不易见到的场景以及醒目的文字标题，如2022年12月31日的短视频《2023，我来了》中，其封面使用一名军人大喊“我”的动图，以及配上醒目的“我”字，让人想要点进视频一探究竟。再如2022年12月25日的短视频《直击海拔4200米雪域高原喷火作业考核现场》中，封面使用一名战士伏地喷火的画面，就充分吸引了受众的注意力，引人观看。

（二）听：热门音乐，引人入胜

在短视频新闻中，诉诸听觉的音频与文字、图片、视频、动画等多种媒介元素相结合，巧妙发挥自身优势来吸引受众。中国军网也使用这样的方式进行传播。

1. 运用真实现场原声，提升自身吸引力

声音是短视频新闻的一大特色。军事新闻因其特殊性，因此有着不同于其他新闻题材的独特声音，中国军网充分利用这一特点进行传播，如作品《火炎焱燚，感受14秒原声炮兵实弹的威力》中就运用了战士在实弹演练中的原声，不仅是炮弹发射和落地爆炸的声音，还有战士在发射过程中的指挥和号令声，场面十分震撼，网友们在评论中直呼“过瘾”。而这也是传统媒体在报道中所不能体现的。

---

① 刘建明：《视频、视频新闻及其文本的区隔》，《新闻爱好者》2022年第8期。

2. 运用热门音乐，强烈反差引人入胜

军事新闻常给人以严肃庄重之感，传统上也多以严肃新闻进行报道。但在其短视频新闻传播过程中却大相径庭。作品多运用网络上流行的热门歌曲作为背景音乐，如作品《利刃出鞘，守护祖国——红旗-16防空导弹60秒极限打击》中使用了网络上非常流行的《堕》作为背景音乐，贴近受众生活；再如作品《我终于出来了》中，作品的内容是导弹发射的过程，但运用的是网络上的魔性歌曲《悟空出山原版魔音》，两者相结合一度在网络上形成了热潮，点赞量高达279.8万，该作品运用接地气的方式来介绍导弹发射的过程，拉近了与受众之间的距离。

3. 气势磅礴，调动民众情感

作为军事新闻的官方媒体，中国军网的短视频新闻中也常运用气势磅礴的背景音乐，来达到吸引受众以及调动民众情绪情感的目的，如作品《2023年，红一师，挥戈向战，超燃开训》中运用了气势恢宏的背景音乐，在点赞量靠前的评论中，“向英雄的人民军队致敬！”“振奋人心”“心情澎湃”等话语占绝大部分。足以可见，气势恢宏的背景音乐与画面的契合是调动民众情感的一大特色。

（三）传：技术赋能，内容共享

相对于传统新闻媒体采编、校对、刊发的固定流程，短视频新闻的特质倒推了生产路径的变革。直播、视频、图片等立体式全景呈现成为融媒体新趋势，短视频新闻中也常常运用多种方式进行传播，如采用动漫、VR、AR技术等，在作品《致敬最可爱的人》中，采用AI修复志愿军战士的老照片，通过时空的穿越表达，来拉近与民众之间的情感距离，激发民众的爱国情怀。

二、叙事内容拉近与受众的距离

（一）生涩到生动：宏观叙事向微观叙事的转变

鉴于军事新闻媒体的特殊性，传统报道方式多以文字或图片形式进行报道，角度多为宏大叙事，这种角度的典型特征为“可敬而不可亲、可望而不可即”①，给受众一种疏离感、距离感，读起来生涩，导致文字传播没有图片支撑缺乏说服力，且因其叙事视角过于宏大而让读者失去阅读兴趣，最终传播效果不尽如人意，受众较少。但短视频新闻可有效避免此类情况。

总的来说，中国军网的短视频新闻也是从宏大叙事转向微观叙事，追求内容的日常化和生活化。从个体视角聚焦军人个体的发展，将宏大的军队形象话题浓缩进具体人物的具体事件中，使其更具有代入感、现场感。一方面是聚焦军人个体的日常训练和军事任务，通过真实的镜头语言传递军人无私奉献、不怕牺牲的精神，相比起文字更加生动，如短视频新闻《每个神枪手手里多少都有几条“米粒项链”》中，通过对神枪手们串米粒的手部细节描写以及配以专门训练员的解说，体现出战士们训练之艰难；另一方面是聚焦军人个体的个人生活，如情感家庭等，以此来表达军人并非“不食人间烟火”，也是社会中普普通通、有血有肉的一员，如短视频新闻《过年好》中，通过两位军人的简单对话来体现出节日期间战士们依旧选择坚守岗位，舍小家为大家，将宏大的军队形象浓缩进微观的个体中，最是平凡事，最动百姓心。

（二）神秘到解密：多重视角拉近与受众的距离

由于报道对象的特殊性，长期以来，媒体对军事新闻的报道都比较宏观，民众对军队、军人等充满了好奇。中国军网通过短视频新闻运用多重视角进行“解密”，将自己从一个“神秘”的有距离者转化为受众的亲近者，将军事训练任务、武器装备使用、军营生活日常等来源于军事第一现场的影像资料更多地展现给受众。这些宝贵的现场画面在平时的新闻渠道中很难见

① 杨苹：《“宏大叙事”正转向“接地气”》，《环球时报》2014年2月18日第8版。

到，因此受到了大量受众尤其是对军事感兴趣的受众的追随，进而也有效消弭了民众和军人之间存在的明显的边界。

1. 零聚焦叙事展现全方位立体的军队形象

所谓零聚焦叙事又被称为全知视角，即叙述者无所不知，可以从所有的角度观察被叙述的故事。中国军网也善用这一视角，将先进的武器装备、日常的军事训练、真实的军人等全景式地呈现给观众，使得军队整体形象和军人个体的形象有效结合，进而充实丰满，呈现出人民军队保家卫国、无私奉献的责任感和使命感，也塑造出人民军队“听党指挥、能打胜仗、作风优良”的良好形象。如《训令如铁，号角催征，第72集团军开训“大场面”来了》，就全方位全景式展现了训练场景，体现了军队宏伟、高大、硬气的形象，吸引大量网民点赞。

2. 内聚焦叙事拉近与受众的心理距离

所谓内聚焦叙事是指叙述者站在人物的视角，“叙述者只说某个人物知道的情况”。零聚焦视角叙述的宏大叙事难以触及受众细腻的情感表达，因此结合内聚焦叙事为军人和普通人之间的身份认同提供连接渠道，让受众产生身临其境之感，切身产生情感共鸣。中国军网的短视频新闻善于从个体的第一人称视角来讲述故事，实现从他者向自我主体的转换，从而拉近与受众的心理距离。如《第一视角沉浸式“定点跳伞”》运用第一视角让受众身临其境，犹如自己跳伞的感受，非常真实；再如《再见了，我的军犬兄弟》讲述了新疆军区北湾边防连军犬“炎龙”服役8年到期退役，运用其训练员的第一视角叙述拉近了与读者的距离，在视觉冲击中让读者真切感受到退役离别之不舍，情之深意之切也深深打动了受众。

（三）分众到大众：圈层化传播到“破圈”传播

“圈子”作为一个文化概念由来已久，它是社会文化赖以存在和发展的基本载体[①]。有“圈子”就有不同的“圈层”，“圈层”是由相同或相似的文化程度、职业特点、兴趣爱好、人生阅历等因素聚集而成的群体。数字时

① 范文川、韩敏：《智媒时代新型主流媒体的圈层拓展策略》，《新闻与写作》2022年第10期。

代，互联网科技、大数据、智能算法导致大众文化更突出地表现为圈层化，人们接收信息以及进行社交活动都是在某一相对固定的群体范围内进行的。而军事新闻因自身的特殊性，尤其在传统媒体时代，其主要受众为忠实军事迷或是有意扩充自身知识面的受众，是相对比较固化的圈层，对于大多数普通大众来讲，如果没有足够重要或醒目的内容则不会刻意去寻找或留意军事相关信息。而在全媒体时代，该类新闻得以“破圈”式传播。究其原因，以中国军网为例，主要有以下几个方面。

1. “建圈”：多管齐下，重构传播矩阵

所谓“建圈”，即重建用户圈层①。依靠各类传播渠道进行传播，新媒体能够实现精准迅速的传播，正是依靠技术赋权所形成的多项传播通道，它改变了阅读方式和大众获取信息的习惯。随着科技的迅猛发展，5G技术、大数据技术、4K或8K技术、VR、AR等的应用，扩大了中国军网的传播范围，顺应了用户获取信息渠道的变化以及方式，以切实有效的策略建立、巩固并扩大了属于自身的用户圈层。

2. “破圈”：多向交互，营造社交化传播环境

中国军网以文字、视频、图片等多元化的呈现形式，运用生动幽默的社交化语言，让其报道能够触达各个圈层，满足不同层级受众的需求。

同时，传统传播生态下，因其特定环境所限，新闻的传受双方大多是单向输出，不能及时得到反馈。现今，互联网发展让传统媒体不再是媒介资源的垄断性占有者，而是让每一个个体组织获得了使用媒介资源的权力，后者可以自行对信息进行采集、解构、重构和传播，原先相对末端的被动身份实现上移，改变了议程设置下单一地接受、被支配的角色影响，新闻传播方式由以往简单二元式的“大众化传播”转变为去中心化、多元平等的“社交化传播”。基于此，中国军网营造社交化传播方式，一方面是基于受众与新闻内容之间的互动，网友针对其内容进行评论，发表自己的见解，网友与网友之间就新闻内容进行互动；另一方面是短视频新闻中所营造出的社交化传播方式，如采访者与被采访者之间进行生活化的对话，拉近与读者的距离，

① 范文川、韩敏：《智媒时代新型主流媒体的圈层拓展策略》，《新闻与写作》2022年第10期。

让人不觉得是在采访。多方主体的互动共同营造出社交传播模式，以朋友式的、平等的交流方式对话增强受众的在场感，能够拉近与受众的距离，从而达到较显著的传播效果。

总之，中国军网充分适应新兴媒介传播规律，吸引了大量受众，有力助推了军队良好形象在受众中广泛传播。

第四节 N视频客户端的探索

“无视频不传播”“无视频不社交”“无视频不连接”，视频化表达已经成为当下最流行、受众喜闻乐见的表达形式。无论从内容生产端，还是从内容消费端来看，视频产品正呈现爆发式增长[①]。作为视频内容的主要生产者，主流媒体紧跟视频化浪潮，加速视频化转型，向视频领域进军，短视频已成为主流媒体发力新媒体的主要赛道。一方面，各媒体机构积极入驻第三方视频平台，发布短视频内容；另一方面，传统媒体也开始打造自主、可控的视频平台。

2020年9月23日，南方报业传媒集团推出了独立的短视频App——N视频，其定位为“引领视频表达的华南范式，打造中国一流视频平台”[②]，同时，制定了以“内容+活动”覆盖年轻用户的传播策略，策划了“大美广东”“热点追踪”“民生帮办”“创意视频”“港澳传真”共五大核心产品板块。从直播、评测片、纪录片等形态入手，力邀广东省内各类政务号、市县融媒体中心入驻，构建多层次、多领域发力的原创内容矩阵。同时，在赛事和活动上联合发力，提高趣味性、参与度，吸引年轻一代用户。2021年，N视频发布

① 张福材：《第三届中国短视频大会：传统媒体通过短视频构建视听新生态》，《传媒周刊》2022年第8期。

② 王佳：《从视频品牌到“视频版广东发布”——南方报业N视频App的定位策略与发展思路》，《青年记者》2020年第10期。

3.5万多条视频报道，累计播放量超过47亿。有报告说明，N视频已经从1.0转型升级至2.0，在转型发展过程中，N视频所报道策划的一系列短视频新闻对广大媒体具有一定的借鉴意义。

一、以微观视角呈现宏大叙事

共情传播是共同或相似情绪、情感的形成过程和传递、扩散过程[①]。共情传播在视频新闻报道中得到广泛运用，以关键人物、关键动画、关键语言的精确呈现，迅速找到与受众之间的情绪共鸣点。N视频客户端在内容侧完全改变了传统媒体的输出形式，视频文本俏皮，用年轻人喜欢的花字进行包装，开办了大量接地气的方言节目；针对重点新闻事件，派出独立采访团队进行一手新闻内容挖掘和原创包装。如袁隆平逝世，团队在短时间内制作了精良的视频短片和动画产品。另外，N视频始终把镜头对焦普通人，开设“360行”“青年+”“这个世界”等人物纪录短片栏目，以日常生活中普通人的生活故事作为脚本，突出大视野、大情怀、大主题，以普通人的视角呈现祖国巨变，引起受众共鸣，并最终实现从浅层情绪共情到深层认知共情的转变。2021年，在建党百年的主题报道中，N视频经过大量调研，挖掘基层党员故事，推出《正青春》人物系列短视频报道，讲述了电工工人、特殊教育舞者、桥梁设计师、救援直升机机长、大学生技能师等近20名基层党员的奋斗故事，围绕青年党员们的日常生活、工作展开，讲富有共情、能打动人心的“好故事”[②]。

① 赵建国：《论共情传播》，《现代传播》2021年第6期。

② 陈蓓蕾：《短视频视角下的对外传播策略——基于南方都市报“N视频”的实践分析》，《对外传播》2022年第10期。

二、以打造IP吸引用户关注

在用户注意力稀缺的移动时代，新闻形式上的创新、内容上的变化，可以短暂抓住用户，但视频产品想要形成稳定、长远的影响力和品牌效应，还要依靠打造IP来长期吸引用户的关注。打造视频IP栏目，一方面可以充分挖掘私域流量，加强端内流量的相互转换，扩大全网传播力，另一方面通过特色栏目形成更加完整的商业闭环，提高品牌议价能力。N视频在上线之初就打造了方言IP栏目“N言N语”，发布方言采访等视频报道，同时招募了会说潮汕话、客家话的主持人，将镜头对准路人、方言专家、方言歌手等。每期设置一个与中国文化相关的题目，邀请被访对象用方言接受挑战。这种方式不仅增加了内容的趣味性，也让乡音乡情更快更准地直通受众耳朵。为进一步抓住年轻用户，2021年N视频客户端推出《说唱大湾区》节目，尝试以微综艺的形式进行大湾区形象宣传。其外表看似是一档年轻化的说唱节目，但是内里却是一场大湾区风光人文的展示之旅。在主题设计上，选取人类共同关注的“衣食住行”元素，诸如美味调动味蕾、传统文化体验、说唱表达态度等，将短视频第一人称叙事视角和注重交流感的微综艺相结合。IP栏目日臻成熟，也为后期平台的进一步商业变现拓展了空间。

三、以数据为短视频报道服务

N视频开设了专门的政务资讯栏目——“i广东”，其中一大特色就是以最快的速度拆解各类政务类、民生类数据，以期更直观地被用户理解。2022年7月发布的《提高2.21岁！广东居民人均寿命达到79.31岁》，该视频报道拆解展示了人均预期寿命的一组基础数据，包括国内当前人均预期寿命、广东此前公布的人均预期寿命、北上广等地的人均预期寿命，以及人均预期寿命作为人类健康水平指标受到哪些因素的影响。为了增强可读性，制作人员采取了动画呈现的方式，纳入动图展示，使得其更为立体、生动[①]。在2022年

① 王佳：《南方都市报视频化转型中的数据应用实践》，《全媒体探索》2022年第7期。

5月召开的广东省第十三次党代会期间，N视频客户端推出了系列策划《五年奋进路》，一共22集，包括广东省级层面和21个地级以上市，通过系统地梳理民生数据，展示各地经济社会近五年来的发展情况。这组策划以数据作为贯穿全片的传播元素，将之流畅地融入了各地市的地标之中。在画面展示生态保护情况时，绿化率被“覆盖”在丛林、河流之中。这组片子做到了“大美广东+数据广东+创新广东”的结合，使得数据既服务于报道，易被直观认知，又不流于枯燥、乏味和俗套。

四、跨行跨界合作，打造视频化刷屏现象

2021年为响应国家号召，广东省有关部门倡导“留粤过年”。2月，N视频举办“在广东过年挺好”主题公益活动[①]。活动分为多个部分，其中在广州地铁5号线上线的N视频“就地过年”主题列车，设计时尚，色彩鲜艳，呈现了六种主题。第一节主题车厢，呼吁市民留在广东过年，感受广式新年的魅力；后面依次是“大美广东”车厢，以唯美大气的风光大片，充分展示广东21个地级以上市的城市风光；“方言拜年”车厢，贴满全国各地的拜年方言，为留粤过年的人们营造出乡音萦绕、乡情浓厚的氛围；“翻炒年味”车厢乘客感受“舌尖上的广东”；“文艺狂欢”车厢张贴着贺岁大片的海报和明星们的新年祝福；“防疫车厢”贴满防疫的小贴士，提醒人们欢乐过节防疫意识别松懈。为了配合此次活动，N视频App设立了专门的小程序，用户只要在主题列车车厢扫码，即可跳转小程序首页，参与观看视频和抽奖等一系列精彩的活动。地铁车厢上线当晚，N视频“在广东过年挺好”的主题口号在广州塔播放。此外，广州、深圳、佛山、东莞等9个城市户外大屏也陆续播放了这一主题短片。

① 王佳：《构建新型传播力，深度参与融媒转型——南方报业N视频从1.0迈向2.0的探索与反思》，《青年记者》2021年第7期。

五、以视频化解释政策、传递政务资讯

N视频内容生产团队解释政策、传递政务资讯的能力，早已在各类重大场合得到验证。2020年3月，N视频记者创下一周五次提问中央部委的记录，并以视频的形式及时作了包装和分发，有效扩散了中央指导组、教育部、水利部、外交部和工信部对疫情的最新判断和要求。2020年全国“两会”期间，N视频团队也有多项表达创新获得广泛认可。一是以新媒体手段对民法典的议题进行包装，以期得到不同层面读者的关注。其中，视频《人大发布会上被cue的民法典将改变你的生活》，以170秒动画速懂的形式直观告诉公众，这部法典将如何影响每个人生活的方方面面，得到上级部门高度评价；视频《简笔画动画带你轻松读懂“离婚冷静期”》，则在表现形式上于动画之外又开拓出一种新方法，把公众的疑惑解答画给大家看。二是推出视频版的“大咖读报告”，邀请到部分经济学家、就业保障学者、刑法学者和民法学者等，对上述报告第一时间进行出境解读分析。其中最亮眼的，是在“两高”报告前推出预告、报告刚结束便上线的“罗翔读两高报告”，成为极富特色的独家“两会”视频节目。三是推出《100秒AR增强现实动画，看政府工作报告民生亮点》，将5G等“新基建”元素融入其中，通过一位普通市民的一天，以第一人称视角多维展示政府工作报告民生亮点。

第五节　四川观察抖音号短视频新闻的叙事传播

四川广播电视台旗下的新媒体品牌“四川观察”于2017年1月1日正式发行客户端，立足于打造“四川视频新闻第一屏”①。2018年注册同名抖音账号。2019年8月四川观察抖音号发布四川多地遭受暴雨灾害的相关短视频新

① 冯然、曾晓慧：《媒体融合背景下省级主流媒体重大主题报道创新——以“四川观察”为例》，《青年记者》2022年第19期。

闻，自此迎来流量转折点。此后，四川观察抖音号频频“出圈”，成功借力实现弯道超车，被评为2020年中国应用新闻传播十大创新案例之一，获得国家广电总局的肯定[①]。截至2023年1月20日，四川观察抖音号累计拥有4706.65万粉丝用户，共计获赞35.56亿，是当之无愧的网红媒体。

一、四川观察短视频新闻的内容题材

（一）从“四川观察”到“四处观察”，大胆突破传统本土媒介定位

四川观察抖音号自2020年频频“破圈”以来，因其全国化乃至国际化的新闻报道题材，被网友们调侃地称“除了四川，哪都观察”，并得到了“四处观察”的别称。相较于传统地方媒体形象及其定位，四川观察最为显著的特征之一在于敢于大胆突破本土媒体的限制，将报道范围覆盖至世界各地，打破了用户对于传统地方媒体只关注与报道本地新闻资讯的刻板印象。

从严肃硬新闻到娱乐软新闻，四川观察抖音号一直紧追国内国际热点，坚持将原创独家短视频作为核心竞争力，生产出了广泛多元的短视频新闻作品，深受用户的喜爱与支持。

（二）从社会民生到娱乐热点，善用网感化标题打造爆款产品

四川观察抖音号的日常发布内容包括世界各地的时政、民生、娱乐和体育等领域，报道内容十分宽泛，不局限于特定的题材和叙事角度，往往擅长将镜头对准普通个体，从中挖掘有价值的内容进行报道，连通用户的情绪与认同感，实现情感共鸣。比如，2023年1月21日除夕夜，四川观察发布了一条“新疆阿拉山边防哨兵除夕夜执勤”的抖音短视频，大雪纷飞的恶劣天气、呼啸的风声以及寒风中岿然不动的站岗身影，都引发了用户对人民子弟兵“可爱”形象的强烈认同和共鸣，获得了60.4万点赞数。

此外，四川观察发布的每条短视频新闻都拟用了极具网感的标题，比如

---

① 施蕴珊：《跟随到引领：短视频平台中主流媒体转型研究——以四川观察抖音号为例》，硕士学位论文，中央民族大学新闻与传播学院，2021，第2页。

《95后小姐姐代喂猫　春节十天收入过万》《撒贝宁和苏有朋的鞋跟引网友注意　小撒在线吐槽》《俄罗斯小伙第一次在中国过年　被烟花“吓到”想学会打麻将》等。网感化标题很好地适应了竖屏的传播形式，四川观察抖音号在拟用标题时一般采用统一的正副标题，正标题采用黄色字体，副标题采用橘色字体，其余信息采用白色、红色字体，注重视觉色彩的高度统一。精简凝练的标题大大提升了新闻的可读性，也因为极高的趣味性和适当的“玩梗”抓住了用户的注意力，成为其“爆款短视频”的助推器。

（三）从PGC、UGC到PUGC，海量内容聚合提高用户“卷入度”

四川观察依托于四川广播电视台新闻中心500多人的新闻视频专业团队，有成熟的新闻采编播流程系统和应急反应机制，得以实现24小时不间断生产出专业内容（PGC，Professional Generated Content，专业生产内容）。但同时，四川观察抖音号也纳入了UGC（User Generated Content，用户生产内容）、PUGC（Professional User Generated Content，专业用户生产内容）的模式，致力于为用户提供“一站式”的内容服务。比如，2023年1月23日四川观察整合多位网友上传的内容素材，发布了一条“主人回家过年隔空呼唤　留守猫咪对着摄像头流泪”的抖音短视频，一经发布就唤起了众多网友的共情，获得了共计9万点赞数。

除了在内容生产方面提升用户的参与感，四川观察还采用了增加评论区互动、慢直播等多种方式提高用户的“卷入度”。一方面，四川观察注重用户反馈，并积极从中寻找选题。比如有网友发布视频称其在一家星巴克消费时，店员以“硬币没法存”为由拒收硬币，用户在四川观察抖音号的评论区呼吁观察该事件，之后第二天，四川观察就派记者实地走访并报道了星巴克官方的正式回应。另一方面，除了高频次更新短视频新闻以外，四川观察还设置了24小时不间断的慢直播，直播内容包括四川各大知名建筑、旅游地等①。大量网友在直播间进行互动和打卡留言，极大提高了用户之间的凝聚度和黏性，同时慢直播的形式也会给予用户一种陪伴感，增强媒体与用户之间的情感连接。

① 覃小倩：《“四川观察”抖音号短视频的叙事研究》，《视听》2021年第7期。

二、四川观察短视频新闻的叙事特征

（一）打造饱满人设，凸显情感化叙事

作为一款自诞生即依托于互联网的新媒体产品，四川观察抖音号在叙事和运营层面具有独特经验。一个主要策略就是树立专属“人设”以拉进与用户的距离。四川观察在视频评论区中自称为“观观”，用略带亲昵和俏皮的语气回复网友们的留言和评论，积极与网友进行互动，从而树立起一个极具亲切感且饱满的拟人化人设，在一定程度上消解了作为官方主流媒体带来的距离感和生硬感①。从另一个角度来看，这也有助于完成媒体与用户之间的情感传播。

自20世纪70年代新闻学研究开始出现“情感转向”以来，情感化叙事和情感化传播也成为各大传统媒体用于增进与用户关系的“黏结剂”。四川观察作为一款传统媒体成功转型的代表产品，其发布的短视频新闻中也处处可见情感。整体的叙事基调积极明快、轻松活泼，虽多为社会民生类新闻，却也不乏严肃政治类新闻的跟进。四川观察在内容上善于采用情感化叙事，比如上文提到的《主人回家过年隔空呼唤　留守猫咪对着摄像头流泪》以及《新疆阿拉山边防哨兵除夕夜执勤》的短视频新闻，都是情感化叙事的最佳佐例。前者借用养猫网友的个体视角，抓住了人们对小猫小狗等可爱萌宠的怜爱心理；后者在除夕夜这个重要节日，以边防哨兵雪天执勤的监控视频作为内容素材，简单的内容和配乐却唤起了人们心底对“最可爱的人”的敬重情感。

（二）内外视角结合，兼顾新闻完整性

在叙事学中，根据叙事者的观察位置不同，叙事视角也被分为内视角与外视角。叙事者处于故事的中心地带，以参与者或当事人的身份观察事件发生的全过程，即内视角。与之相对，叙事者处于故事外，以旁观者身份将新闻现场客观地呈现给观众，则为外视角。四川观察的叙事则是综合运用了内外两种视角来打造短视频新闻作品，以向用户提供更全面的新闻体验。

---

① 石雨廷：《“四川观察”抖音号爆红的原因探究》，《新闻研究导刊》2020年第22期。

四川观察采取“UGC+PGC”相结合的内容生产模式，除了原创独家视频新闻，其他短视频大多来自网友的投稿及提供的素材，因而这部分内容的叙事以旁观者的外视角为主展开叙述。外视角叙事显而易见的优点在于可以客观地记录下新闻现场发生的事件，最大限度地还原新闻现场，同时这一视角也契合了短视频新闻“短小精悍”的特点。

此外，在四川观察抖音号主页设有合集专栏，包括“四川观察六周年”“30年折叠180度人生打开”“2022高考”“泸州地震”“2022三星堆新发现”“百年风华”“2022全国‘两会’”等短视频专题在内，每个专题之下巧妙地挪用连续剧的形式，按照集数来推出和整合发布的相关短视频，将内视角与外视角作品相结合，既兼顾了新闻事件的完整性，有力破除了短视频时长的掣肘，又提高了用户获取新闻资讯的便捷性和效率。

三、四川观察短视频新闻的传播策略

（一）坚持移动优先策略，实现小屏反哺大屏

2021年是主流媒体推动进行深度融合的关键一年，也是在这一年，四川广播电视台尝试推进四川观察公司化改革，并于2022年1月正式成立公司。此后，四川观察成为一个正式独立的IP进行商业化运营。而在融合改革的过程中，四川观察一直将移动优先策略作为转型改革的重点，将之贯穿于新闻生产、分发、运营的全流程。

在移动优先策略的统领下，四川观察改变了传统的新闻分发模式，而是选择将内容首发于立足移动端的新媒体平台，此后大屏再依据其需要来选用内容素材，真正做到以“小屏反哺大屏”，实现大小屏融合联动，达到全平台共振[①]。这样的方式不仅可以建立立体化的传播渠道，最大化发挥全媒体平台矩阵的作用，形成传播合力，同时也可以更好地促进媒体转型，更深地融入互联网生态。

① 冯然、曾晓慧：《媒体融合背景下省级主流媒体重大主题报道创新——以“四川观察”为例》，《青年记者》2022年第19期。

（二）打磨原创视频精品，强化自有平台建设

尽管依托于新媒体而生，但四川观察依然践行了在传统媒体之间流传颇久的四字箴言“内容为王”，自抖音号创立起便一直坚持原创内容的打磨与更新，以避免成为单纯的“内容搬运工”。原创作品得以持续产出也有赖于其背后优质的人才队伍。四川观察的团队成员大多来源于一线的新闻采编工作者，包括核心主编在内都具备非常丰富的新闻采编实践经验和高度的新闻敏感，使得四川观察抖音号得以在众多媒体账号中凭借独家原创闪亮爆红。黎巴嫩贝鲁特港口爆炸事故、三星堆遗址新文物出土、中国共产党成立100周年、四川泸定地震等，从国内到国外，从时政热点到民生娱乐，都可以见到四川观察的身影。

相较于其他传统媒体，四川观察具有天然的视频优势，5G技术的落地与普及也将短视频的传播优势进一步发挥得淋漓尽致。“视频是传播的最高形态，过去是，未来也不会改变。娱乐是视频媒体的原始属性，但媒体的影响力和话语权并不来自娱乐，而是新闻。”[①]四川观察充分发挥其短视频优势，更能实现全屏覆盖，迎合用户的视频消费倾向。通过极具竞争力的独家原创视频、现场直播等融媒体产品，四川观察积极地打造和强化自有品牌平台建设，以期实现持续造血。比如，四川观察引领成立了四川短视频联盟，在全媒体营销、融媒直播、短视频制作运营及数据分析等领域与各级政府部门、知名企业、高校展开积极合作，是一次成功的跨界融合行动。

四川观察抖音号的爆火与“出圈”无疑是传统主流媒体向短视频平台转型的一次成功尝试。一方面，“图像转向”大趋势和“视频化生存”时代的到来昭示着以图像为主导的文化范式转型，四川观察顺势而为，抓住了短视频新闻的发展机遇迅速壮大。另一方面，在移动互联时代，皮斯特斯所言的“将故事创作交托给观众”的目标成为现实，技术赋权下的普通公众也可以参与信息生产，从观望者转变为了在场者和参与者，四川观察积极地拥抱这一新趋势，欣然与用户共享内容生产与创作，并在这一过程中以情感作纽带紧紧连接用户，从一定程度上实现了真正的媒体与用户双赢。整体而言，四川观察的发展，给各个正在探索融合转型进程的地方媒体带来许多值得借鉴

① 孙玉胜：《视频融合的路径与方法》，《传媒》2020年第2期。

和学习的经验。尽管四川观察抖音号目前还存在着内容深度不够、内视角叙事作品不足、事实核查机制不够严谨等问题，但未来机遇与挑战相伴而行，四川观察的发展仍值得期待。

第六节 梨视频的短视频特色

梨视频是采取PUGC模式的典型代表，由业余人士组成拍客，有偿提供视频素材、新闻线索，梨视频的专业团队根据拍客提供的资料完成短视频新闻的剪辑制作。这种制作模式是梨视频与主流短视频新闻媒体最大的区别，也是其自身最大的特色。梨视频是跨平台的、开放的新媒体公司，也是一个讲述中国故事的短视频平台，记录人间百态故事，由深具媒体背景的专业团队和遍布全球的拍客网络共同创造。温暖的人，温暖的事，来源于遍布全球的75 000位拍客的镜头[①]。

一、短视频案例分析

“一手Video”和“一见读书”都是梨视频平台上的梨视频官方子账号，两者所发布的短视频几乎占领了梨视频官网的视频排行榜前列。而两个账号所发布的内容选题则分别对应着梨视频不同的栏目，“一手Video”在人物栏目中发布社会民生类的暖闻趣闻与人物专访，“一见读书”则在万象栏目中发布泛知识类的时事资讯。这两个账号发布的短视频新闻涵盖了梨视频不同栏目的热门视频，极具梨视频自身风格与特色，非常有典型代表性。

笔者抽取“一手Video”发布的《大爷石头作画30年，200幅画作不重样》和《专访余旭亲友：她是万里挑一飞行员》两个视频，以及“一见读

① 梨视频：《关于我们》，https://www.pearvideo.com/aboutus.jsp，访问日期：2023年2月17日。

书”发布的《科学家首次确认左撇子相关基因》和《村上春树发表宣言称要努力写到90岁》两个视频，进行案例分析。

（一）《大爷石头作画30年，200幅画作不重样》

该视频通过当事人的自述与展示，向观众介绍了辽宁抚顺的张庆夫在30年的时间中画完了200多块石头，且没有重样的[①]。

在短视频的开头，画面先给了少数几个石头画的特写镜头，与题目相呼应，随后接上张庆夫本人的自述。张庆夫对自己的经历娓娓道来的同时，画面穿插张庆夫平时绘画写字的镜头，最后详细展示张庆夫的石头画，并以张庆夫在石头上书写“梨视频”字样结束。背景音乐上选用了舒缓轻柔的音乐，在人物说话的时候，音乐声量降低，人物停止说话后背景音乐音量增大。

（二）《专访余旭亲友：她是万里挑一飞行员》

2016年，作为中国空军第一批女歼击机飞行员之一的余旭，在飞行训练中牺牲。此事引发全国关注，成千上万的群众自发来到灵堂致哀，多个国家的空军发来唁电[②]。梨视频的这个短视频正是起源于这一新闻事件，制作者来到余旭的家乡四川崇州，专门采访余旭的亲友，包括其外婆与高中老师[③]。

余旭的外婆表示，孩子从小就很乖、很优秀，通过了严格的空军选拔。制作者提了两个采访问题，即余旭要表演或上电视前会不会提前给外婆打电话，以及外婆什么时候得知这个消息的。

两位高中老师则表达了自己得知余旭报考空军时的看法，以及回忆起余旭对自己描述的训练生活有多艰苦。

在受访者叙述的过程中，为避免画面单调，视频还穿插进了家人吃饭的场景和学校景物的空镜。背景音乐的应用策略与上一条视频相同。

---

① 一手Video：《大爷石头作画30年，200幅画作不重样》，https://www.pearvideo.com/video_1067408，访问日期：2022年12月17日。

② 红色风云录：《“金孔雀”余旭：我国首位歼10女飞行员，30岁牺牲36万人捧花送别》，https://baijiahao.baidu.com/s?id=1749372289278657036&wfr=spider&for=pc，访问日期：2022年12月17日。

③ 一手Video：《专访余旭亲友：她是万里挑一飞行员》，https://www.pearvideo.com/video_1009048，访问日期：2022年12月17日。

（三）《科学家首次确认左撇子相关基因》

该视频内容源自牛津大学科学家新近发表在《大脑》（*Brain*）杂志上的研究成果[①]。研究者分析了40万人的DNA，首次发现了四个与左撇子习惯有关的遗传区，并表示左撇子比大多数惯用右手的人有更优秀的语言能力。

该视频主要依靠字幕完成叙事，没有真人出镜或解说。画面大多呈现了原论文的文字与图表，穿插一些相关的空镜头，例如人用手写字的特写。背景音乐上，选用了较为轻松有趣的配乐，符合泛知识资讯的内容定位。

（四）《村上春树发表宣言称要努力写到90岁》

2019年，在村上春树担任DJ（Disc Jockey，唱片骑师）的特别电台节目中，村上春树表示要继续写作到90岁。电台录制现场除了有萨克斯、钢琴演奏与歌手表演，村上春树本人以及演员高桥一生还朗读了小说《天花板上》和《萤》的部分内容。视频《村上春树发表宣言称要努力写到90岁》正是报道了这一事件[②]。视频叙事主要依靠后期字幕，以及村上春树和其他嘉宾的电台原声，画面上呈现了电台录制现场照片，视频内没有使用背景音乐。

二、短视频案例的特色分析

（一）视觉标识统一，颜色鲜明简约

梨视频所发表的短视频新闻，都会有统一的特效片头与片尾，以梨视频标志性的明黄色作为特效包装的主色调，同时在正片中，视频上方将一直出现梨视频的logo，给观众留下极深的印象。片头、片尾以及正片中出现的logo遵循着同一种视觉设计风格，只有简单的黑、白、黄三种颜色，十分鲜明亮眼，既不过分抢镜，又能给梨视频的作品增加辨识度，打造独特性。

---

① 一见读书：《科学家首次确认左撇子相关基因》，https://www.pearvideo.com/video_1599521，访问日期：2022年12月17日。

② 一见读书：《村上春树发表宣言称要努力写到90岁》，https://www.pearvideo.com/video_1596565，访问日期：2022年12月18日。

（二）选题贴近日常，传播社会趣闻

从以上四个具体案例中不难发现，梨视频官方短视频的选题基本都是具有极强的接近性、趣味性或人情味的话题，贴近普通人的日常生活，帮助其了解趣闻趣事，传播暖心正能量。这与人民日报、澎湃新闻等主流媒体所生产的注重社会时政与时事的短视频新闻有较大区别。

当然，这样处理的一大重要原因是梨视频不属于主流媒体，也还没有取得信息网络传播视听节目许可证，不能对严肃的时政类、社会类硬新闻选题进行采写编评，必须在不同的赛道上发力。早在2017年2月，北京市网信办、市公安局、市文化市场行政执法总队就对梨视频开展过联合执法检查，查实梨视频在未取得互联网新闻信息服务资质、互联网视听节目服务资质的情况下，大量发布所谓“独家”时政类视听新闻信息。梨视频被责令进行全面整改。后来梨视频CEO邱兵宣布梨视频将从时政及突发新闻转型，专注年轻人的生活、思想、感性等方方面面①。

（三）风格真实自然，叙事策略多元

梨视频的风格是简单明快、自然真实，除去统一的字幕样式、片头片尾的包装外，没有其他后期特效。人物栏目“一手Video”的短视频中，由于实拍素材源自拍客，制作专业水平并不高，更多呈现社会普通人的生活面貌，也就是所谓的“接地气”，如《大爷石头作画30年，200幅画作不重样》中，视频画质清晰度、镜头稳定度、拍摄技法的处理、景别机位的选择都不算优质。

叙事策略上，在拥有拍客一手素材的条件下，梨视频短视频里的叙事主要依靠视频本身，由受访者进行自述，完成对主题事件的呈现。而在万象栏目“一见读书”的短视频中，由于选题大多是泛知识类资讯，很难拥有实拍视频素材，所以一般由字幕推动叙事，视频画面成为配合字幕的附庸，如《科学家首次确认左撇子相关基因》。

---

① 虎嗅：《梨视频从时政、突发新闻转为关注年轻人生活，都是没牌照闹的？》，https://baijiahao.baidu.com/s?id=1558919995375469&wfr=spider&for=pc，访问日期：2022年12月18日。

三、不足与建议

根据上述对梨视频的案例分析与特点总结，可以发现其中存在的不足并针对性地提出改进建议，以供其他短视频新闻制作者参考。

（一）内在价值不足，建议丰富社会意义

由于选题局限于社会民生类的软新闻和泛知识资讯，以及短视频形式本身碎片化传播的限制，梨视频的短视频新闻大多缺少关系到人民切身利益的“重要性”这一属性。虽然短小有趣的奇人轶事类短资讯能帮助观众愉悦身心、开拓见闻，却不能追上社会大众关心的经济政治热点，一般难以拥有足够的关注度与传播力，也无法承载更多的社会价值与教育意义，社会影响力欠缺。

因此，建议可以在报道暖闻趣闻的基础上，合理地增加一些思考维度与事实资料，丰富短视频新闻的内容厚度。例如《科学家首次确认左撇子相关基因》这一短视频，可以在保持短小精悍的前提下，查找其他相关的学术观点或资料，并简要概括和展示，带给人更多的启发。

（二）字幕叙事单调，建议增加合适的配音

不可否认的是，短视频中的声音占据着非常重要的地位，抖音中出现的热门BGM（背景音乐）被视为流量密码、专门为某段声音创作短视频的现象，足以说明在时长短、注重感官刺激的短视频中，声效体验极受重视，声音与画面都十分重要。梨视频的泛知识类资讯短视频大多是依靠字幕进行叙事的，这将增加观众的阅读时间与成本，可能不利于短视频广泛的二次传播。

因此，建议加上合适的配音，形成“先声夺人”态势，抓住观众的注意力，降低阅读理解的成本。目前AI自动配音技术已经非常普遍，可以低成本、大批量完成文本配音，还可以根据需要选择不同音色，也是一种可以参考的选择。

第七节　泗阳融媒贴近县域受众的短视频新闻

2018年底，泗阳被列为江苏省县级融媒体中心建设的首批试点县之一。次年7月28日泗阳县融媒体中心正式挂牌，2020年7月接受省级验收。经过一段时间的实践，泗阳县已经摸索出了一条具有区域特色的媒体融合发展之路[①]。

泗阳县融媒体中心的搭建是县级主流媒体融合转型的体现。其中，理念、内容技术、传播及运营等方面的融合思维是县级融媒体走向深度融合的关键。就具体的融合新闻形式来说，短视频新闻的时长短，拍摄、制作门槛低，能够在受众的碎片化时间里传达出新闻信息，因而成为泗阳融媒最重要的融合新闻形式。泗阳融媒短视频新闻主要依托官方抖音号和微信视频号进行传播。

一、“泗阳融媒”短视频新闻的传播特点

（一）注重融合思维，创新表达，提升传播力

融合新闻叙事的核心问题是如何通过多种媒介元素讲述新闻故事[②]。背景音乐、同期声、新闻画面、字幕、文字说明、贴图以及各种特效是短视频新闻的重要叙事元素。泗阳融媒的短视频新闻整体上较少采用特效以及复杂的转场，主体多数是真实的新闻画面，辅以合适的背景音乐，并附上必要的文字说明。

具体来看，新闻画面的拍摄方面既能体现专业性，也能体现开放性。除由泗阳县融媒体中心专业记者拍摄取景讲究、清晰度高的优质新闻画面，还有相当多由大众拍摄的具有日常生活气息的素材。文字说明讲究布局，一般出现在视频的上方或下方，尽量不遮挡主画面。通过文字大小和颜色的

① 尹晓玲：《从“掌上泗阳”看县级融媒体创新》，《视听界》2020年第2期。
② 刘涛、杨烁燏：《融合新闻叙事：语言、结构与互动》，《新闻与写作》2019年第9期。

变化，表达出必要的新闻要素的同时，也能突出新闻事件的重点主题。例如2022年1月7日报道的社会娱乐性短视频新闻，标题为《男子在鱼疗时睡着 鱼游进了嘴里 网友：泡澡就算了 还想喝鱼汤》。该视频的主要画面由该男子朋友用手机竖屏拍摄，现场同期声是哄笑声，男子熟睡的标签以及鱼游进嘴里的戏剧性画面，加上欢快的背景音乐，无需过多言语就将新闻事件的场景表达出来了。主要的文字说明分为三行，被安排在视频上方居中位置：第一行“男子在鱼疗时睡着”是黄色大字体，交代了人物和新闻场景；第二行“鱼游进了嘴里”是红底白色大字体，交代该新闻想重点突出的事件；第三行“网友：泡澡就算了 还想喝鱼汤”是蓝色较小字体，将独立于新闻之外的网友评论融合进新闻本身，创造新的新闻要素，制造共鸣，吸引更多关注与传播。除了娱乐性新闻更加吸引受众，整体12秒的较短时长也有利于提高视频的“完播率”，从而引发受众更多点赞、转发和评论行为。

（二）短视频新闻与传统新闻优势互补

与民生新闻优势互补。《姗颜两语来帮忙》是泗阳县融媒体中心推出的一档帮助社会公众排忧解难、解决生活纠纷的民生节目。为了更好地帮助群众，完整地呈现帮忙过程，该节目通过直播的形式，现场帮忙群众解决问题。泗阳融媒将直播片段按需剪辑成故事性完整的短视频新闻，出于时长考虑，对某些时长过长的事件则分为2—3条短视频新闻，通过统一封面图及标识将其统一起来。例如在一期报道解决塞纳公馆小区停车位问题的节目中，事件被分为上、下两条短视频新闻进行报道。为突出重点，视频将业主提出车位所属权问题的画面剪辑到最开始，并放到两条视频的开头。沿着提出问题、调查、协商解决问题的思路，呈现每一阶段的重点，充分利用了短视频新闻的形式对传统的民生节目进行更有效率的传播。民生新闻作为社会公众普遍感兴趣的新闻类型能够引起共鸣，其短视频新闻形式也在短视频平台引发了较多的点赞、转发和讨论行为。

选择县域相关的传统电视新闻进行报道。中央、省、市级媒体也有涉及县域事件的报道。县域媒体选择更高层级的媒体涉及本县工作的相关报道进行再传播，有利于提升公众对本县各方面建设工作的认可度。例如，在泗阳融媒体微信视频号中，“省台关注”栏目主要是把江苏教育频道、江苏公共·新闻频道等省级电视新闻频道涉及泗阳县的报道截取出来，通过“画中画”的形式，将横屏新闻报道变为适合短视频传播的竖屏报道。竖屏背景上方标有“省台关注”字样，下方附上新闻标题，底部有泗阳融媒的logo，这是“省台关注”系列的固定样式。例如，短视频新闻《泗阳：返乡医学生，利用专业服务家乡》的内容主体截取自江苏教育频道的新闻，县里故事省里报道，省里报道再传播，有利于县域新闻事件的层级传播。除了“县—省”层级的媒体报道，“县—中央”的媒体传播也不在少数，泗阳融媒的多条短视频新闻获得重要奖项，并得到新华社等中央级媒体的传播，较好地实现了本地新闻更广泛的传播。

二、贴近县域受众，传播本地文化，强化认同感

县级融媒体的首要任务是做好县域内受众的媒体服务。作为最接近百姓生活的主流媒体，县级融媒体中心要“深耕县域内全体受众，紧抓受众定位，关注本地动态，认真宣传和报道本地经济建设和社会发展中的新成果、新变化，扎实做好县域内舆论引导工作”[①]。泗阳融媒短视频新闻的主力报道平台是其入驻的官方抖音号和微信视频号。依据平台传播特性，泗阳融媒抖音号能够辐射县域外的更多受众，其短视频新闻的内容也不局限于本地，为避免误会，在视频中会使用文字清楚标注好时间和地点。而微信视频号则更加关注县域内的用户，宣传报道和服务两手抓，新闻内容多数和本县相关。

（一）讲身边故事，传播社会正能量

泗阳融媒短视频新闻采编人员用心记录来自身边的感动，将身边的好人好事、温情正义用短视频的方式展现，表现出小故事中的大情义，弘扬社会主义核心价值观。泗阳县融媒体中心的短视频《老张与他的“1”键拨号》讲述了在来安供电所从事电力运营维护工作的电工张必超，为帮助全村69位孤

① 朱良志：《助力县级融媒体中心是新闻传播教育新方向》，《青年记者》2019年第5期。

寡、留守老人，将他们的手机“1”号键都设成自己的号码，方便老人们找他的故事。多年如一日，张必超的默默奉献感动了全村人。泗阳县融媒体中心为适应抖音平台的传播特性，将原6分多钟的视频有选择地剪辑缩短成1分01秒，使张必超的感人事迹得到更好传播。该融媒作品获评中宣部新闻局、“学习强国”平台2021年第3期全国县级融媒优秀作品双月赛一等奖，并得到了更多平台、更多新闻形式的报道传播。此外，在该县党史学习教育“我为群众办实事”活动中，张必超的做法已经在泗阳供电系统被广泛推广，正能量传递给了更多人。

（二）关注本地经济、文化发展

县域媒体展现本地发展的最好落点是本地产业。泗阳融媒注重对农业生产的报道，来展现小康路上农民丰收的喜悦，并激励全县人民建设美好泗阳的信心。短视频《绿油油的小青菜获丰收，群众增收有“奔头”》展现了人民忙着采摘、打包、搬运小青菜的场景，通过对劳动群众的采访，表现出蔬菜种植的大丰收不仅使承包人致了富，还带动了周边村民就业增收。诸如此类的短视频新闻还有《秋日的丰收：魏可葡萄真美味，丰收时节人人爱》《粉丝晾晒季，又一份美味在酝酿》等，这些短视频通过欢快的背景音乐、热闹的丰收场景以及对相关人员的采访，展现了泗阳县农产品的繁荣发展。短视频《泗阳男子回乡创业养鹅，年入80万》通过具体的农民回乡创业致富案例，吸引更多人关注家乡，寻找新的致富路子。

为展现泗阳县的特色美景，泗阳融媒总会对县里的美好景色呼应季节变化进行报道，在展示美景鼓励出游的同时，也向人们展示了县城建设的惠民成果。相比于其他的短视频新闻，这一类的短视频新闻更讲究镜头、音乐的艺术性。短视频《寻迹桃源，“乡”遇小圩》以具有江湖戏曲风格的歌曲《说书人》作为背景音乐，镜头的快闪、推移、转场等都踩着音乐的节奏。整齐的古风建筑、干净的街道，桃雕工作室、茶室等画面引人入胜，体现出城厢街道小圩社区改造后传统与现代交融的美。此外，点击量破百万的《雨后泗水阁日出，和暖光芒映衬波澜云海》《印象桃花源》等系列短视频，全面展现了泗阳独特的超逸脱俗的美景，吸引着本地人甚至是外地人前来观赏。

除了美景，泗阳的美食更是丰富。为展现泗阳的美食文化，泗阳融媒打造了“食在泗阳，描‘烩’未来”、新春走基层等系列短视频作品。如短视频《泗阳头牌菜——膘鸡》，带我们走进了膘鸡的制作过程。轻松欢快的背景音乐中，制作者用泗阳本地的方言将膘鸡制作要点、适应现代口味的改版娓娓道来，每一道工序都配有相应的文字介绍，生动有趣。

三、服务治理体系和治理能力现代化建设，提升公信力、影响力

新冠疫情防控期间，各地县级融媒体发挥身处基层、密切联系群众的优势，及时发布疫情防控相关信息，第一时间更新相关动态，为全国疫情整体防控工作作出了重要的贡献[①]。泗阳县融媒体中心制作了大量融媒体作品，宣传疫情防控最新进展，发布权威相关知识，引导群众科学防疫，有效提高基层群众战胜疫情的信心和决心。涉及疫情防控政策的短视频新闻多数比较直观、明显。首先，通过诸如“重要！”“警示！”“注意！”等带有警示性的语言来吸引关注；其次，尽可能将重要新闻短时间内呈现完整，为防止漏读，亦留足阅读时间；最后，将关键信息通过颜色大小突出处理。除了政策、数据之类的硬新闻，泗阳融媒的短视频新闻也注重对疫情防控中软故事的把握。短视频《泗阳，昨夜无眠》展现了市民们积极参与，医务工作者和志愿者坚守一线的感人画面，在泗阳融媒抖音号上的点击量超60万，超2万名网友为该视频点赞。

宣传社区文化工作。2023年春节前后，泗阳各地的社区都举办了相应的文化活动。泗阳融媒“我们的节日”系列短视频在春节、元宵节来临之际，深入社区街道，用短视频呈现出泗阳县热闹的节日氛围。如在元宵节来临之际，短视频新闻《巧手制灯笼、冰糖葫芦，欢欢喜喜闹元宵》报道了众兴街道相文社区举办的元宵节活动。欢快的音乐、热闹的现场画面、社区人民的喜悦共同体现了社区活动的成功与百姓的满意。

做好党的宣传工作。作为主流媒体在基层的重要一环，县级融媒体中

① 朱良志：《县级融媒体中心如何提升传播力》，《青年记者》2020年第36期。

心充分发挥自身优势，将上级部门相关精神传播到基层，并向上反映基层百姓声音，发挥好治理枢纽作用，能够有效提升自身的公信力和影响力，进而提升自身传播力。围绕党的百年华诞和党史学习教育这两个主题，精心策划拍摄系列短视频，以老百姓喜闻乐见的表现形式，追忆党的光辉历史，传承革命精神，赓续红色血脉。“喜迎二十大”“学习二十大，榜样说落实”“二十大报告丨基层回响”等系列宣传报道体现了泗阳县广大民众对二十大衷心期待与激情实干、奋力谱写高质量发展新篇章的积极行动。如“二十大报告丨基层回响”系列的短视频新闻《县文化广电和旅游局：奋力谱写“千里运河最美县”的文旅答卷》通过对县文化广电和旅游局党委书记、局长的采访，向人民勾勒了在二十大精神的影响下，泗阳县未来在文化和旅游方面发展的蓝图。

第六章
移动新闻直播案例研究

作为新闻价值要素之一，时效性一直以来为广大媒体人所追求。事件发生和公开报道之间的时间差越短，新闻价值越大。而自广播电视技术应用于新闻业后，直播作为保证新闻时效性的完美方式，亦成为新闻报道制作的常见手段。广播电视词典将直播界定为“广播电视节目的后期合成、播出同时进行的播出方式”[①]。随着融媒体时代的来临，这一基本定义在技术赋权之下呈现出多元的新样态。今天，新闻直播可以理解为大众媒体以多元媒体平台为载体，实时制作文字、图片、视频等多形式的新闻产品，并实时传递给用户观看的新闻报道方式。

近年来，以人民日报、央视新闻为代表的主流媒体纷纷利用融媒体矩阵推出直播报道，极大提升了新闻直播的专业性、权威性和先进性。但由于高昂的制作成本，主流媒体的融合新闻直播制作只集中应用于重大主题新闻事件的报道，以满足其对于时效性和直观性的高要求。纵观国内，重大主题新闻报道主要分为时政类、突发灾难类和其他重大事件。除此之外，新媒体技术还帮助主流媒体探索出慢直播的新形式。慢直播是指借助直播设备对实景进行超长时间的实时记录并原生态呈现的一种直播形态。与传统直播不同，慢直播没有主持人和嘉宾，也没有解说和互动，通常只是用监控探头或固定机位拍摄，进行原生态的记录与呈现，给受众提供一种独特的参与感和身临其境的沉浸式体验[②]。

本章将从三类重大事件的新闻直播及慢直播的典型案例入手，探讨融媒体时代主流媒体新闻直播生产的成功模式。

① 《广播电视简明辞典》编辑委员会：《广播电视简明辞典》，中国广播电视出版社，1989，第105页。

② 易艳刚：《青记观察：慢直播与“快时代”》，http://www.qnjz.com/index.php?m=content&c=index&a=show&catid=31&id=34083，访问日期：2023年1月20日。

第一节　全国“两会”直播报道

主流媒体的全国“两会”直播报道往往历经精心策划，其不仅追求直播呈现新闻事件的时效性、直观性，更需要保证内容的全面、解读的深度。然而，新闻直播对于即时性的极致追求，又导致从事件发生到报道生产的窗口期极短，使其存在浅层化、碎片化的弊端。主流媒体的深度要求和新闻直播的极度求快，存在着几乎不可调和的矛盾。但不可调和并不代表无法共存，扬长、避短是主流媒体“两会”新闻直播成功的两大途径。“扬长”是要坚守主流媒体的定位，发挥深度报道的固有优势；“避短”则是要规避移动网络直播的短板，通过技术创新来驱动[①]。本节的两个案例分别从“扬长”和“避短”出发，探讨主流媒体对全国“两会”进行新闻直播的实践。

一、《“两会”进行时》：会场、演播厅、拓展空间三线叙事的快慢结合

2017年全国“两会”，人民网联合腾讯网推出了全景式视频新闻直播栏目《“两会”进行时》，累计直播时长达120小时，累计观看达1.38亿余人次[②]。《“两会”进行时》无疑是“两会”新闻直播发展历程中的里程碑。

在此之前，媒体人对“两会”直播的理解是非常简单的，只捕捉到了会议重大场合的直接转播。而更深度的解读和更细碎的场合因为采写剪辑的耗时，直接与直播的形式脱离，成为更偏向于深度报道的滞后性栏目。虽然这是基于新闻内容性质作出的安排与妥协，但仍然存在着很明显的劣势：首先，用户每日观看新闻内容的时间通常是有限且连贯的，“两会”相关新闻内容的“述评分离”很容易导致用户对于单一场景的理解趋于浅层，只能依

---

① 陈昱君、林嵩：《从“两会”报道探析传统新闻媒体借力移动网络直播的发展路径》，《记者摇篮》2019年第3期。

② 赵光霞、燕帅：《人民网〈“两会”进行时〉荣获第二十八届中国新闻奖特别奖》，http://media.people.com.cn/n1/2018/1102/c40606-30379386.html，访问日期：2023年1月20日。

赖自己的直接经验而得不到专业意见的指导。其次，让“两会”新闻的可承载空间被大大压缩，新闻直播的场景局限让“两会”新闻要不发生于会场，要不加工于演播室，而这两个场景之外大量与“两会”息息相关的新闻场景被忽视以至于新闻价值流失。

而《“两会”进行时》对“两会”新闻直播的理解作出了革新。对直播的时间理解不必局限于当下进行的会议，也可以是对会议进行的当下所作出的拓展解读；对直播的空间理解不必局限于人民大会堂，也可以包括直接报道的演播厅和“两会”所影响到的社会方方面面。在此情景下，基于会议进行时间段的全场景直播成为对于“两会”直播的新理解，并被以“会场、演播厅、拓展空间”三线叙事的模式呈现出来。

（一）会场内外：不止于核心议程

《“两会”进行时》仍然保留了传统“两会”新闻直播所聚焦的“核心现场”。作为会议的内核和精髓，对于这些场景的直接、全过程、无延时呈现显得不可或缺。用户仍然可以直接观看政府工作报告的致辞、各部门的新闻发布会，去直观接触政府官员的陈述和媒体记者的疑问解答。当然，核心议程是有限的，所以才为其他直播内容提供了穿插的时间。即便是对于会场的呈现，该直播也走遍了会场内外。“部长通道”“最前方”两个栏目便是例证。

“部长通道”是正式发布会形式的又一次拓展。各部门的发布会作为官方场合是集中和有限的，记者提问的数量受到严格的限制，因此问题往往是宏观和热门的。而“部长通道”某种程度上是次官方场合，记者直接和部长们面对面站在一起，提问的氛围更为轻松、亲民。更多微观和具体的问题被抛出，让议程直接与个体的直接联结成为可能。例如，国土资源部长在部长通道上回答记者提问时说“住房用地不能拿来炒作囤积”，就直指居民住房的痛点，一下子让用户明白了“两会”对于买房的切实影响。

“最前方”的内容形式更加自由，穿梭在会场内外和会议前后之间。该栏目包含了大量对普通与会代表的采访，在代表政府系统的官员之外，我们听到更多来自不同领域的参政、议政声音。代表们叙述自己所提交的议案，让我们看到了“两会”更为细致的运行机制和更为具体的社会事务关怀。政协委员积极建言献策，如少数民族女委员权贞子的7件提案就显示了委员们在少数民族具体事务上的努力，朴惠善委员履职15年提案件件有回应，勾勒出认真负责的参政代表形象。“探秘政协委员参会资料袋”则让我们明白政协委员们的提案都是从生活中而来；“女代表委员的三八节祝福”又让女性和代表委员们产生互动联结。

（二）演播厅：专家评论+媒体热议

《“两会”进行时》开拓性地把演播厅纳入了直播场景的范畴，而不再仅仅作为后期深度新闻报道的场所。利用主流媒体的媒介资源，直播将演播厅变成了会场外的一个小议政室。场外议政也被分为不同的栏目，代表专家评论的“‘两会’即时评”和代表媒体热议的“‘两会’全媒派”。

“‘两会’即时评”是传统专家“两会”访谈的直播形式变体，而其对直播形式的体现则表现在穿插时机的组织上。“‘两会’即时评”和会场报道在时间上是贴在一起的，在内容上是紧密相连的。例如，议程中刚刚就民法总则草案进行审议，演播厅中就请到了法学教授王轶对审议过程进行讨论分析。时间和内容上的连贯性让直播成为“直接内容+深刻解读”的融合新闻产品，观看直播的用户不再需要打破自己的观看习惯就能够获得更有深度的“两会”直播报道，整体上加深了用户对于“两会”的理解。

“‘两会’全媒派”则是“两会”直播报道对于用户互动性的尝试。为了避免损害主流媒体和“两会”的权威性，演播厅不太可能不加选择地直接连线用户进行互动。但是用户作为广大民间声音的一部分又的确是“两会”舆论的重要组成部分。“‘两会’全媒派”为主流媒体提供了提炼用户观点的机会，媒体人员凭借专业经验在社交网络上进行观点筛选，从而得出民间舆论的热点进行讨论，完成了以用户为中心的新闻价值生产。纵观该栏目，探讨的问题大大小小、五花八门，却直指最生活化的关切，大到国企改革，小到快递的7天无理由退货，与用户日常生活的衣食住行可谓息息相关。

（三）拓展空间：内容和形式的双重探索

在会场栏目和演播厅栏目之外，《“两会”进行时》对其他可能的“两会”新闻直播形式也进行了探索。这些栏目相对平易近人、轻松风趣，让用户在严肃栏目之外也能够体会到“两会”新闻的趣味性，吸引更广泛的群体关注。

内容上的探索将空间拓展到会场和演播厅之外的日常生活中，产生了“街采来了”“‘两会’帮帮忙”等栏目。用户既可以看到记者和地摊商贩谈论“两会”对于开店的影响，又可以看到他们和路人讨论就业平等议题。形式上的探索试图从采写编评的传统新闻生产框架中跳脱出来，“动漫‘两会’”“数据‘两会’”“‘两会’短片”将动画、数据分析、微电影等新形式引入“两会”的直播中。这些形式上的创新或给用户提供了更简明直接的政策解读，或通过让人眼前一亮的内容生产在社交网络上引起热烈讨论和病毒式传播。

纵观《“两会”进行时》，支撑起新闻直播内容多元的是巧妙的时间安排。栏目彼此间虽然时空、主体、形式大相径庭，却按照一定的逻辑思路编排。看似是把“两会”直播拓展拆分为很多个不同的模块，实际上却在每个时间段内部聚合成完整的部分，全面展示该时间段内某热点议题所引发的方方面面思考。

二、《沉浸式听会》：5G+8K云连线“新立方”演播室打通场景切换时间差

2021年全国“两会”，新华社利用5G+8K云连线技术搭建起来的“新立方”演播室推出了《沉浸式听会》新闻直播节目。节目邀请了12位各行各业的嘉宾齐聚在演播厅内，“走进”人民大会堂，“穿越”会内会外，一同聆听“两会”话题。相比于内容“扬长”途径中多元内容对直播时空概念的拓展，该节目反而倾向于通过技术“避短”在严格的直播时空界定中完成内容的扩散。节目于3月5日“两会”开幕式前开始，于开幕式结束后一段时间内结束，实现了围绕开幕式这一单一时间点的空间瞬时拓展，从而打破了直播

形式本身的浅层化、碎片化趋向。

直播呈现出两个方面的特征。首先是主体的多元性，这是保障新闻内容深度的必要元素。只有将视角尽可能扩散出去而不局限于相对权威单一的集群中，新闻内容才有可能落地到具体的生活工作中，才有可能落地到广阔的各行各业里。直播中出现了政府官员、连线代表、行业嘉宾三类主体，层层递进，并由主持人联结。直播推进也以不同类别主体间的互动为逻辑展开。政府官员直接呈现在讨论政府工作报告的镜头中，并且以直播他们热议的报告内容作为基点；行业嘉宾根据各自的工作场景畅谈对于“两会”内容的具体期待，例如陶勇医生期待报告中改善就医环境的部分；而与演播室连线的大会代表则根据行业嘉宾的期待作出自己在相关方面的解读和体会。三类主体联动，完成了“立论—提问—答疑”的议程逻辑闭环。三类主体的出场时间也经过了精心的编排，其中政府官员的出场时间是固定的，于是直播将行业嘉宾期待环节放在开幕式前，环节完成后演播室人员刚好一起观看了大会开幕式，并在结束后与代表连线对期待部分进行了解答和感悟。

其次则是场景的聚合性，这是直播形式对于即时性、直观性的要求。新闻直播往往一定时间段内只能聚焦于一个空间内，但单一空间内未必只有单一场景。以往的新闻直播主要通过远程连线的方式拓展空间维度，但在场景彼此间的衔接互动、远程连线的延迟规避上总是力不从心而容易漏洞百出。《沉浸式听会》则利用技术进步完成了场景聚合的升级，真正做到一个空间、多个场景的契合。其利用5G、CAVF、MR（Mixed Reality，混合现实）技术，以全实景、真跨屏的方式打造沉浸式多地跨屏访谈。演播室采用总面积近400平方米的五面智能LED屏幕，屏幕间距仅1.2毫米，清晰度4K以上。在直播开始前，新华社为所有出现的场景进行了3D模拟制作，完成了电子演播室和电子现场间的破壁，真正做到了身临其境的效果。用户得以在由5块屏幕组成的演播室内同时领略人大会场、医院、航母、自然等多个场景的瞬时转换。当然，场景的切换是服务于内容的，决定当下场景选择的是正在进行叙述的主体所处于或所描绘的场景。例如，当陶勇医生提出就医环境期待时场景转换为窗明几净的医院内部，当航天科技设计师董捷畅想未来太空探测计划时则转换到月球探测器着陆点。

综上可以看到，就“两会”等重大政治新闻直播而言，内容上的“扬长”通过“分”探索了单一事件的方方面面，遵循的是传统深度报道全面而深刻的逻辑；形式上的“避短”则通过“合”探索了在单一场景中借助技术进步塞下尽可能多新闻信息的可能。而这两点都是由重大政治新闻的丰富性、场景的相对单一决定的。

第二节 北京冬奥会的多平台直播报道

第24届冬季奥林匹克运动会，即2022年北京冬季奥运会，是由中国举办的国际性奥林匹克赛事，于2022年2月4日开幕，2月20日闭幕。

2022年2月4日晚，北京冬奥会开幕式在国家体育场隆重举行，中央广播电视总台CCTV-5央视体育频道对其进行了高水平的直播。总台综合频道、新闻频道、奥林匹克频道、4K/8K超高清频道等电视频道，央视频、央视新闻、央视体育、咪咕直播、腾讯视频等新媒体平台亦同步转播了冬奥会开幕式。在之后的赛事中，上述各频道和平台等都持续直播/转播了本届冬奥会的所有比赛项目，让用户“共时在场”地参与到了这一国际赛事中来。这次冬奥会的新闻直播，是一场盛大的活动，是一场经典的媒介事件。

一、媒介事件的仪式化展演

2022年北京冬季奥运会是一场举世瞩目的国际赛事，本质上也是一场媒介事件。所谓“媒介事件”，指那些提前计划的、有电视直播的、在一国或者世界范围内有重大影响的历史事件[①]。冬奥会开幕式及其赛事的直播在开始之前便通过各个渠道在各个平台进行了矩阵化预热，“预定”了足够的受众

① 丹尼尔·戴扬、伊莱休·卡茨：《媒介事件：历史的现场直播》，麻争旗译，北京广播学院出版社，2000，第30页。

在指定的时间来观看直播。而冬奥会开幕式也成了仪式化的展演，观众在规定的时间仪式化地打开直播，观看这场开幕仪式。提前预热、多频道转播以及北京冬奥会背后本身所交织的历史、政治、文化、娱乐因素塑造了这一场媒介盛宴——北京冬奥会全球转播观众人数超过20亿，是有史以来收视率最高的冬奥会。本次冬奥会开幕式的直播向世界展示了一个现代化的中国，展示了科技创新、友好与共、积极拼搏、绿色美好的大国风范，在当今世界舆论场内，打造了一个自我塑造的国际传播范例。

二、技术赋权实现随时随地“在场”

2008年北京奥运会，每个家庭都围聚在客厅，在电视机前一起观看开幕式。2022年北京冬奥会，移动技术的发展颠覆了以往固定场景的媒介实践，实现了用户随时随地的“在场”。冬奥会的直播成就了“随时”，让用户可以即时看到国家体育场内的圣火燃烧。移动设备，如手机、iPad成就了“随地”，让用户无论是在家里，还是在地铁和公交车上，都能观看到开幕式，而不必再局限在电视机前，被场景所束缚。

“在场是一个与远端性或外化的现象有关的概念，指的是我们感知参照的超出感官本身限制的外部空间”①。这也就是说在场具有空间性和感知性，也强调用户感知外部空间的程度所带来的沉浸感与体验感，而冬奥会高新技术的应用，给予了受众前所未有的视听体验。北京冬奥会开幕式舞台地面是当时最大的8K超高清地面显示系统，整体面积达10 393平方米，由4万多个LED模块组成，上面还竖着1200平方米的8K的LED屏幕，采用多个8K+级分辨率的画面融合技术，可呈现出100 000∶1超高对比度，3840 Hz超高刷新率，以及29 900×15 096超高分辨率的超高清绚丽画面，还结合了人工智能的动作、捕捉，虚拟的现实增强等等，颠覆了传统的舞台演出模式，赋予了在场受众无限的空间感。而直播与转播亦使用了“8K+5G”技术，以期最大程度地将现场的视听震撼复制到赛博空间，让用户得以穿越赛博空间实现“入场”，进

① Jack M. Loomis, “Distal Attribution and Presence,” *Presence: Teleoperators and Virtual Environments*, 01（1992）：113—119.

入如梦如幻的沉浸式视听光影场景，同步感受“黄河之水天上来”的壮阔，纵享晶莹剔透的冰雪世界的唯美，体验技术赋予的浪漫。在冬奥会的赛事直播中，全新的VR转播及全景式拍摄，也为受众展示了赛场全景，让人有亲临其境之感。

三、声画结合诠释影像内涵

北京冬奥会的赛事直播与转播中，解说这一声音元素的存在，对画面意义的诠释具有举足轻重的作用，甚至其在图像之外塑造了新的意义与价值。作为体育赛事，其附有的规约性，为受众设置了一定的理解障碍，因为并不是所有观众都是冰雪项目的专家，他们不一定了解109个项目所有的标准规则以及运动员表现背后的专业技巧，所以需要专业的解说员为他们答疑解惑。解说通过对比赛项目、规则的介绍，对运动员的介绍和对其表现的分析，以及对裁判打分的诠释，来为受众打破意义隔阂，使其拥有最佳的观赛体验。

除此之外，好的解说为直播的画面与内容赋予了新的意义，使比赛本身实现了升华。羽生结弦在冬奥会男子单人滑自由滑赛场上挑战史诗级难度的阿克塞尔四周跳，但遗憾落败，央视解说员陈滢赞美道，“天意终究难参，假若登顶成憾，与君同添青史几传，成败也当笑看”，高度肯定羽生结弦的无畏尝试。中国花滑选手金博洋以排名第九的成绩刷新了个人赛季最高分，解说道，“只要坚信，我生来就是高山而非溪流，我欲于群峰之巅俯瞰低矮的沟壑，我生来就是人杰而非草芥，我站在伟人之肩蔑视平庸的懦夫，金博洋战胜了金博洋”，用简单的几句话，道出了比赛的真谛，赞美了运动员的拼搏精神，还彰显了中华民族骨子里的自强不息，超越了直播画面中运动与运动竞赛本身的意义，增添了新的注解，亦更能激起受众的共情，使直播更具戏剧性与吸引力。除此之外，解说所彰显的还有属于中华民族的美好文化与文明，浪漫的语言，引人深思的古诗词，借助冬奥会直播这一路径，向国内外的受众传播，让中国用户感慨语言的美妙与博大精深，让外国的受众同样通过聆听话语感受到中华民族之文化的奥妙。

四、多视角呈现定义现实

2022年北京冬奥会的开幕式直播通过综合运用AR、裸眼3D、无人机等多种科技成果，既展示了鸟巢外绚烂如花的“SPRING”烟火，也展示了鸟巢内部的冰雪世界，实现了由内而外、从局部到全景的多视角呈现，突破了人类生理视阈的限制，给人以空灵而浪漫的宏伟壮阔之感，让人仿佛亲临其境。

冬奥会比赛项目的直播与转播运用了更多的技术手段和创新应用，如3D回放、无人机拍摄、生物数据、主观摄像机等，实现多视角呈现。其中，猎豹超高速4K轨道摄像机专门用于冬奥会速度滑冰赛事的转播工作，其设计技术标准能达到每秒25米，还可以根据直播需要，实现加速、减速和超越等动作，从而更加灵活和随意地捕捉速滑比赛中的各种场面[①]。在比赛结果出现争议的时候，可以通过多重视角的对比以及科学分析，从而挖掘真相、定义事实，保证了比赛的公正性，亦为通过直播观看比赛的观众提供了多个视角，使用户仿佛置身于现场的三维空间之内，收获了更为丰富的现场感与体验感。

五、隐喻叙事阐述内涵

北京冬奥会开幕式中各式各样的细节设计内含巧思，直播借助隐喻的手法，既传达了美好愿望，又共享了中华文化。开幕式的第一个节目《立春》，表现了绿草丛生、春暖花开的诗意和温暖，意指向世界传达未来是充满希望的这一美好愿景。而后的冰立方中回顾了历史上的冬奥会影像，随后冰雪消融，奥运五环破冰而出，也隐含着世界各国打破隔阂、团结一致、融为一体之意，体现了中国人由古至今的以和为贵，在世界局势紧张之时，借此更是表明了中国坚定的立场与外交底线。在习近平主席宣布开幕之时，烟花焰火璀璨夺目，在空中呈现出“迎客松”的形态，象征着北京冬奥会对全世界运动员与人民的欢迎，体现了中华民族的友善好客。2022年北京冬奥会直播借助无限的创意与隐喻，向世界传达了真正的友好、美好的中国形象。

---

① 林湘瑜：《全网感谢的“猎豹”，总台造！》，https://news.cctv.com/2022/02/09/ARTIsSm8S1k4osF0DN0QcSPh220209.shtml，访问日期：2023年1月14日。

六、共时评论构建情感认同

由于技术的赋权，新媒体平台打破了以往受地域与场景限制的隔绝空间，将平台上的用户都连接起来，为他们提供了交流互动的平台。当用户使用央视频或者是咪咕直播等新媒体平台观看冬奥会开幕式及赛事的时候，他们不再仅仅被局限于“客厅”这样的有限空间，也不再是孤身一人，而是可以通过发送评论，与同时观看直播的人进行交流，分享自己的想法，从而寻找共鸣及认同。如在冬奥会开幕式时，受众一致为开幕式点赞，不停感慨“开幕式绝了”，并有观看者评论认为北京冬奥会开幕式与东京奥运会开幕式形成了强烈对比；在“二十四节气倒计时　迎接新的春天”这一部分时，也有不断新增的评论表示：“这是中国人的浪漫”。在中国的移动新媒体平台上，中国观看者通过观看直播和发表评论，跨越了地域的隔阂，更共享了当下的情感，唤醒了属于中国人的集体记忆和情感认同。

而在系列赛事直播中，中国运动员在比赛中无论是收获殊荣还是憾失奖牌，观看者都会通过评论对运动员鼓励或安慰，而在五星红旗迎风飘扬在颁奖台、国歌奏响之时，会有更多的网友通过评论来发表自己的感慨、表达自己的喜悦之情，并通过点赞、回复等方式进行实时的互动，这样的方式更是让中国人的团结与骄傲之情油然而生，“中国人”这一共同身份在此时得到了强调与彰显，成就了想象的共同体。

七、多平台分享连接全民

冬奥会在移动新媒体平台上的直播，不仅使用户得以在评论区即时互动，更借助于互联网场域内的多节点特征，实现了各平台间的互联，打破了单个平台的限制，让“冬奥会”话题充盈在整个互联网空间内。用户在观看冬奥会时，可以借助在各种手机App或者是视频网站之间的媒介转移实践，将冬奥会的信息、内容通过转发截图、转发直播链接、转发自制小视频的快捷形式分享到微信朋友圈、抖音、微博等多平台，通过人际传播和大众传播的交织为直播吸引更多的受众，通过“点击”扩大直播的影响力和传播力，实现病毒式裂变传播。而随时随地可以实现的媒介转移，将冬奥会从全民热议的媒介事件转变为整个互联网场域内的集体记忆，关于冬奥会的热搜霸占了微博热点话题榜单，各种二创视频与图片在各个平台传播，甚至通过TikTok等软件在国际上广泛流传，真正实现了全民共议与共享。

2022年北京冬奥会直播作为一场盛大的移动新闻直播，借助数字技术的力量让全世界共享前所未有的高规模赛事盛宴，让世界见证了中国的高科技发展。“技术是时代的座驾。”移动新闻直播的出现改变了新闻业的逻辑，重构了媒介习惯和环境，让用户得以“遥在”。

第三节　慢直播：重构一种观看秩序

慢直播是一种以原生镜头呈现现场的直播形式，其镜头无剪辑、无后期制作、无加工，强调呈现的原生态，可以为受众提供真实的“现场感”[①]。慢直播最早可以追溯至1963年，美国波普艺术家安迪·沃霍尔拍摄了一部名为《睡眠》的电影，该影片长达5个小时，内容仅仅是记录诗人约翰·乔尔诺的睡眠过程[②]。此后这一记录手法为电影、纪录片所采用，并随着互联网技术的不断发展，成为一种新型的直播形式。2020年疫情期间，央视就通过这一形式直播了雷神山、火神山医院的建设过程。这场“云监工”，吸引了4000万人同时观看，获得极高的关注。此后，众多媒体纷纷尝试“慢直播”这一报道方式，创造了丰富多彩的慢直播实践。以下将以人民日报自2021年起连续两年推出的“中秋节”慢直播为案例，探寻慢直播的魅力所在。

① 魏婷：《后疫情时代慢直播发展的新特点与新趋势》，《青年记者》2022年第24期。

② 雷鑫：《图像与影像——安迪·沃霍尔艺术研究》，博士学位论文，东南大学艺术学系，2015，第54页。

一、场景搭建：画面的全时全程展现

2021年中秋佳节期间，人民日报联合中国铁塔公司，发起了“家乡明月”慢直播活动，直播累计获得1034万人次的观看访问量，收获一致好评。相较于欢闹喜庆的中秋节目晚会，这场安静祥和的“云端赏月”为中秋佳节增添了别样的意味。

人民日报在策划“家乡明月”直播节目时，采用了慢直播这一报道方式，在视听呈现上，强调对现场画面的高度还原，尽量避免裁剪、特效、画中画、主持人等后期加工，强调对现场“原汁原味”的呈现。在“家乡明月”慢直播中，画面的主体始终是天空中的一轮明月，画面中的自然环境伴随月亮抬升，有一定调整。

在场景搭建上，“家乡明月”慢直播主要以大自然为取景对象，并避免刻意的场景搭建，采用去修辞化的视觉呈现，一轮明月之外，周围的场景随着时间流动而自然变化，整个直播过程超过五个小时。

这样一种历时性的报道，打破了电视塑造的媒介时间，观众在时间一分一秒的流逝中，获得“看月亮爬上来”的真切临场体验。其采用固定机位，聚焦于单个画面，无主持，无剪辑，将画面信息的解释权交给观众。在视频声音上，该慢直播采用画面同期声，无配乐，无主持人解说。直播整体的氛围以宁静为主旋律，其间海浪的涌动声、风的微动声都让观众获得“身临其境”的现场感，用户在自行体验中获得“无声胜有声”的体验。

值得一提的是，“家乡明月”慢直播活动在视听呈现上保持了慢直播的基本形式，但为了避免单调，其在观看视角的选择上力求丰富。其将慢直播地点选取为北京环球影城、安徽黄山、青海湖、广西桂林漓江、贵州黄果树瀑布、广州塔等31个省区市的57个有代表性的地标性场景，在地理跨度上尽可能地做到了兼顾各个区域，人文与自然、乡村与城市。这让“画面单调”的慢直播获得了丰富的观看视角，也让更广泛的观众产生贴近感。

告别喧闹的节日晚会，“家乡明月”慢直播将视角投向了几千年来我们头顶上的那轮“明月”，并从历史中寻找到了新的时代意涵，营造别样的中秋节日氛围。

二、互动设计：营造观看在场与陪伴

学者詹姆斯·凯瑞反对把传播视为信息传递过程，主张传播是一种文化共享活动，即传播的仪式观。在他看来，“文化的最佳体现在仪式之中”，因此传播是一种文化共享仪式[①]。这一观点在当今的慢直播上得到了有力的呈现。

不同于经过精心策划的节目晚会等直播活动，人们通过慢直播获得的信息和感官体验较为有限。而在注意力难以获取的当下，传统的精美的画面、精心的策划已愈发难以夺得观众眼球，收视率逐年下降的节日晚会便是其例证。人们观看节目，在追求信息和感官刺激之外，或许更想获取情感上的支持与陪伴。

不同于一般直播活动，慢直播对互动环节十分重视，近三分之一的画面内容为互动区域。在“家乡明月”慢直播活动中，直播画面始终聚焦于天空中的一轮明月，一片安静祥和，然而在直播画面的下方却热闹异常。

此时画面的内容已经没那么重要，更重要的五湖四海的人围绕画面内容所进行的一系列参与新闻本身。“云端观看”退居其次，“云端交往”才是人们观看慢直播的首要目的。评论区实时滚动着“但愿人长久”“四川人民来打卡！”“江西老表祝大家中秋快乐！”“×××，我爱你”等评论，辅之点赞、烟花绽放等互动特效，让慢直播获得与慢画面不同的快节奏。

视频画面和评论区互不干扰，有动有静，画面层次和节奏都十分丰富，改变了慢直播的视频内容单调。人们在不断的互动中实现了虚拟的身体在场，共享一轮明月，自古以来的“明月情怀”将四面八方的游子维系在一起，搭建其彼此情感的桥梁，真切地营造出“海上生明月，天涯共此时”的仪式感。

---

① 刘建明：《“传播的仪式观”与“仪式传播”概念再辨析：与樊水科商榷》，《国际新闻界》2013年第4期。

三、技术加持：创新慢直播表现形式

慢直播通常采用固定机位，中途不切换镜头，因此其布景通常比较宏大，景别以远景和全景为主。人民日报2021年推出的“家乡明月”慢直播活动，拍摄主体比较单一，即中秋的明月，画面的单调对拍摄的角度提出了更高的要求。借助遍布神州大地的210多万座数字塔，全国各地的观众得以相聚云端，通过屏幕身临其境感受各地明月。此外，“家乡明月”慢直播借助4K高清直播技术和5G传输技术，较高程度地完成了直播画面的呈现，在高清摄像头的拍摄下，月亮的轮廓和光晕清晰可见。

而在2022年中秋节期间，北京市文化和旅游局更是联合北京歌华城市电视台，推出“超级月亮”慢直播。采用天文级月面观测望远镜，通过5G信号传输高清月面图像。月球表面的环形山、月海等天文景观清晰呈现于人们眼前，技术的魅力在此刻得到充分展现，不少网民直呼，这不是在“赏月”，这是在“探月”。

慢直播作为一种大体量的历时性直播方式，对网速、像素、帧率等都有着较高的要求，因而需要较高的技术条件。自2020年新冠疫情暴发以来，央视等主流媒体已多次采用慢直播这一直播形式，邀请观众“云端赏月”，随着技术的发展，慢直播画面的流畅度和互动的流畅度较之以往都得到了极大提升。

四、流程创新：丰富慢直播内容生态

随着慢直播被央视等各大媒体广泛使用，观众对这一新直播形式也产生了更高的期待。慢直播画面的单调、视角的固定、节奏的冗长等问题同样为人所诟病，各大媒体也在丰富的实践中不断调试，创新慢直播的生产流程，使其富有新意。

人民日报2022年中秋节推出的慢直播主题为“一起登高揽皓月”，没有延续2021年“家乡明月”慢直播的宏大布局，而是将镜头聚焦于江西著名旅游景点——明月山，作为唯一的观景点进行慢直播。在直播地点的选取上，当地为我国著名神话“嫦娥奔月”的发生地点。在直播流程上，打破了慢直播的单调叙事，在慢直播中加入了现场采访环节，主播在明月山营地露营，讲述明月山嫦娥奔月的神话传说，同时细数我国源远流长的中秋文化和月亮意涵，丰富了慢直播的叙事角度和信息含量。同时，也不再保持固定机位，而采取多景别切换的画面呈现，在保留慢直播基本特征的同时，不断创新慢直播的报道方式，取得良好反响。

北京市文化和旅游局2022中秋节推出的“超级月亮”慢直播节目同样进行了大胆创新。在主题设置上设计了“中秋”“文旅”“满月”等多个主题，让慢直播将多个主题串联起来。在互动环节设置上设计了摄影作品展、明星送祝福、互动游戏等多种互动方式，让“单调”的慢直播增添了诸多趣味性。而在慢直播的产品呈现上，也进行了“线上线下结合”“大屏小屏联动”的设计，以户外大屏现场和超级月亮直播间双屏互动的形式，扩大产品的呈现空间，进一步调动了观众参与“超级月亮”慢直播活动的热情，颇有“媒介融合”的意味。

慢直播在我国作为一种新型的直播形式，凭借“临场、参与、真实”等优势，自疫情以来被各媒体广泛使用，并取得良好反响。各媒体也在实践中不断地对慢直播这一报道方式进行调试，在保留慢直播基本特征的同时添加进“时代元素”。随着网络技术的飞速发展，可以预见，技术的可供性将为其不断赋能，慢直播的呈现效果将会进一步提升。

第四节　重大灾难事件新闻直播

所谓灾难性新闻报道，是指围绕发生的灾难，对其进展、危害、影响、抗灾、救援、成因等进行新闻报道。一般来说，灾难性事件包括两类——自然性灾难事件和社会性灾难事件。自然性灾难即我们所谓的“天灾”，是指发生在自然界的人类不可抗力而导致的重大事故或灾害，如地震、台风、水灾、火山爆发等。2005年8月25日发生在美国的卡特里娜飓风、2008年5月12日发生的汶川地震是这类事件的典型代表。社会性灾难就是我们经常说的“人祸”，指由各种人为因素或社会矛盾而导致的重大的突发性事件，比如恐怖活动、交通事故、战争、空难、矿井瓦斯爆炸等，2004年9月1日俄罗斯北奥塞梯别斯兰人质事件、2010年3月28日山西王家岭煤矿透水事故是这类新闻的典型代表。

由于自身具备突发性、冲突性、刺激性、影响力强、涉及面广等特点，灾难新闻会立即成为社会关注的焦点和热点，引起国内新闻界和海外媒体的高度关注。不管是自然性灾难事件还是社会性灾难事件，都会在心理上给人们带来巨大的冲击力和震撼力，故灾难新闻报道有较强的新闻价值。

一、东航MU5735坠毁事件中移动新闻直播的表现

2022年3月21日，从昆明飞往广州的东方航空公司MU5735航班在广西梧州市藤县上空坠毁，机上载有123名乘客和9名机组人员。

3月23日，搜救人员找到第一个黑匣子。3月26日晚，东航MU5735航空器飞行事故国家应急处置指挥部发布消息称，所有乘客和机组人员均已遇难。3月27日，找到失事飞机第二个黑匣子。当天下午，“3·21”东航MU5735航空器飞行事故遇难者集体哀悼活动在事发地搜救现场举行，现场工作人员全体面向遇难飞机方向肃穆而立，默哀三分钟，现场车辆鸣笛，以此寄托对遇难者的哀思。

空难发生后，举国震惊。国内众多媒体第一时间进行了报道，一些媒体还派出记者前往事故发生地进行深入采访，及时关注救援过程和事故调查进展，并刊发了大量来自一线的新闻报道，在重大灾难事件面前彰显了新闻媒体应有的作为和担当。

（一）视听呈现

本次东航MU5735坠毁事件中，国内众多媒体都做到了快速反应，并结合相关数据进行播报，固定机位与移动机位相结合，基本实现了零时差直播现

场救援。

2022年3月21日17时，事故发生两个半小时后，澎湃新闻展开特别直播，由记者柯颖琨进行解说，直播画面以坠毁地点附近救援画面为主；随后，四川观察展开直播，由主播杨东昊介绍飞机坠毁的基本情况，画面分为两部分，分别是静止的航线图和前线新闻短视频循环播放。

当晚，央视财经展开直播，连线现场记者介绍飞机的机龄、机型、航线等基本信息，对网友关注的热点问题进行了详细解答。直播持续了三个多小时，直播内容包括广东（支援）广西消防救援现场画面、武警官兵及医疗队伍赶赴坠毁地点画面、中央广播电视总台记者赶赴现场画面、航线图及官网发布信息截图等，并联系航空博主对相关信息进行了科普，引导观众从官方渠道获取信息，稳定情绪，避免散播不实信息，对家属造成二次伤害，同时公布应急救援电话，引导家属及时寻求帮助。

另外，新华社和央视新闻在事故发生后持续一周，都以清晰流畅的画面对救援现场情况进行了直播。灾难初期镜头多采取“不打扰”的“远景”式报道，后期镜头贴近挖掘搜集现场，对救援难度与风险进行了详细的介绍，包括身着不同制服工作人员的职务划分、现场地形地貌与天气状况、飞机残骸和相关物证的搜集进展等等。人民日报微博客户端也曾多次采取直播的形式跟踪事故现场情况，3月22日的直播总播放量超过了1亿次。

本轮直播中，多位专业记者深入一线，对新闻现场的情况进行了多角度、全方位的记录。

（二）表达互动

3月21日晚，央视财经主播陈蓓蓓在直播中冷静克制地表达了自己的心情。在直播过程中，她不仅对观众进行了安慰，还引导观众从可靠渠道获取信息，一定程度上缓解了观众的紧张焦虑情绪，防止了谣言的滋生与传播。

3月22日晚，中央广播电视总台记者张腾飞在对救援现场进行直播时，用手挡住机组人员的证件，并示意镜头避开。如此举动，一夜之间在各大网络平台冲上热榜，得到网友普遍认可。

（三）播出效果

东航MU5735坠毁事件发生后，多家新闻媒体迅速启动应急报道机制、开展移动直播，发挥了舆论引导和监督功能，通过不同层面、不同角度的持续追踪报道，及时回应了社会大众的合理关切，引导社会舆论朝着平稳有序的方向发展，为妥善处理灾难事件营造了良好舆论氛围。另外，多名专业记者及主播在直播过程中都展现了优秀的职业素养，且颇为注重人文关怀，受到广大观众赞赏，提高了相关媒体的可信度。

二、对东航MU5735坠毁事件移动新闻直播中存在问题的思考

（一）新闻内容同质化严重

近年来，随着各级政府部门新闻发言人制度的建立和完善，一旦出现重大灾难事件，相关部门会召开新闻发布会或提供新闻通稿素材。对于新闻记者来说，有了新闻通稿后写稿可以更省事，但如果过于依赖新闻通稿，就会错过到现场采访的机会，甚至错过挖掘到独家新闻的机会。这种依赖新闻通稿而写出的稿件往往千篇一律或大同小异，既缺乏个性和特色，也很难发挥新闻媒体应有的传播和监督功能。

面对重大灾难事件，新闻记者应在不影响人员救援和灾害处置且做好自身安全防护的前提下，力争深入现场采访，想方设法挖掘到独家新闻。互联网时代，新闻制作周期大幅缩减，但这并不意味着生产完一轮产品后新闻记者就能有所喘息，媒体间巨大的竞争压力使记者工作模式转向迪恩·斯达克曼描述的快速运转的“仓鼠轮”（hamster wheel）模式。在灾难事故热度未过之前，新闻记者只能无休止地进行相关新闻内容的生产与发布。为在短时间内进行海量的内容生产，新闻“模仿”现象也渐渐变成了新闻记者投机取巧的一种方式，进而导致新闻数量虽有所增长，新闻同质化现象却日趋严重。

（二）灾难报道存在故事化倾向

于灾难事故而言，其报道初期议程设置的重点应为新闻事实，而非新闻

故事。互联网时代灾难新闻报道逐渐产生了提前走向故事化的倾向，尽管其表现手法容易引发观者共情，为新闻媒体带来竞争优势，但新闻故事的提前入场容易导致原有信息环境的颠覆，伴随新闻故事而来的流量与热度吸引着更多的媒体机构进行模仿，越来越多的新闻故事被加速建构出来，新闻报道的焦点由事实转向故事。

灾难事故中新闻故事所获得的流量与热度达到了事实告知类报道所无法匹及的高度，分走了公众对灾难事故本身所涉相关要素的关注。事故原因、救援以及相关信息辟谣等帮助公众了解真相的信息成为公众看完新闻故事后顺带关注的次要话题，故事化报新闻的提前入场带来报道的失偏已成为目前灾难新闻报道中出现的显著问题。

正如《新闻的骚动》中所言，“新闻中呈现的所有灾难事件应该被定格，以便赋予我们最大的勇气，去抵御人性中混乱的成分”①。灾难事故中的“人的故事”应当被记录，这不仅是让遇难者以这种方式被铭记，也是给予后世警醒，尽可能减少灾难事故的发生。

① 阿兰·德波顿：《新闻的骚动》，丁维译，上海译文出版社，2015，第180页。

第七章
VR/AR新闻案例研究

VR（Virtual Reality，虚拟现实）和AR（Augmented Reality，增强现实）技术赋予了我们沉浸式体验情境的能力，使远方变得可知可感，麦克卢汉提出的“地球村”预言在另一维度上得以实现。VR/AR技术在新闻领域的应用更是实现了用户与新闻事件的“零接触”，赋予了用户探索性地对事件进行自主解读的权力，其所带来的虚实互动以及沉浸体验，使新闻业产生了颠覆式的变革①。

VR技术兴起于20世纪60年代的美国，是一种可以创建和体验虚拟世界的计算机仿真系统，通过计算机生成的、可交互的三维环境为用户带来沉浸感②。其“复制世界”的核心特征可以归纳为“3I”，即沉浸（Immersion）、互动（Interaction）和想象（Imagination）③。为了满足人们对于真实世界和虚拟世界间连接感的需要，AR技术被研发出来，“AR技术并不是用计算机模拟的‘环境’来取代现实世界，而是通过引入多层次的数字信息，对真实事物进行丰富与完善，从而实现虚拟与现实之间‘实时的无缝接合’”④。所以AR可以说是对VR的新发展和补充。VR技术早期被应用于军事、航空航天、医疗等领域，随着21世纪之后VR/AR的许多技术难关的逐渐突破以及互联网技术的加持，VR/AR开始进入新闻领域。由于其为用户带来了前所未有的临场感和沉浸式体验，VR/AR新闻也被称为“沉浸式新闻”（Immersive News）。2010年，美国南加州大学安纳伯格传播与新闻学院的Nonny de la Pena在其论文中首次提出了“沉浸式新闻”这一概念，标志着VR/AR新闻的开端，随后国内外媒体纷纷进行了创新性尝试，涌现出了许多优秀的VR/AR新闻作品。

通过对VR/AR新闻的内容题材进行归纳，发现VR/AR新闻大多聚焦于报道以下四大类内容：

一是时政类。在国内VR/AR新闻的发展过程中，时政类的新闻作品可谓是

---

① 陈昌凤、黄家圣：《“新闻”的再定义：元宇宙技术在媒体中的应用》，《新闻界》2022年第1期。

② 艾瑞咨询：《湖光秋月两相和——2020年5G+云VR研究报告》，https://report.iresearch.cn/report/202005/3575.shtml，访问日期：2022年12月17日。

③ 喻国明、谌椿、王佳宁：《虚拟现实（VR）作为新媒介的新闻样态考察》，《新疆师范大学学报（哲学社会科学版）》2017年第3期。

④ 史安斌、张耀钟：《虚拟/增强现实技术的兴起与传统新闻的转向》，《新闻记者》2016年第1期。

一大特色，通过新颖精巧的互动设计与身临其境般的沉浸体验，观众得以亲历重要的历史时刻并以自己的方式聆听并解读中国故事。

二是灾难类。从时间和数量来看，VR/AR新闻涉猎最早也是最多的是灾难类新闻，VR/AR技术利用其所带来的沉浸式观看效果，让观众能够以第一人称的视角去感知灾难事故的冲击力和震撼感，帮助观众全面了解事件信息并直观地体验事件现场，加深受众对灾难事件的理解、感悟和思考。

三是社会问题类。这类也是VR/AR新闻经常关注的题材，在对社会现象进行深入洞察和挖掘之后，通过VR/AR技术将我们平时忽略或接触不到的社会议题以另一种视角呈现出来，使观众得以近距离贴近社会、理解社会。

四是文化娱乐类。这类新闻主要通过VR/AR技术将一些自然风光、人文景观、历史文物等零距离地展现在观众眼前，并通过交互性操作增强观众的卷入度，这对于文化传承有着重要的创新作用。

第一节　时政类VR/AR新闻

在5G技术的加持下，“VR/AR+新闻”突破传统新闻中单一的报道形式，成为传统媒体转型的可行路径，加强了主流媒体的传播力和引导力。在时政报道中，央视网、新华社等主流媒体纷纷推出了自己的VR和AR新闻，2019年2月，央视网“新视角”频道还增设了“VR浸新闻”栏目，全面聚焦时政热点，特别是“VR暖故事”系列，通过系列VR报道故事，展现习近平总书记的扶贫足迹，带受众身临其境地感受扶贫路上的变迁。除此之外，在“两会”、国庆等重要的时间点，我们也总能够看到VR/AR新闻的身影，由此可见VR/AR新闻在新闻传播领域的广泛发展，在报道中扮演着越来越重要的角色。

一、沉浸式的现场感

在传统的新闻报道中，事件的呈现多是经过记者和编辑的整合，人们往往只能通过平铺直叙的文字或是一两张图片去推测现场发生的场景，而“VR/AR+新闻”却不同，受众可以通过360°环绕式场景沉浸式体验。

央视网“VR浸新闻”栏目中的新闻都采用多试听元素相结合的方式，集VR全景图像、航拍实景视频、AI机器人播报以及实时地图导航于一体，打破传统报道视角与传播方式，是在全媒体时代开辟主流媒体发展的有效路径[①]。其中的“VR暖故事”系列全面梳理了党的十八大以来习近平总书记的扶贫考察足迹，让受众在沉浸式体验中真正领略贫困村的变迁，切实感受群众脱贫奔小康的幸福生活。比如在作品《贵州花茅村：“荒茅”山野绽放致富繁花》中，一共八个场景，其中有整个花茅村的全貌展示，也有具体而微的室内场景呈现，让受众能够点面结合地感受整个村庄的振兴变化。伴随着背景音乐，受众从环形视角进入花茅村的第一页面，就仿佛乘坐直升机来到了花茅村，在空中鸟瞰这一切。不仅如此，页面上还标注了各个地方的名字，例如“遵义绿动九丰蔬菜种植专业合作社”“母先才陶艺馆”“‘红色之家’农家乐”等，受众可以通过这些信息清晰地了解到当地标志性场所，为进一步了解作了铺垫。进入每个场景时，旁边都配有一段较为详细的解说文字，讲述乡村的脱贫成效、不同场所的建立过程和习近平总书记考察时候留下的叮嘱等。AI机器人也会随着场景切换同步播报文字信息，达到试听合一的传播效果。到达具体的场景之后，受众还可以通过每个场景下更详细的报道进一步深入了解，例如在“枫香蔬菜现代高效农业园区”场景中，受众可以跟随旋转场景360°全方位观察花茅村的整体样貌，了解振兴后的新村风貌。在其他场景中，受众还可以通过悬浮文字了解党员之家建立的意义，通过音频回顾习近平总书记对孩子们的寄语，通过图片感受花茅村翻新前后的对比，通过市民采访视频了解红色之家背后的发展经过，通过嵌套的VR全景动态视频感受新农人的辛勤耕耘等。通过多场景联合的方式，受众可以强烈地感受

① 王娟、沈婧菲：《“VR+新闻”在专题报道中的探索与思考——以央视网“VR浸新闻”为例》，《青年记者》2022年第4期。

到整个叙事文本打破时空限制，在时间和节奏上是同步的，概述与场景之间巧妙地融合，极大地强化了受众沉浸感。

AR新闻则是很好地实现了纸媒与3D动画无缝联动，全国“两会”期间，四川日报推出了AR动画新闻《您有一份民生大礼包》[①]，把视觉识别技术和3D建模、重力感应、触碰控制等全新技术结合，让平面的报纸立体了起来。配合着解说词，一份立体的红色礼盒就在眼前缓缓升起后打开，仿佛真的是由受众亲手开启，随着礼盒的展开，“脱贫攻坚”“交通先行”“生态发展”“其他民生问题”等多主题相关的三维动画依次出现，让受众通过立体数据图，风车转动、道路建设、动车驶过等动画效果真切地感受到整体民生水平的提高，将“摘帽”脱贫共赴小康生活、扎实推行交通发展“项目年”工作、继续推进绿色产业生态发展和其他造福百姓的民生工作等内容具象化、视觉化，让原本只是纯文字数据的枯燥内容变得鲜活起来，让所有的内容仿佛触手可及[②]。

由此可见，在不同的VR/AR新闻报道中，受众都能够更好地“走进”新闻现场，享受沉浸式的观察和体验，在感受新技术融入新闻的同时，也能体会到VR新闻和AR新闻在深入现场感方面的创新特色。

二、自主式的体验感

在VR新闻多场景重叠的可视化形态中，往往有较强的吸引力和沉浸感，受众进入主场景中时，开篇就展现在眼前的地图式综合索引信息就通过交互技术和拟真技术赋予了受众进一步进行自我选择的新闻自主权，受众可以自由体验不同场景不同时态下的新闻内容。相比于传统新闻由记者和编辑编写后呈现给受众，受众只能够作为一个接收者存在而言，VR/AR新闻给了受众更大的操作空间[③]。在央视“VR浸新闻”栏目的“VR暖故事”中，一则新闻中不

① 李晓燕、陈卓：《新媒介视阈下增强现实新闻报道传播效果探析——以2017年“两会”AR新闻报道为例》，《出版广角》2018年第2期。

② 邓强：《让报道跃然纸上　川报全媒体集群首推AR动新闻》，https://sichuan.scol.com.cn/fffy/201703/55844101.html，访问日期：2023年2月18日。

③ 线晨：《央视网“VR浸新闻”的叙事特征》，《传媒》2022年第18期。

同场景的并列呈现本身就打破了传统从一而终的线性叙事方式，而受众对场景的选择行为更是直接决定了新闻的叙事顺序①。相比于传统新闻中编辑对于新闻整体的把控，VR新闻创作者更多的只是对虚拟环境的搭建，而整个文本先后影响的主动权更多时候掌握在受众手中。在这一类新闻中，少了记者对于现场事件的自我观点输出，更多的是受众通过进入特定场景后自主完成信息的编码解码，自行探索感兴趣的内容，自行探索新闻事件是如何发展的。

在上文提到的《贵州花茅村："荒茅"山野绽放致富繁花》新闻中，受众点击开始体验的按钮之后，就来到了花茅村上空，可以通过展示画面全方面观察到村落的地理位置、整体风貌和建筑布局等，还可以通过下方一字排开的缩略图了解到哪些是可以深入探索的场景，由此受众在初始阶段就可以对这则新闻有一个整体的感知。"前往花茅村""走进党员群众之家""蔬菜大棚瞧一瞧"等导语构建了一个有着很强参与感的新闻现场，受众能够以第一视角去感知新闻报道中的人、事、物，并且通过自主操作满足自己对于事件的好奇心，从被动接收信息者变成了新闻的主动参与者。在后续的探索中，受众可以选择根据箭头指示逐步进入一开始就设定好的场景，也可以直接点击下方的场景缩略图进行随心跳转，既可以点击图中设定"去农家乐看看"正常进入下一个场景，也可以通过缩略图跳转前往"母先才陶艺馆"一探究竟。对于每个分场景，受众可以选择跟随页面的自动旋转来观察环境，也可以选择自己手动旋转场景放大或缩小来定位自己感兴趣的部分。除此之外，受众还可以根据自己的喜好播放AI机器人的解说，随时终止或切换正在播放的视频、图片、文字等信息。在整个新闻体验过程中，受众既是参与者，也是见证者，在虚拟搭建的场景中形成了一种超真实的存在感。

AR新闻通过它特有的交互性，促进受众参与到新闻体验中，在虚实结合的新闻场景中自主感受，产生情感体验和认知变化，从而形成感同身受的同理心。例如新华社联合网易新闻在国庆70周年时推出了《AR新闻大阅兵！来体验三款"大国重器"》的AR新闻，受众可以通过手机客户端亲手操控虚拟武器99A坦克、武直-10直升机和东风-31号导弹。这些武器装备做得非常逼

① 彭好宁、罗家稷、黄洪珍：《媒体深度融合背景下"VR+新闻"的探索与启示——以央视网"VR浸新闻"为例》，《新闻战线》2021年第20期。

真，受众仿佛就在现实空间中操控它们开炮，除此之外，受众还能够通过操控这些“大国重器”完成任务赢得荣誉勋章，进一步增强了新闻的趣味性①。受众通过自主选择操控，化身火炮手、飞行员等角色，甚至还能够在天安门广场接受检阅，在虚实结合的互动空间中参与阅兵仪式，这些都有助于受众体会作为军人的自豪感，从而对繁荣昌盛的国家充满热爱和感激。

在时政类报道中，AR新闻和VR新闻相比于传统新闻而言，有更强的趣味性和交互性。对于受众而言，这种新闻的在场感不仅强化了新闻阅读时的感官体验，也极大地拓展了想象空间，充分满足了受众自主掌控的诉求，完全沉浸式的体验很好地弱化了身份的虚拟性，进而形成了一种超真实的精神愉悦。在AR新闻和VR新闻传播中，作为传播主体的受众通过互动行为参与到新闻中的共同体验既是彼此产生情感共鸣的重要基础，也是达成新闻共识的重要保障。这些共同的经历和体验，最终都增进了受众对于新闻事件的共识，也增强了情感层面的共鸣。

第二节 疫情与灾难报道中的VR应用

VR技术应用于疫情与灾难报道中，可以立体地展现灾害状况及其影响，达到传统报道无法实现的多维感知效应，更容易使受众产生情感共鸣，激发抗击灾害的决心和勇气。

一、央视网的“疫”线VR报道

2020年新冠疫情暴发初期，央视网策划的“疫”线VR报道将触角深入到武汉的大街小巷，捕捉抗疫过程中的故事，使观众能够身临其境地感受到全

① 李盼君、刘世：《AR 新闻叙事建构的多重认同空间》，《青年记者》2022年第18期。

国人民齐心协力抗击疫情的力量感，仿佛与“白衣天使”和“城市逆行者”一同守护家园。该系列作品从2020年2月3日发布第一篇，至4月15日共计27篇，包括《建雷神山医院，看中国速度》《方舱女中医：“关门大吉”最开心》《武汉重启，黄鹤楼上楚天舒》等，并不仅仅是简单的VR场景展示，而是在全景中融入视频、音频、动画、文字故事等多样化表达，让读者不只身临其境，还能获得更丰富的观看体验及感悟反思。

（一）选题视角点面结合，共同描摹全民抗疫全景图

纵观“疫”线VR报道专题，其选题视角可谓是点面结合，宏大中不缺细节，严肃中不乏温情，聚焦内容包括雷神山医院的建造现场、前线医护人员的工作日常、武汉外卖小哥的忙碌一天，甚至一份盒饭的战“疫”之旅……其生动地展现了在社会各行各业群众的共同努力下，疫情下的武汉克服困难、努力运转的姿态，也为全国人民的抗疫注入了一剂强心针。不同于传统灾难报道对于受灾场面和灾情的侧重报道，此“疫”线VR报道以专题的形式展现了在抗疫过程中群众积极能动的一面，不仅有宏观的整个城市的抗疫姿态，而且还关注到了城市中每一个微小个体为抗疫作出的努力，描摹出一幅全民抗疫全景图。

（二）视窗型叙事逻辑清晰，生动呈现抗疫故事

“疫”线VR报道专题中每一个作品都可以看作是视窗型叙事结构，即观众按照作品下方提示的“场景选择”，依次进入不同场景进行新闻故事的探索，每一个场景都有各自的子主题，但场景之间又有一条线索将其贯穿引导，叙事逻辑清晰连贯。以《方舱女中医：“关门大吉”最开心》这一新闻作品为例，作品从“跟随援鄂医疗队员赵新芳的一天”为切入点，聚焦于呈现方舱医护人员的工作日常。作品下方的场景选择包括“出场介绍”“穿戴防护服”“准备入舱”“安排工作”“查房诊脉”“梳理病情”“八段锦教学”七个视窗，观众可以依照场景中的箭头指引按顺序进入下一场景，也可以直接点击切换自己想要体验的场景，灵活性高，体验感强。视窗型叙事模式最大的特点就是它将某一时空中的情景单元凝固在图像中，可以使观众提

前浏览每一模块的主要内容，然后如推窗观景一般挖掘每个场景背后的人物和故事。

（三）多种媒介各显身手，打好融合新闻组合拳

如果问“疫”线VR报道专题最大的亮点是什么，那一定是其报道内容的丰富性，以及综合的媒介技术手段与内容的相得益彰。首先，VR技术为观众提供了能够零距离看到武汉从封城到复苏、全民共同抗疫的真实场景，同时将我们没有机会接触到的场面如雷神山医院建造现场、方舱医护人员工作日常、抗疫志愿者的一天等呈现在眼前，仿佛自己也与大家并肩作战一样。其次，每一个作品中都有文字导读和箭头标志来为观众进行视觉引导，部分作品还有新闻人物的自述原声。在这些元素的辅助叙事下，观众能够对新闻故事背后的细节有更深入的了解，弥补了VR新闻叙述“全而不深”的劣势，也能使观众有更加丰富的观看体验和自主捕捉信息的快感。最后，“疫”线VR报道专题中很多作品还穿插有短视频和图片等链接作为叙事支线补充，观众在主线观看的过程中可以随时按照自己的兴趣深入支线进行探索，获得更加完整细致的信息。

总之，“疫”线VR报道专题不仅仅是VR技术的一枝独秀，更是多种媒介技术互相配合的一套组合拳。

二、纽约时报的灾难类VR报道

谈起VR新闻，纽约时报VR新闻客户端“NYT VR”2015年制作的第一部VR新闻纪录片《流离失所》（*The Displaced*）绝对是一个经典案例，该作品借助VR设备展示了饱受战争蹂躏地区的三个孩子一天的生活，通过他们的自述以及身临其境般的观察，观众得以沉浸式感受战争对于平民的生活带来的巨大影响，从而引起人道主义的批判反思。该VR新闻纪录片之所以被奉为经典，除了其在技术手段上的超前，更重要的是它所具有的人道主义内核、独特的切入视角、创新的叙事方式以及出色的视听语言等，这种种要素有机地结合在一起，共同塑造了这样一部优秀作品。

（一）选题视角以小见大，充满人道主义

战争与和平是人类共同关注的历史主题，关于战争带来的历史创伤与社会影响也一直是反复被书写、铭记的。《流离失所》这部VR新闻纪录片同样关注到战争后的余波，但却并没有用传统的宏大视角对灾难作全景式的呈现，而是将目光聚集到三个因战争而流离失所的孩子身上。通过对三个孩子日常生活的展现以及他们的自述，观众得以身临其境地感知到他们的生活状态与心理状态，同时可以通过共情这个“小”的角落去反思战争创伤这个“大”问题，充满了人道主义的温情。另外，这种以小见大的选题视角非常适合使用VR技术来呈现，因为VR技术的突出优势就在于沉浸性与互动性，观众在观看的过程中，以虚拟的在场身份零距离地接触每一个孩子的日常生活，并且可以进行多视角观察，获得私人化的多元意义解读。

（二）体验式非线性叙事，变换式内聚焦视角

在观看《流离失所》这部作品时，我们能明显地感受到其与传统新闻叙事方式的差别：它没有使用传统的线性叙事模式，而是将三位主人公的经历与自述打散重组，并以变换式内聚焦的视角让三位主人公分别出场讲述自己的故事。而观众可以在类似游戏的环境中体验甚至参与所发生的新闻事件，获得沉浸式的观看体验与自由的意义解读。而所谓“内聚焦”，即限知视角，普林斯对其的解释是“根据人物（知觉和感觉）视点或视角来传递信息的聚焦类型”[①]。这种聚焦类型叙事以第一人称或第三人称视角讲故事，内心活动通过同期声展现，使得观众站在主人公角度获得共情，跟随主人公的步伐慢慢探寻故事线索，使作品具有强烈的沉浸感和可信性，所以许多VR新闻作品都选择内聚焦叙事。

《流离失所》中有三位聚焦人物——Oleg、Chuol和Hana，叙述角度随着聚焦者的变化而变化。作品的第一个镜头开始于已变成废墟的教室里，11岁的小男孩Oleg一个人在黑板前写字；随后场景转换至一条小木船上，9岁小男孩Chuol手持船桨，缓缓将小船推入水中；然后黑色转场中一段字幕浮现，介

① 杰拉德·普林斯：《叙述学词典》，乔国强、李孝弟译，上海译文出版社，2011，第105页。

绍了该新闻纪录片的背景："全世界有近6000万人在战争和迫害下被迫离开家园——比二战以来任何时候都要多。其中有一半是儿童。这是一个关于他们其中三个人的故事。"之后是第三位主人公——12岁的小女孩Hana出场，夕阳下，她一个人望着眼前的难民营地出神。在主人公全部出场后，三人的自述和日常场景轮番呈现，观众在视点上不断跳跃变换，切换于三人的不同故事中，但他们的故事又始终围绕着一条中心线索——战争给生活带来的创伤。最终，在这种体验式非线性叙事、变换式内聚焦视角下，整个新闻故事变得丰满完整，观众也获得了前所未有的临场体验。

（三）视听语言营造真实情境，有力辅助叙事

除了选题角度和叙事方式，《流离失所》在视听语言设计上的亮点也是不容忽视的。依托于VRSE的技术支持，该片全景式展示了三位主人公的生活环境及日常活动，观众可以佩戴VR眼镜进行沉浸式观看，仿佛置身于主人公的旁边；如果没有VR设备，观众也可以拖动鼠标进行360°全景式浏览四周。在该片中，无论是孩子们蹲在地里摘黄瓜，还是难民们跑着去捡空投的食物，都被真实细致地记录了下来，观众好像成为他们其中的一分子。另外，观众还可以自己寻找和捕捉场景当中的细节，这种沉浸式的在场感是任何其他媒介无法达到的效果。

在自由度很高的全景视角和内聚焦叙事模式中，观众很容易被环境中的其他事物吸引注意力，从而失去主线的视觉方向，偏离新闻主题，所以《流离失所》安排了字幕和声音来引导观众的注意力。与普通视频新闻不同的是，由于VR新闻采用的是360°全景画面，所以为了保证观众在每个方向都能看到字幕，该片在360°画面中安排了3个字幕。同时，字幕不仅能够引导观众的视觉方向，也能为语言不通的观众提供基本的理解渠道，有力地辅助了整体叙事，达到了更佳的传播效果。

第三节 社会问题类VR报道

谈及社会问题类的VR新闻报道，最知名的新闻媒体之一，当属国内最早尝试“VR+新闻”报道实践的财新网。财新网不仅发布了国内首部VR纪录片《山村里的幼儿园》，而且其VR新闻技术更是与国际媒体不相上下。鉴于其重要性和意义，本节将着重分析该VR纪录片，通过将其与传统新闻报道和纪录片进行对比，探究VR技术在社会问题类新闻报道中的多元革新。

2015年9月，财新传媒在世界经济论坛新领军者年会（夏季达沃斯）及第四届“全球反贫困与儿童发展”国际会议上，举行了中国首部VR纪录片《山村里的幼儿园》的首映发布[①]。该VR作品以中国贵州铜仁市松桃苗族自治县大湾村的留守儿童为焦点，采用360°的方式呈现了新闻现场，展现了这些孩子的日常生活，在带给受众沉浸感的同时呼吁社会关注留守儿童的问题。

财新纪录片选题很大一部分与新闻选题是很相似的，也就是在原有新闻选题基础上结合VR的视觉呈现特点而综合确定，遵循“文字报道—视频报道—VR报道”三步走的逻辑路径[②]。该片是用革命性的虚拟现实技术，配合全新的视听叙事方法，带动观众深入体会优质的内容，并通过国际视角，向各国决策者展现中国全社会为解决留守儿童问题所作出的努力。拍摄对象包括留守儿童及如“山村幼儿园”等项目中致力于改善农村儿童教育和生活状况的志愿者教师[③]。

一、VR技术增强传统新闻内容真实性与客观性

传统新闻通过文字、图片或者有画框局限的视频等形式进行报道，对于新闻事实的展现和披露都是有限的、经过人为筛选的，因此在筛选的过程

① 邱嘉秋：《中国首部VR新闻纪录片〈山村里的幼儿园〉创作全录》，《传媒评论》2016年第4期。
② 邱嘉秋：《中国首部VR新闻纪录片〈山村里的幼儿园〉创作全录》，《传媒评论》2016年第4期。
③ 财新：《“国内首部VR纪录片”是如何炼成的》，https://qiujiaqiu.blog.caixin.com/archives/137329.html，访问日期：2023年1月30日。

中无法避免地带有一定的主观性。而VR技术的加入使得新闻现场的全景得以360°全方位被保留，虽然VR新闻也在内容上有一定的筛选编辑，但实景中的所有细节和环境背景等信息得以最大程度地保留，这在一定程度上大大提高了新闻内容的真实性和客观性。

在《山村里的幼儿园》中，受众不仅可以通过滑动手机屏幕360°来看孩子们生活的环境，还可以借助VR设备来观看每个场景的全景，受众只需要通过头部的上下左右移动就能看到该场景内的每个角落。陈旧的房梁和屋内的布局陈设就真实展现在观众面前，仿佛观众都走进了孩子日日夜夜生活的真实环境。

在观看VR纪录片时，用户可以随时按下暂停键，去观察并挖掘该场景内的更多细节，这使得观众仿佛置身现场，可以根据自己的观察力和感知度去进一步了解人物环境、事件背景等补充因素。作品中的一切真实展现带给观众的震撼感、代入感，是传统新闻报道难以在有限的篇幅内用文字、图片等形式一一进行详尽描述的，而VR技术的加入使得细节信息的大幅提升，极大地增强了新闻的真实性和客观性，丰富了受众的临场体验感。

二、VR技术突破传统影像视听语言与叙事

（一）影像突破空间叙事

一方面，在镜头的画面构图上，从画框内的平面空间变为无画框的三维空间。传统纪录片通过二维景框去建构镜头空间，受制于屏幕的四边框，而VR技术的出现让纪录片的空间没有了四边框的边界限制，观众借助VR设备就可以进入纪录片的虚拟空间，在虚拟现实中观众感知到的已经不再是屏幕的形式，体验到的是自己设身处地的现场[①]。对传统纪录片来说，画面构图属于一种视觉类艺术，要想获得最佳的视觉效果，就要从主次安排、动静关系、艺术线条和艺术造型等多个方面入手，强调画面的整体性、连续性和运动

① 杨智芳、林成骄：《VR纪录片的互动化空间叙事——以〈山村里的幼儿园〉为例》，《青年记者》2018年第21期。

性[①]。而VR技术的加入直接突破了这些标准和规则，当屏幕的四边框消失后，观众的视线限制也被随之抹除，视觉的无限延伸使得画面构图处于时时变化中，甚至可以说使镜头的构图消失，观感将随着VR技术的精进而无限靠近现实视觉感知。当观众戴上VR设备观看《山村里的幼儿园》时，会产生非常强的置身感和临场感，视野不再被屏幕的四边框限制成二维平面，而是仿佛自己走入了更加立体、全面的三维空间——孩子的家中，一转头就能亲眼看见孩子在画画、聊天。

另一方面，在镜头的视觉呈现上，传统的推拉摇移镜头变为360°的全方位镜头呈现。纪录片的传统叙事往往采用一套常规化的标准叙事形式，根据传统的镜头语言，形成一个既封闭又完整的文本结构。VR摄影机不再有推拉摇移镜头，也就没有了景别的区分，以往看到的远中近景特写等展示全部变为全景效果的展示，同时也没有了对焦的能力。观众被赋予了主观破坏封闭的叙事空间的特点，使用者可以自由选择视角、自由地在空间中移动，导演只能通过镜头空间的切换去引导观众从不同的视角去感受[②]。在纪录片的传统叙事方式中，不同景别的镜头有不同的内涵与作用，例如中景关注的是人或者物的动作，能比较清晰地看到人或者物的动作形态；而全景展现人的全身或者场景全貌，使观众看清人物形体动态以及人物和环境的关系。但在VR纪录片中，观众可随时通过放大或缩小画面来达到景别的任意切换，不同景别的作用和意义也因此被消解，景别的控制由制作者有意识地规划转变为观众随意地调整。但作者依旧可以通过镜头空间的切换来引导观众感知，例如片中同一个场景的对话被切分成多个镜头穿插在视频中，作者通过这样的编排来达到对于留守儿童孤独感、被忽视感的传达。

（二）声音引导剪辑过渡

在VR纪录片中，声音不再是画面的配合，而是占据主动引导地位。由于镜头的切换会使人产生眩晕感，因此VR纪录片不能进行蒙太奇的转换，只能利用淡出的

---

① 李鹏：《电视摄像中的画面构图艺术》，《记者摇篮》2022年第1期。

② 杨智芳、林成骄：《VR纪录片的互动化空间叙事——以〈山村里的幼儿园〉为例》，《青年记者》2018年第21期。

方式进行转场。蒙太奇的缺失让空间叙事的构建只能利用声音来引导空间的叙事推进[①]。例如在片中，第一个镜头两个小女孩在桌前画画逐渐淡出，转而切换到第二个镜头几个小孩一起玩耍打闹，此时在第一个镜头淡出前，环境音的蟋蟀声和小孩打闹的声音已先于镜头转换而传入耳中，声音在此转移了观众对于画面的注意力并过渡到下个镜头，使观众不会有太强的跳脱感和抽离感，声音在此起主动引导的作用。同时，除了UtoVR等拍摄支持单位，“留守儿童”中财新的录音团队由之前跟姜文合作《太阳照常升起》的声音团队、林可导演等组成，所以作品的声音效果很好[②]。因此，声音在该VR纪录片中引导了空间叙事的推进，弥补了VR纪录片在画面上剪辑过渡的缺失。

三、VR技术视觉追求消解深度叙事

《山村里的幼儿园》通过VR技术在视觉上的突破给观众带来了更多的真实性与临场感，并突破了传统影像的空间叙事，但同时这样的视觉文化转向也对深度叙事有一定的消解作用。

由于频繁的空间场景的切换，戴上VR设备的观众容易产生眩晕感，VR纪录片画面的组接更加倾向于空间的切换带来视觉的连贯与流畅性，而非内在的、深度的叙事逻辑关系[③]。在这个层面上，传统纪录片的深度视听叙事以及逻辑排列则更具优势。

简而言之，财新推出的VR纪录片《山村里的幼儿园》体现了过去由线性二维语言主导的空间叙事变为三维虚拟空间的互动化叙事，受众由旁观者变为亲身体验者[④]。这样的视觉技术突破在一定程度上将留守儿童这样的社会边缘议题以一种全新的、沉浸感极强的方式呈现在大众眼前，不仅加强了社会

---

① 杨智芳、林成骄：《VR纪录片的互动化空间叙事——以〈山村里的幼儿园〉为例》，《青年记者》2018年第21期。

② 财新：《“国内首部VR纪录片”是如何炼成的》，https://qiujiaqiu.blog.caixin.com/archives/137329.html，访问日期：2023年1月30日。

③ 杨智芳、林成骄：《VR纪录片的互动化空间叙事——以〈山村里的幼儿园〉为例》，《青年记者》2018年第21期。

④ 杨智芳、林成骄：《VR纪录片的互动化空间叙事——以〈山村里的幼儿园〉为例》，《青年记者》2018年第21期。

对于留守儿童及农民工父母的关注，从深层触达大众的心弦，更是技术理性与人文关怀的一次完美融合，为我们后续探索新技术下的新闻报道模式提供了信心与期许。

2016年1月4日，财新视频团队凭借该作品荣获2015搜狐传媒影响力“年度技术团队奖”。主办方评价该作品是“一次将深度调查报道转化为视觉的尝试，并以深化强感染力的VR表现手法进行内容作品的优质输出。勇于创新，风气之先”①。

第四节 文化娱乐类VR/AR新闻

近年来，文化娱乐和传承类新闻报道及电视节目都受到了一定的追捧。但由于受商业文化大潮冲击，以娱乐化新闻为主线的文化新闻报道定义削弱了其原有的文化价值，精英化、高品质的文化新闻传播内容则面临内容枯燥、形式单调，受众“敬而远之”的尴尬处境②。对此，许多媒体不断创新，融合AR、VR等多种技术手段，以不同的创新形式进行文化娱乐融合新闻报道，希望用受众更容易接受的方式，挖掘和展现文化内容的价值和深度，扩大文化的传播力。

一、VR互动H5新闻游戏《穿越刺桐城》

2021年7月26日，基于“泉州：宋元中国的世界海洋商贸中心”顺利列入《世界遗产名录》，福建省广播影视集团携手网龙网络科技发布了VR互动H5新闻游戏《穿越刺桐城》，让受众沉浸式感受拥有千年历史的泉州古城。

① 财新：《财新视频团队荣获2015搜狐传媒影响力“年度技术团队奖”》，https://weekly.caixin.com/2016-01-08/100897432.html，访问日期：2023年1月30日。

② 孙玉双、周涵：《浅谈当前文化新闻报道的尴尬现状及可持续发展的必然性》，《写作》2017年第13期。

《穿越刺桐城》游戏主创团队共花费120天，运用3D手绘技术深度建模，搭建了市舶司、文庙、开元寺等110座建筑以及22个申遗遗产点，复原了中国宋代福船、意大利三桅帆船等50多艘船舶，设计了国内外官员、商人和僧人等200多名人物。受众通过AI人脸融合、VR、地图定位等技术，以第一视角穿越回宋元时期的泉州刺桐城，寻找当时海上贸易典型的三件商品——“芳香的树叶（茶叶）”“云彩做的衣裳（丝绸）”和“白色的金子（瓷器）”，并在此过程中以娱乐轻松的方式了解宋元时期泉州刺桐城的历史和文化。下面将从几个方面对《穿越刺桐城》进行进一步分析。

（一）选题视角：寓教于乐的宋元古城文化传承

《穿越刺桐城》立足于福建泉州的宋元古城文化，以游戏的方式寓教于乐，让广大受众以第一人称视角，在游戏中穿越到宋元时期的刺桐城寻找当时海上贸易著名的三件商品，更加沉浸式、具象化地了解和传承古城文化。该游戏推出后，获得了超50万的点击量，不少受众通过该VR互动H5游戏了解到宋元古城文化，助力文化传承。

（二）叙事特征：多元叙事主体与动态性叙事结合

在媒介融合环境下，VR/AR融合新闻的叙事主体逐渐呈现主体多元化、身份去中心化等特征。叙事学家西摩·查特曼将叙述者分为三类：公开的叙述者、缺席的叙述者和隐蔽的叙述者[①]。在VR游戏《穿越刺桐城》中，叙事主体也呈现出多元化的特点，旁白的述说、游戏内不同人物的故事阐述构建起完整的事件，如雅各·德安科纳、市舶使和各国僧人等。受众在该新闻游戏中作为“穿越者”，以第一人称视角游历宋元时期的刺桐城，与不同的游戏人物进行交谈，以对话的方式获取相关的历史信息，同时伴有音乐、不同的画面场景，让受众玩家沉浸式地了解和传承文化。

过往的新闻大多以时间顺序的叙事结构来进行报道，遵循着“开始—发展—高潮—结果”的顺序，但在融合新闻时代，受众的注意力资源有限，

① 周子萱：《融媒体时代深度报道系列短视频的叙事研究——以澎湃新闻为例》，《西部广播电视》2022年第20期。

新闻也需要在短时间内抓住人们的眼球，因此单纯的时间叙事有时候是行不通的。《穿越刺桐城》便采用动态性的叙事方式，以海上贸易的三件典型商品为主线，通过在游戏中前往不同的场景、遇见不同的历史人物来收集三件商品，并在此过程动态性地了解宋元古城的历史文化，且在此过程完成作为“穿越者”游戏玩家的任务，让受众可以进行自主选择以及提高游戏的趣味性。

（三）技术呈现：VR等多项技术的沉浸式呈现

相较于传统新闻和一般的可视化数据新闻，VR/AR新闻运用了大量的虚拟元素，对“虚拟社会”和“拟态环境”全景式拟像，通过技术和想象制造出更加“真实”的虚拟现实，打造沉浸式临场感，显著提高了新闻报道的广度与深度[①]。在VR互动H5新闻游戏《穿越刺桐城》中，除了全篇运用VR技术，还有AI人脸融合技术和地图定位技术。AI人脸融合技术能够让受众玩家上传自己的美照，生成各自独特的虚拟形象，以此作为穿越者前往刺桐城；通过VR全景技术，受众可以360°旋转设备屏幕，全方位游览刺桐城；地图定位技术可以让受众玩家查看刺桐城的地图，随时浏览遗产点的简介。融VR等多项技术的沉浸式呈现，让《穿越刺桐城》新闻游戏更加具有真实感，打造出“超真实”的虚拟现实，受众可以沉浸式体验该游戏，以第一临场视角去发掘历史、传承文化。

二、AR新闻纪录片《文明》

2018年，BBC推出新版AR新闻纪录片《文明》（*Civilisations*），共9集，涵盖六个大洲31个国家超500件艺术藏品。纪录片主讲人是三位致力于普及艺术知识的公共学者——哥伦比亚大学艺术史教授Simon Schama，剑桥大学古典学教授Mary Beard，以及尼日利亚裔英国历史学家David Olusoga。

BBC推出与新闻纪录片《文明》同步使用的AR应用“Civilisations AR”，为观众提供近距离观看纪录片中展示的艺术品的机会。通过纪录片的

① 丁梦瑶、蒋建梅：《5G风口下VR/AR新闻的叙事生态》，《新闻世界》2020年第6期。

故事化深度说明与AR技术的可视化呈现，历史文化的氛围熏陶与美感体验要远远高于传统的文本。AR技术的使用让文化新闻报道更具互动性，更为直观有趣，让受众享受到一种“搜寻”的代入感。下面将结合新闻纪录片和AR应用“Civilisations AR”，从以下几个方面进行进一步分析。

（一）选题视角：注重文化熏陶与美感体验的文化传承

随着经济的发展和人们精神需求的提升，国内外在文化类节目方面都在不断创新。目前，关于AR/VR技术在深度报道领域的创新，国内外已经开展且有许多成功案例，而且其呈现方式也有多样化态势，比如AR纪录片、新闻游戏、AR图片动态等[①]。国内有如《中国诗词大会》《朗读者》等文化类节目，大量采用诗词、书信、经典影视作品等文化要素，意图在喧闹浮躁的媒介传播领域为人们带去思维上的一股清流，让人们重新展现与表达新时代的个体生命体验[②]。国外则有如AR新闻纪录片《文明》等文化类作品。在纪录片《文明》中，从第一集大量讲述三星堆文化、玛雅文明，第二集讲述中美洲的文明到第九集……均用优美准确的文字描述着超500件艺术品，并结合AR应用软件“Civilisations AR”，受众可以更加沉浸式、超真实地观看，注重对受众的历史文化熏陶和美感体验，让受众以更加轻松沉浸有趣的方式传承历史文化。

（二）叙事特征：权威叙事主体与超线性叙事相结合

何纯在《新闻叙事学》中认为，对新闻叙事应该从四个层面进行研究：叙事声音、叙事语法、叙事话语和叙事接受[③]。其中叙事声音指的是叙事主体。在AR新闻纪录片《文明》中，一方面叙事主体具有权威性，三位纪录片主讲人在艺术方面具有很高的学识和社会认可度；另一方面，除了三位主讲人外，还有被物化了的“叙事声音”。即在VR/AR新闻中，设备连接的机器终端取代了原始的新闻讲述者，机器设备构成文本“硬”叙事的主体，物化成

---

① 董卫民：《沉浸式新闻（VR/AR）：演进历程、创新路径及行业影响》，《未来传播》2021年第4期。

② 郭耀华：《透视媒体文化报道的怀旧现象》，《新闻实践》2010年第10期。

③ 何纯：《新闻叙事学》，岳麓书社，2006，第10页。

叙事者的“叙事声音”的一部分[①]。在AR应用“Civilisations AR”中，受众打开应用软件后，通过点击、滑动屏幕以及移动手机便可以全方位观看纪录片中讲述过的藏品，此时终端机器也成为叙述主体，配合权威的叙述主体一同讲述新闻内容。

《文明》作为纪录片，叙述方式主要以时间顺序为主，但结合AR应用，其叙事超越了简单的线性叙事。受众在观看纪录片时，主要按照时间线来了解各国各个时期具有代表性的艺术藏品，但在AR应用软件上浏览时便可以跨越时空的限制，可自主选择自己感兴趣的、想优先深入了解的艺术品。这种通过权威人物+机器叙事主体与超线性叙事相结合的方式，能够让受众在了解文明的大体全貌后，有选择地深入了解对自身更有吸引力的作品，有助于提高受众对藏品的兴趣与喜爱，有利于文化以受众更愿意接受的方式传承下去。

（三）技术呈现：超越传统文本的AR视觉化沉浸呈现

保罗·莱文森指出：“一种媒介的存活系数，与前技术的人类交流环境的接近程度有直接关系。一切媒介的进化趋势都是复制真实世界的程度越来越高，其中一些媒介和真实的传播环境达到了某种程度的和谐一致。”[②]随着技术的发展，人们利用AR技术将真实的世界复制出来，形成各种超真实的场景。在《文明》的AR应用软件中，主要运用AR技术，受众通过手机设备便可以全景式、沉浸式、超真实地浏览纪录片中所讲述到的艺术藏品。得益于AR技术，艺术品的呈现方式超越了传统文本，打破了固有的时空限制，减少受众通过脑补的二次加工，而是视觉化、全方位沉浸式地将藏品呈现出来，给受众带来直观的视觉体验以及强烈的感官刺激，也有助于受众更加细致及全面地了解相应地历史文化。

随着技术的发展与成熟，VR/AR技术运用到新闻报道的情况越来越多，但从整体来看，技术运用较为成功的媒体或案例并不多，且主要是体量较大的媒体机构，因而VR/AR新闻报道的普及率并不高。但其实，无论是国外还是国

① 丁梦瑶、蒋建梅：《5G风口下VR/AR新闻的叙事生态》，《新闻世界》2020年第6期。

② 保罗·莱文森：《莱文森精粹》，何道宽译，中国人民大学出版社，2007，第35页。

内的媒体，虽然没有放弃VR/AR新闻，可受制于制作成本、周期等现实问题，VR/AR新闻的应用与普及进程没有发生大的变化。尽管诸如BBC等国外媒体、我国国家级媒体以及部分有实力的省级电视台如浙江卫视、湖南卫视等陆续推出了一些优秀的VR/AR作品，但它们只是局部的，在整个大局看来，它们只有一些小成就，并不能说明VR/AR新闻的应用取得了革命性的进步[①]。但VR/AR新闻通过恰当的叙事带给受众的沉浸式体验感和冲击力，暂时无法被任何媒介形式替代，依然拥有较好的前景。

① 梁潇：《虚拟/增强现实技术在新闻报道中的应用与前景分析》，《西部广播电视》2021年第14期。

第八章
新闻游戏案例研究

新闻游戏不是将新闻和游戏进行简单结合，而是两者呈现出互补的关系，新闻事实是基本的内容支撑，而游戏元素是新闻报道增加吸引力和互动感的方式，其目的还是增强新闻报道的传播力①。

早在计算机出现之前，人们就开始运用新闻游戏对于传统新闻报道进行补充，新闻与游戏的结合最早可以追溯到1895年法国报纸刊登的数独游戏以及20世纪20年代美国报纸的交叉填字游戏，但是这时期的新闻游戏由于缺少计算机应用，缺少传播性和智能化效果。计算机出现和广泛应用之后，新闻游戏迎来了新的发展机遇，国外媒体对于新闻游戏的尝试开始于2003年弗拉斯卡等创办的Newsgaming.com网站和随后推出的两款具有评论性质的新闻游戏，随后BBC、半岛电视台等媒体在2013年之后陆续开始对于新闻游戏形式和内容设计的新尝试②。国内媒体对于新闻游戏的应用起步较晚但发展迅速，2014年媒体融合上升至国家战略的地位之后，中央和地方媒体开始部署“两微一端”的发展布局，以《G20小精灵GO》《大会堂漫游指南》等为代表的首批新闻游戏作品获得关注，学界对于新闻游戏的研究也如火如荼③。新闻游戏的出现集中体现了移动互联网时代的传播特性，成为融媒体报道的一种新形式。

“新闻游戏”的概念最早是由乌拉圭游戏设计师冈萨洛·弗拉斯卡提出的，他把新闻游戏定义为基于新闻事件改编为内容的游戏，它改变了原本取材于幻想的游戏内容，而变成为取材于真实的新闻事件④。国内有学者提出两类新闻游戏的概念，一种认为新闻游戏是与新闻报道之间存在联系的一种严肃游戏，另一种认为新闻游戏是作为新闻报道本身的一部分，通过程序修辞和游戏化的方式来具体化呈现新闻事件⑤。

本章着重探讨的是新闻范畴的新闻游戏，该范畴内的新闻游戏以新闻事实为核心，通过场景化的构建和游戏化的叙事策略服务于新闻报道本身，开

① 陆茜、刘冰：《新闻游戏：新闻与游戏共生的可能性》，《青年记者》2020年第33期。
② 王婧雯、雷建军：《游戏化的新闻：数字新闻业的边界互动与逻辑协商》，《编辑之友》2022年第1期。
③ 曾祥敏、况一凡：《新闻游戏的特征和题材创新再探析》，《青年记者》2022年第15期。
④ 张建中、王天定：《迈向新的媒体融合：当新闻遭遇游戏》，《现代传播》2016年第11期。
⑤ 潘亚楠：《新闻游戏：概念、动因与特征》，《新闻记者》2016年第9期。

启新的新闻叙事和新闻生产模式，丰富新闻报道的呈现方式。新闻游戏的划分并没有严格的标准，本章对于新闻游戏进行分类介绍，旨在通过对于新闻游戏典型案例的分析增进对于新闻游戏的理解，从而为新闻游戏的传播和发展提供创新策略。本章对于新闻游戏的分类标准按照新闻游戏的内容特点，将新闻游戏主要分为时政类、历史类、社会热点类三种类型，并对应相关的新闻游戏产品选取典型案例进行具体分析。

第一节 时政类新闻游戏

时政类新闻游戏是指以时事政治为主要内容，通常是最新报道的、与人民大众生活息息相关的时政新闻进行新闻游戏化的呈现，内容上相较于其他的娱乐类和文化类等新闻游戏在特点上更加具有严肃性和严谨性，形式设计方面更加注重在与内容方面相互契合的基础上进行一定程度的创新，包括报道形式、叙事模式、交互设计以及传播方式等方面的创新和改良，提升时政类新闻的传播力和影响力。

在形式上，时政类新闻游戏经常以创意H5作品的形式出现，其制作目的主要是针对国内和国际的时事政治新闻，运用创新形式和融合方式实现更大范围内传播，展现国家在政治、经济、军事等多个方面的变化和发展以及所取得的突出成就。同时，时政类新闻游戏借助于网络社交媒体，使得新闻在更广泛范围内得以突破地域和语言的界限，以更加生动有趣又易于接受理解的方式实现传播，在世界舞台上展现中国强大的国家形象，提升中国的国际影响力。

《二十大报告@你》是由央视网和网易新闻联合制作的创意H5作品。该作品以党的二十大报告为内容核心，重点着眼于中国新时代十年的发展变化和伟大变革，展现人民生活的改善和生活质量的提升，以及中国在十年发展中所取得的伟大成就。

一、报道形式

《二十大报告@你》这一创意H5作品融合了图文、音频、动画等元素，使得报道形式更加立体化和多元化。整体风格为手绘漫画，首先通过几张图片的快速翻阅呈现中国近十年来取得的伟大成就，而后进入长图漫画部分，重点呈现十年发展之后的今天中国人民生活的日常景象，以文字的形式呈现出十年发展的巨大变革部分。图文融合的形式使得画面整体更加协调，画面所想要传达的内容也以更加生动形象和准确严谨的方式进行传递，以黄色发光形式凸显可点击选择部分供用户自主选择关心的民生领域，最后生成用户民生关注领域的报告。而这一报告能够与党的二十大报告相互对应，体现党的二十大报告中对于民生领域的全面覆盖和积极关注，自动生成的设计使得受众在浏览创意H5作品中所感受到的互动性和参与感更强。从开头翻日历时候配上的书本翻页声音，到浏览长图漫画过程中出现各种现实生活音效例如鸟鸣声、鸣笛声、上课铃声、流水声等，到选中图片时候的点击音效，这些与画面相对应的音效不仅起到了烘托氛围的作用，而且起到拓展动画视觉空间的作用，使得受众对于创意H5作品的沉浸感和代入感更加强烈。

二、交互设计

《二十大报告@你》中互动环节清晰明了，互动操作方便快捷，扫码进入创意H5作品之后，首先展示近十年新中国发展的伟大成就，而后按照操作指南向左滑动动画，根据兴趣选择点击发光区域，最后根据用户选择的民生关注领域生成用户个性化“二十大报告”，生成报告的便利性和个性化增强了用户对于创意H5作品的体验感和参与感。《二十大报告@你》的长图漫画所呈现的都是与人民息息相关的生活场景，用户在进行浏览时出于对于场景的熟悉感能够获得更加身临其境的体验，“向左滑动”的解锁体验和用户可以自行选择画面停止，能够使得用户掌握浏览主动性的同时增强用户的互动性和体验感，画面右上方的小音箱按钮能够让用户根据喜好选择背景音乐的开关，画面左上方出现“结束选择”和“点击查看自己选择”两个选项，能够帮助用户获得对于整个创意H5作品的掌控和主动权，也能够保证用户最后生成报告的准确性和真实性。一系列设计增强了创意H5的交互式体验，使得用户更有主动性参与到创意H5之中。

三、叙事策略

《二十大报告@你》在叙事上的创新主要体现在，叙事视角上采用第一人称“我”的视角进行，标题中的“二十大报告@你”暗示着此创意H5作品叙事视角的独特，整个H5的动画场景设置给用户带来沉浸式体验，作品设计中向左滑动、点击发光区域、点击查看自己的选择和结束选择等选项的设置增强了用户在创意H5产品体验中的主体性和主动权，配以音效，给予用户以视觉和听觉上的双重体验，改变了传统新闻报道中旁观者的报道视角，以第一人称感受十年间中国的变化发展，增强了用户的参与感、主动性和体验效果①。

另外，《二十大报告@你》的叙事风格独特。相比于往常的党报和主流媒体在对于“两会”的传统新闻报道中多采用严肃认真的书面化风格，《二十大报告@你》凸显出“口语化”的特质，在叙事风格上更加生动活泼和平民化，解构了传统党媒对于重大国家事件报道时候的严肃、单一的叙事风格。比如加入人民的日常生活对话和日常生活中能够出现的音效搭配，通过视觉和听觉的还原使得H5中的场景设置更加贴近人民群众熟悉的日常生活景象，用户在体验H5过程中能够更加真实地感受党的二十大报告中的内容对于生活的具体改善，而以真实场景为基础进行手绘漫画的形式，无论是人物形象还是人物语言表达方式在动画中都显得更加生动，这种创新的叙事风格不仅不会消解主流媒体的权威，反而能够获得用户的喜爱和关注，吸引用户的参与。

---

① 陈凯娟、赵宇晗：《新闻游戏：虚拟空间中的时政新闻叙事重塑——基于2015—2019年“两会”报道的研究》，《西部广播电视》2021年第5期。

四、传播方式

《二十大报告@你》是由央视网和网易新闻联合制作的创意H5作品，并且以合作媒体平台进行发布，央视网和网易新闻合作互推，充分发挥两个媒体的平台优势和话语影响力，运用微博、微信、公众号等多种社交媒体渠道，使得这一创意H5作品的传播范围更加广泛。《二十大报告@你》的内容本身具有一定的话题度和关注度，将“二十大”这一严肃的新闻议题制作成具有交互性的创意H5，以丰富多彩的长图漫画形式和先进的交互设计以及创意的叙事视角，使得党的二十大报告更加形象直观，吸引用户参与H5。同时在H5最后生成个人报告之后，用户还能够通过长按生成相关H5测试内容包含H5二维码的长图，方便用户对于这一创意H5产品进行扩散分享，接收的用户能够通过扫描二维码的方式参与到H5之中，不仅能够引发关于H5的话题讨论和关注，而且形成对于H5的二次甚至多次传播，降低了H5的参与门槛，扩大创意H5作品的传播度和影响力。

第二节　历史类新闻游戏

历史类新闻游戏往往抓住某个新闻由头，以真实历史事件改编，大多数会采用微观叙事的形式，带领用户亲身经历某一具体历史事件，用户可以扮演游戏中的某一角色，通过自己的选择抵达不同的历史结局。这种强互动性的新闻模式往往会让用户产生较深的印象，从而达到传递某种价值观，反映某种社会主题的目的。以下，便对《重走长征路》《逃跑人的日常》两个历史类新闻游戏进行具体的阐述。

一、《重走长征路》

《重走长征路》是由共青团中央为纪念长征80周年推出的一款历史类的新闻游戏，该游戏以红军长征为历史背景，让用户亲自经历老一辈红军走过的漫漫长征路。用户在游戏中成为长征队伍中的一个小红军，通过自己的选择来沉浸式体验长征一路上的艰难险阻，其中包括“强渡大渡河”“巧渡金沙江”等重要情节，还能体会到红军行军途中与各地乡民的深厚情谊。该新闻游戏的互动性和玩家自主性较强，玩家的选择随时决定着小红军的结局和命运。此外，该游戏制作较为精美，视觉和听觉上会带给玩家沉浸式的体验，解说文字妙趣横生。用户在该游戏中既能被艰难与温情打动，又能被文字和动画的幽默所感染。

作为一款图文形式的冒险类游戏，带领我们用游戏过程领略红军长征路上的点点滴滴，在场景美术、关卡设计、音乐设计、传播效果上颇具特色。

（一）场景美术

这款游戏在场景和美术设计上具有鲜明的特色。手绘风格的插图和插画，让仅有黑白照片的历史史实更加具象和鲜明化。这款游戏制作精良、细节考究。游戏中的路线选择界面，利用银色半透明边框框选文字，可以说是十分高级。背景的仿古地图色调在简洁的同时给人一种古朴的质感，凸显万里长征所处的背景年代。地图中要素分明，设计简约，红色边框搭配黑色线条，为我们标示出长征出发前中央苏区的大致范围与对抗形势，为接下来的剧情走向埋下伏笔。同时从地图中可知，此处地处江西与福建的交界处，是革命老区所处的位置，其中的山峰标识代表了此处层峦叠嶂，交通不便。这份地图还交代了目前红军的抗争形势，交代了进行长征的合理性和必要性：第五次反“围剿”失败后，中央主力红军为摆脱国民党军队的包围追击，被迫实行战略性转移，退出中央根据地，进行长征。

这款游戏的美术亮点在于增添了众多风格特异的插画。这些插画以2D视角切入，但对人物形象的刻画与塑造却十分丰满。以红军过草地的插画为例，草地蓝天交代背景，一位红军战士坐在画面中央，光着脚丫，脚上的水疱让人揪心。这种插图更形象化地描绘了红军过草地时的艰苦环境，更能彰显长征的伟大与重要意义。这种图画意象虽然没有真实照片那样的说服力，但在游戏场景中，能统一画面风格，增强美术上的统一性，也让游戏的整体画面更加具有美感。

（二）关卡设计

这款游戏的关卡设计十分考究。作为一款拥有多条叙事线以及多种结局的互动游戏，结合历史事实，让玩家亲身体验其中，代入感很强。进入游戏，直接面临路线的选择，离开中央苏区转移？跟着中央红军开始长征？北上支援还是西征？还是留守苏区？选项的不同会影响到未来的生死存亡。这种不同选项引导不同的故事走向的设计在制作精良的单机剧情体验游戏中很常见，但是在红军以及长征题材中遇到还是第一次。这种新鲜感会引领玩家继续游玩。在游玩的过程中，玩家会根据选择，体验到真实的历史时刻，将自身带入其中，游戏性很强。在一次次选择中，玩家会体验不同的故事走向，从而获得不同的长征体验。游戏设置了五十多个不同的结局，玩家可以通过不同选择体验不同路线，从而获得耳目一新的体验。这种交互式的关卡设计，在富有创新性的同时，增强了可自定义性，增加了可玩性，令其传播效果倍增。

（三）音乐设计

音乐设计是游戏中非常重要的一环，音乐在游戏中的作用不可忽视。游戏音乐是一种让游戏的背景和环境更加丰富的因素，也是对玩家的心态和情绪造成影响的重要因素。不同的音乐对环境有着不同的衬托效果。《重走长征路》的游戏音乐气势恢宏，符合其军事政治题材的设定，为玩家展现了波澜壮阔的斗争场景。这种音乐要素在游戏中随处可见，丰满而不失合理性，创新又不失多元。在主旋律万丈豪情的同时，在部分游戏桥段又不失精致细腻，利用配乐烘托气氛、拿捏到位。这样的音乐设计使得玩家更能沉浸在游戏的内容之中，对气氛的烘托往往能更上一层楼，与多线剧情相得益彰，让其表达的主旋律及传播效能最大化。

（四）传播效果

优良的场景美术设计、气势恢宏的背景音乐、多线程的关卡设计，让这款游戏在传播效果上表现十分优秀。历来红军长征题材作为游戏形态展现在玩家眼前的机会少之又少。作为第九艺术，游戏的互动性、临场感突破了次元壁，打通了开发者和玩家之间心灵沟通的渠道，能将内容直截了当地传递到玩家的手中。这是传统媒介无法比拟的。游戏玩家多为接触互联网较多的年轻群体，通过这一渠道宣传长征、歌颂长征精神，不仅把握住了时代的潮流，同时还会吸引年轻人群体，扩大受众，令传播范围以及传播效果更加广泛。这款游戏的多线程关卡设计能让玩家亲身体验到红军长征的更多、更丰富的细节，了解先辈们的努力，达成一定的爱国主义教育效果。这种游戏的可重复体验机制能更加完整地呈现历史事实，同时趣味性丰富，玩家能够乐在其中地体会历史、感受历史，比传统的说教以及图书音像制品更能打动广大年轻人和游戏爱好者的心。

二、《逃跑人的日常》

《逃跑人的日常》是网易新闻与橙光游戏为纪念世界反法西斯战争胜利70周年联合制作的一款逃生类新闻游戏，该游戏讲述了士兵逃离战俘营，追求自由的故事。用户在该游戏中化身为英军小兵，体验二战时期各种被隐秘的历史。用户可自主选择不同的路线和方式逃出战俘营，从最简单的直接穿越边境防线抑或向东走，前往苏联广袤而遥远的土地上。

该游戏以第二次世界大战中众多士兵被关入战俘营为背景，以黑白为主色调，氛围压抑，让玩家经历一次战俘逃亡，体验当年前线的血雨腥风，面临着比一般士兵更大的危险，也感受着战争中那些琐碎的、不为大多数人所知的历史痕迹。该游戏具有一定的反战思想，传达了人性与自由永存的价值观，所反映的历史问题引人深思，也启发着生活在和平年代的我们检讨战争的危害。

（一）深刻的历史背景

第二次世界大战中，由于轴心国和同盟国交战激烈，先后有众多士兵被关进了各式各样的战俘营。尽管根据国际法的规定，战俘应该被善待，但在当时的社会环境和战争背景下，各国难以保障战俘的人身安全和健康。在这个时期，有大量战俘被迫逃亡，但逃亡之路往往并不顺利，跳过了战俘营的围墙，等待他们的是交战区的炮火、敌占区的排查，甚至是来自友军的盘问，能突出重围，幸存并回到安全地带的战俘少之又少。在这样的环境下，《逃跑人的日常》为我们展现了一个无名小卒逃亡的故事，带领人们亲身感受战争的残酷。游戏中灰暗的地图、阴暗的界面，透露出主角逃亡的艰难，在比一般士兵更大的风险之下，一块块战争中细碎的拼图逐渐组合，为我们揭开了战争的阴影和序幕。尽管二战距离我们的时代已经十分遥远，但是这一段战争记忆通过游戏的方式呈现，让人重温历史。

（二）震撼的多重结局

《逃跑人的日常》的关卡风格和结局设定颇为用心，玩家作为一个小小的战俘，在逃亡之路上游走，每经过一路哨卡或者遇上一伙敌军都会触发玩家选项，玩家不同的选择决定了游戏最终的结局走向。游戏一共设置了80多种截然不同的结局，但总的来说无外乎两点——生存或是死亡。每一种结局都是沉重的，作为一名基层小兵，成为战俘之后更加微不足道，面对敌军的围剿以及战场的洗礼，逃亡之路并不总是充满着斗志，也充满了背叛和威胁。就是这样一款游戏，将战争、历史、人性的种种表现加以深入刻画，配以多线程而又引发深思的结局，向我们描绘了战争中社会的复杂以及战争中个人命运的难以捉摸，最终引导玩家产生反战情绪，达到游戏所期望的宣传目的。

（三）积极的传播价值

作为世界反法西斯战争胜利70周年的纪念作，《逃跑人的日常》是为了让我们不忘记那段岁月，谨记战争的残酷，反思战争，反对战争。利用互动叙事游戏这一特殊媒介，玩家可以从中获得历史知识、补充历史观点、拓展历史视角。游戏的开放式多线程结局能够一次性带领玩家体验历史中真实发生的不同的逃亡事件，体会在当时的历史及社会现实条件下自由的重要性。玩家在带领主角追寻自由的过程中目睹多个真实发生的历史事件，用互动的方式真实感受，给受众更大的精神和感官上的刺激，从而达到宣传目的。对于战争的反思、对于战争期间底层人生存的艰难与残酷，这款游戏都有着深刻的思考与表达，其中传递情绪和观点的方法能让玩家拥有更多的参与感和历史感。一如游戏的制作者所要表达的：“今天，我们不需要用什么仪式回应历史，而是重返那段岁月，检讨战争发动的原因，去体味战争给我们人类带来的苦难。在这里，没有所谓的战胜国和战败国，只有人性和自由永存。”历史事件和新闻结合、新闻和游戏结合，游戏更深刻，新闻更有趣，这种尝试在游戏技术和互联网如此发达的今天，是值得肯定的。

第三节　社会热点类新闻游戏

社会热点类新闻游戏往往会在重大活动或赛事前后推出，旨在利用互动游戏的形式让用户体验与活动相关场景，增加用户对相关背景知识的了解，从而为活动的开展进行造势。一般而言，社会热点类新闻游戏具有较强的时效性，但在剧情性方面有所欠缺。下面选取2022年人民日报在北京冬奥会期间推出的《2022冰雪动物城》和新华社为迎接党的二十大出品的《高精度复刻丨VR全景看新时代之美》两个作品作为典型案例展开分析。

一、《2022冰雪动物城》

2022年北京冬奥会期间，人民日报新媒体客户端与抖音联合推出H5小游戏《2022冰雪动物城》，用趣味性较强的互动新闻产品为冬奥赛事的举办营造良好氛围，带动更多人参与冰雪运动。在该作品中，玩家可化身不同的卡通动物角色，逐一体验单板滑雪障碍追逐、花样滑冰、冰球、冬季两项和高山滑雪五个冰雪项目。即使是从未接触过冰雪运动的人，也能通过在手机屏幕上动动手指玩游戏的方式，了解更多的冰雪运动知识，隔空感受冰雪运动的魅力，从而更好地为冬奥健儿们加油助威。

（一）叙事创新

在新闻游戏叙事中，新闻不再是单纯的事实报道，而是以新闻事实为基础，吸收游戏的可玩性特征所形成的新叙事形态①。因此，新闻游戏意义的输出离不开玩家的高度参与。只有玩家通过操作游戏所提供的符号系统，主动探索游戏所预设的充满可能性的叙事空间②，并产生认知或行为上的改变，新闻游戏的功能与作用才得以彰显。《2022冰雪动物城》是一款以科普冰雪运动知识为目的的趣味H5小游戏。该作品采用一种流动的、开放式的新闻叙事模式，为玩家提供了体验5个冰雪运动项目的机会。当游戏进度条加载完毕后，呈现在玩家面前的是一幅冰雪项目地图，包括单板滑雪障碍追逐、花样滑冰、冰球、冬季两项和高山滑雪五项。玩家点击项目下面的“挑战Ta”按钮后，便会进入具体的游戏项目中。每个游戏项目开始前，会有操作说明指导玩家，而后自动进入倒计时。比赛完成后，系统会根据玩家得分情况进行排名。当一个项目体验结束后，玩家可以重新再玩一遍当前选择的体验项目，或进入其他游戏场景。这种设定打破了传统新闻游戏的线性叙事模式，给予了玩家一定的选择自主权。玩家可以按照个人偏好打造专属的游戏叙事路径，通过对这五个冰雪项目的体验增进对冰雪运动技巧知识的了解。

---

① 苏日古嘎：《融合语境下的新闻游戏：叙事策略及其阻碍性因素》，《南方传媒研究》2022年第6期。

② 刘涛、曹锐：《程序修辞：游戏研究的修辞学范式》，《新闻界》2021年第1期。

（二）交互设计

玩家对新闻游戏的趣味感知和参与程度尤为重要，甚至在一定程度上决定了一款新闻游戏产品的成败。这就需要新闻游戏的设计者具备“产品思维”，从用户角度出发思考游戏设计，并在体验上强调“利他性”[①]。《2022冰雪动物城》的交互设计看上去与其他H5小游戏并无二致，但其实五个冰雪游戏项目的玩法设计各有巧思。设计者希望玩家通过熟悉不同的游戏操作，了解所体验项目的技术要点与难点。在游戏正式开始前，专门设置了相应的讲解动画为玩家介绍具体操作。讲解动画播放完毕后便进入有声倒计时，最大程度为玩家还原冬奥选手站在赛场上的紧张感与刺激感。在“单板滑雪障碍追逐”篇，玩家需要通过单击起跳越过障碍物，双击则可以触发空翻动作并获得加速。在“花样滑冰”篇，玩家需要沿着画面的特定轨迹画线，从而使动物角色做出旋转、跳跃、转体等技术动作。在“冰球”篇，玩家需要躲避守门员的防守，寻找合适时机通过手指滑动冰球完成射门。在“冬季两项”篇，玩家需要利用手机重力感应即左右旋转摆动手机进行瞄准，并点击任意位置完成射击。而在“高山滑雪”篇，玩家则需要在手机屏幕上左右滑动，使动物角色穿过旗门、快速到达终点，同时须按照比赛规则在旗门中穿过，如果错失旗门便会导致完赛用时延长。五个项目玩法虽然各不相同，但都属于简单操作，且单项游戏的时间不长。当用户熟练掌握这些操作并能够在游戏中取得较高分数，那么他们在观看冬奥赛事时也会更加容易理解比赛设施、项目规则、评分标准等。

（三）制作亮点

在角色设计方面，《2022冰雪动物城》中每一个冰雪项目都有不同的动物角色作为“代言人”。设计者在充分考虑项目特点和角色人设的基础上，为每个项目安排了相应的卡通动物角色。例如，在以灵动、轻盈为特点的花样滑冰项目中选择了小白兔代表参赛，在以速度、敏捷著称的高山滑雪项目

① 余荣华：《新闻游戏型互动产品：让有意义的内容更有意思》，https://mp.weixin.qq.com/s/RClnqQCBfiWt1QdBDNxnUQ，访问日期：2022年12月20日。

中选择让灵猴出战，在要求力量、精准的冬季两项中安排了东北虎参与竞技。

在美术风格方面，《2022冰雪动物城》整体以水彩中国风为主，并融入了一些颇具中国特色的元素。作品主色调是冰雪白，雪山中坐落着长城、中式庭院及寺庙，更有“冰丝带”“玉如意”“冰玉环”等北京冬奥场馆现身，使得游戏画面不显单调，细节内容更加丰富。与此同时，配合北京冬奥的举办时间——虎年春节，各个动物角色的衣着打扮也都很有“年味儿”，如大熊猫戴着虎头帽，东北虎手举“福”字，灵猴挑着一串鞭炮，小白兔双手捧着红包等。此外，游戏背景中还有火红的灯笼和苍翠的松柏点缀，不仅增添了作品的视觉亮点，也营造了浓浓的节庆氛围。

（四）传播效果

游戏的突出特征之一是通过给予玩家激励，使其获得身心愉悦，从而增加在游戏上的投入时间并促进玩家的主动分享行为。新闻游戏往往也会设置一定的激励手段，例如让用户挑战特定任务以获得成就感，或者通过组队、排名等方式将用户的情感激活，为实现裂变式传播进行铺垫。《2022冰雪动物城》设置了积分与排行榜，同时还有颁奖环节，可以让用户体验到获奖的满足感。在作品发布后的两小时内，排行榜上就有超过一万积分的选手出现，足见玩家对《2022冰雪动物城》的喜爱与热情。

二、《高精度复刻｜VR全景看新时代之美》

《高精度复刻｜VR全景看新时代之美》是由新华社于2022年10月15日推出的创意H5新闻游戏产品。作品以“数字孪生”技术高精度建模复刻出我国9个大国工程，并用轻量化的创意互动游戏形式，让用户以第一视角沉浸式体验新时代十年成就，从社会面为迎接党的二十大胜利召开营造浓厚氛围。该游戏的设定是，用户驾驶着“新时代号”飞行器身临其境般探索9个大国工程，每个场景结束后会自动生成一个数字藏品，集齐9个场景可兑换一个限量版“新时代之美”数字徽章。

（一）叙事创新

从叙事结构上来看，《高精度复刻丨VR全景看新时代之美》采取多空间并置的非线性叙事结构，旨在打造用户主导下的互动式、沉浸式、体验式报道，让用户的参与成为解构新闻文本的重要推动力①。具体而言，该作品打破了传统新闻叙事的固定空间限制，将《通途之美》《速度之美》《乡村之美》《港口之美》《深海之美》《探索之美》《天宫之美》《探月之美》《火星之美》9个场景进行并置处理，既拓展了报道的意义空间，同时也丰富了用户对作品文本的感知维度。每个游戏场景都是一个独立的叙事空间，用户能够自主选择叙事路径、把握叙事推进节奏，驾驶飞行器自由探索各个目的地并收集数字藏品。由此，报道也实现了不同场景间的自然衔接与流畅过渡。

从叙事文本上来看，《高精度复刻丨VR全景看新时代之美》的叙事文本将多媒介形态相融合，使得新闻叙事更加生动可感。在该作品中，文字、图片、动画、音乐、视频等多媒介样态被巧妙组合，从而建构出一幅新时代十年成就的宏图画卷。例如，导语部分以特效字的形式交代作品的叙事主题和玩法，引导用户参与接下来的互动叙事。而每一个新场景开启前，都会以特效动画的形式提示用户“准备出发”，帮助用户快速进入角色状态。游戏场景均以VR全景的形式展示，既有实景拍摄，又有后期建模，虚实结合增加了作品的观感。同时，关键处还会弹出文字向用户科普相关知识点，提升了信息传播的有效性。

在视听语言方面，《高精度复刻丨VR全景看新时代之美》兼具卓越的视觉效果和丰富的背景音效，能够给予用户更真实的体验感和更强烈的视觉震撼。例如，近景镜头快速推拉，航拍镜头高空环绕式拍摄，及多用S形构图、对角线构图等手法，都增强了画面的视觉张力，凸显大国工程的宏伟与震撼。与此同时，飞行器启动的引擎声、海鸥的鸣叫声、复兴号在隧道穿梭的呼啸声等音效，制造出一种“现场感”，使用户感到身临其境。另外，《我

① 曾祥敏、方雪悦：《新闻游戏：概念、意义、功能和交互叙事规律研究》，《现代传播》2018年第1期。

的祖国》作为背景音乐贯穿在《通途之美》《天宫之美》等多个场景中，旋律起伏配合着天宫一号交会对接等壮观场面，颇具情绪感染力，通过“声音的隐喻”深化这款新闻游戏的报道主题，从而激发用户的民族自豪感。

（二）交互设计

在交互设计上，《高精度复刻丨VR全景看新时代之美》赋权用户担任“新时代号”飞行器的飞行员或乘客，角度新奇，引人入胜。同时，作品还融入了元宇宙热潮下的数字藏品玩法。每个场景均有独一无二的ID，并设置了名为“新华数藏”的藏品陈列架。“集章”的任务驱动型玩法配合限量发放的数字徽章，为用户提供了社交分享动力。用户点击任意一枚数字勋章都可以生成专属的数字票根海报，上面标有藏品ID、用户名、探索时间、座位号等，用户可直接保存并在朋友圈进行分享，引发裂变式传播。

（三）制作亮点

值得一提的是，《高精度复刻丨VR全景看新时代之美》在制作上也有许多亮点，凝结了制作团队的诸多巧思。为保证场景精度与影像质量，让作品的现场感达到极致，以便于用户体验到大国工程的震撼效果，制作团队调动了多种高新技术。如通过手机陀螺仪模拟VR头显设备，用户只需要转动手机就可任意切换视角；基于公开数据，运用“数字孪生”技术对各个超级工程场景进行高精度建模复刻；在实景拍摄中使用航拍、8K电影摄影机、220°鱼眼球幕镜头等，并结合三维立体制作等。另外，作品内容极其注重细节雕琢，例如将生物元素巧妙融入各大场景，以展现大国工程与自然生态的和谐共生。例如，在5G码头里，用户能看到飞舞着的红蜻蜓、中国鲣鸟等，在蓝鲸2号钻井平台远处有蓝鲸伴游，在港珠澳大桥上空布满了与镜头齐飞的海鸥等。

（四）传播效果

《高精度复刻丨VR全景看新时代之美》的体验式参与和数字藏品玩法，不仅吸引了用户的深度卷入，同时也刺激用户主动的转发与分享行为。该作品一经推出便反响热烈，新华社微信公众号浏览量超10万，全网浏览量超过2.1亿次。党的二十大新闻中心微信公众号在融媒体精品报道专栏中对该作品予以展示，百度、今日头条、腾讯新闻等重点互联网媒体也在首页头条进行展示，6个小时内获得腾讯、网易、B站、知乎等210家用户账号的转载推送。英文版同步在新华社的官方海外社交媒体如推特账号上分发，引发了海外用户的关注与讨论①。

① 中影基地：《中影基地与新华社联合制作〈高精度复刻|VR全景看新时代之美〉》，https://mp.weixin.qq.com/s/6QTe0Q9VHvSvnRjClaExig，访问日期：2022年12月20日。

第九章 人工智能、区块链、元宇宙新闻案例研究

人工智能（Artificial Intelligence，英文缩写为AI），是研究、开发用于模拟、延伸和扩展人的智能的理论、方法、技术及应用系统的一门新的技术科学。人工智能的技术基础来源于传统的计算机和技术，但它由于结合了当前最先进的智能化技术，具备了类似于人脑的功能。当前人工智能技术已经得到了十分广泛的应用，尤其是在机器人、语言识别、图像识别、自然语言处理和专家系统等领域。

“AI合成主播”是在人工智能技术中的语音合成技术和人脸合成技术的基础上，结合语音、图像等多模态信息进行联合建模训练后，生成的人工智能分身模型。近年来，随着人工智能技术的快速发展，AI合成主播逐渐走进大众视野，参与首届进博会、全国“两会”等重要会议活动报道，成为主流媒体新闻内容生产的重要力量。

如今，随着人工智能、算法、机器学习等大数据技术的快速发展，AI合成主播凭借智能化、全时空、场景化等优势，正以“离身”的方式逐渐辅助人类“具身”进行新闻实践，被广泛应用于新闻播报、赛事报道。

在AI合成主播1.0阶段，虽有一定互动性，如初代“微软小冰”等，但多停留在机械化的“一问一答”的层面，表达较为生硬，主要辅助人类完成稿件播报等基础性工作。进入AI合成主播2.0阶段后，AI合成主播经过深度学习，可以模拟真人主播原型，表情更加生动自然，声音更富情感，语音语调模仿人类口吻，可以与人形成更深层的交互对话。如虚拟主持人“康晓辉”、AI合成女主播“新小萌”等，无论是视觉还是听觉层面，似乎都与真人无异。到了AI合成主播3.0阶段，不仅外表更加逼真，具有真人般细腻自然的微表情和微动作，同时在人机交互行为上体现出更强的逻辑性、互动性和智能化水平[①]。

① 潘颖：《智媒时代AI合成主播的进阶演化、技术反思与发展进路探析》，《新闻研究导刊》2021年第18期。

第一节　央视AI手语主播

随着虚拟现实技术、算法、人工智能技术的发展进步，AI合成主播在拟人程度、智能化程度、人机交互水平等方面实现技术进阶。本节选取了AI合成主播3.0阶段的一个典型案例——央视首个AI手语主播“聆语”进行分析，探讨AI合成主播赋能新闻传播的新特征与创新应用。

一、科技赋能新闻传播新特点

2021年11月24日，央视新闻联合百度智能云推出的中央广播电视总台首个AI手语主播“聆语”正式亮相——她有着“真人般”的皮肤、头发、眼睛，形象亲切自然，气质优雅独特。

与大部分以健听人士为受众的虚拟主播不同，央视新闻AI手语主播是专门针对冬奥赛事推出的AI数字人，从受众群体、节目形态、人物形象等多方面均有突破，获得了良好的传播效果和受众反馈，成为备受关注的虚拟主播。

央视新闻AI手语主播所掌握的手语词汇规范都来自《国家通用手语词典》标准，经过长时间的智能学习，其能够为观众提供专业、准确的手语解说，手语表达能力接近真人，并且能够自行学习补充新词热词和冬奥会相关的体育知识。在冬奥会期间，完成了多次优质的冬奥冰雪赛事的手语翻译服务。

智媒时代来临，新闻媒体的业态版图处于不断被升级和改写的革新历程。以“AI合成主播”为代表的人工智能技术开始应用于新闻内容生产和传播，为传统媒体行业开辟了一条新的发展路径，给新闻生产与传播带来了重构和优化，并推动新闻业不断进行自我革新和拓展。

（一）用AI发声，让新闻报道更有温度

由于手语翻译师的严重不足，听障人士以往只能从转播画面中了解到很少的比赛信息。央视新闻AI手语主播以听障群体为核心受众，通过人工智能技术实现赛事信息专业手语翻译服务听障人群。在央视新闻手语视频报道中，AI手语主播相较以往电视画面中的手语主播占据了更大的画幅，最大限度满足了目标受众的核心需求。央视新闻AI手语主播的诞生充分体现了对听障人士的尊重，为听障人群平等参与社会生活、获取新闻资讯创造了无障碍环境，让技术更有温度。

（二）高接受度的“自然手语”，智能化水平提升

AI手语主播是人工智能技术与数字艺术的结晶和产物。当前，更成熟的人工智能技术为虚拟主播在北京冬奥会期间的集中亮相作了技术准备，也让虚拟主播更“人格化”，能够完成精准的新闻播报和生动自然的出镜表达。AI主播不断提升的智能化水平促进新闻节目质量提升，节目制播效率提高，推动节目形态和内容创新。在技术方面，央视新闻AI手语主播采用语音识别、机器翻译等人工智能技术，其搭载的手语翻译引擎和自然动作引擎能自动翻译文字、音频和视频内容，并将手语实时演绎为表情动作，让其具备高可懂度的手语表达能力和精准连贯的手语呈现效果，传递信息更准确，动作更精细。

（三）高仿真效果，人物形象美化生动

随着人工智能技术的进步，从皮肤到毛发，从面部表情到肢体动作，虚拟主播逐渐改善了以往经常能看到的“无机质表情”和“无质感形象”，不仅肌肤材质无限接近真实皮肤质感，还拥有越来越生动的面部表情和肢体动作，优化升级后的虚拟主播更具人格化魅力。央视新闻AI手语主播以亲切自然的形象向听障群体提供友好的服务，充分考虑核心受众的审美习惯。从静态形象和动态设计两方面入手，实现影视级的实时显示，诠释着中国青年的

审美自信[①]。美学方面，央视新闻AI手语主播的形象更符合三庭五眼、四高三低的中式经典美学范式，此外，服装布料质感更好，视觉效果更舒适。动态方面，人物的面部、肩膀、手部等关键部分动态表现效果更自然，4D扫描技术使AI手语主播表情自然生动。

二、局限与不足

AI合成主播虽然能借助机器学习、情感分析等模拟人类的表情和动作，揣摩播报内容的情感色彩，并预测听众的情感情绪，机械式地作出相应情绪反应，但缺乏对情感的感悟能力和对社会的关怀能力。正是由于具象化情感表达的不足，AI合成主播播报的领域容易受到限制。在面对疫情、地震等灾难报道或人物事迹报道时，AI合成主播无法与人做到情感共通，无法感受人类的喜怒哀乐，自然无法传递真正有温度和情感的信息。因此，AI合成主播的工作内容多以信息发布型的客观报道为主。

此外，AI合成主播则主要依靠算法学习和现成的语料库，在主持风格和主持特点上容易千篇一律，过于机械化的报道模式缺乏人的灵动与魅力，可能带给用户审美疲劳。如今，大众对传媒节目的艺术审美、价值取向、思想深度等方面都提出了更高要求，AI合成主播在技术层面还存在着算法训练时间过长、需要人工选择算法模型等弱点，缺少和人类一样的自主决策能力和自我意识，缺乏人独特的思考和智慧，没有个体的自主思维，因而无法赋予新闻深刻的思想和内涵。

3D+AI主播作为“人机交互智能界面”，虽然外形更拟人化，但只是一种传播工具和载体，附着于媒介之上的传播以及传播背后所追求的人与人交流的传播秩序才是媒介传播的真正意义。尽管“新小萌”已逼近真人主持人的状态，但远未达到真人状态。从媒介生产实践看，人工情感技术的发展还相对缓慢，无法自主完成对编辑所提供稿件的深度解读以及自如“对话”能力，AI主播“人工情感”系统构建、人机“共情”、人机传播与AI视觉感知

① 郑弘、丰树琪：《人工智能在新闻报道中的突破、传播和价值——以总台央视新闻AI手语主播为例》，《传媒》2022年第20期。

的维度与限度均面临诸多挑战，“远未能达到自组织、自适应、自涌现的高级心智，与人类智慧程度的自主采写、编评、播报相去甚远”[①]。

从根本上看，AI合成主播终究无法像人类一样充分理解语言的深层内涵和思想，缺少对价值的理解和判断，只能照本宣科地报道新闻文本，无法进行深入思考和价值输出。目前人工智能新闻主播的主体性、创造性、艺术性仍然有限，类似局限亦体现在初阶人工智能新闻传播的采集、生产、分发、接收、反馈中。

三、未来展望

人工智能在应用初期主要作为辅助新闻生成的手段，但随着技术更新迭代，算法正逐渐渗透进社会价值层面，技术这把双刃剑带来了迷思。梅塞尼在《技术与社会》中提出技术中性论，即技术本身并没有善恶之分，而是使用技术的人使技术具有善或恶的属性。新闻传播主持工作本身就是对新闻内容再加工、再创造的过程，或者说是一个艺术创作的过程，需要依靠人的情感智慧和经验积累作为支撑与沉淀，技术只能作为一种辅助人类的工具。

近年来，随着技术的不断发展，虚拟主播也在不断迭代升级，从表情、动作单一，声音机械无感情的数字人到神情语态生动自然、具备数据处理和深度学习能力的AI主播，虚拟主播早已不再停留在简单的内容传播输出上，而是通过深度学习，更具个性化和交互性。从重大报道到日常新闻播报，从录播到直播，随着人工智能技术逐步走向成熟，虚拟主播曾经面临的技术壁垒逐渐被打破，在新闻报道的多个领域都展现出了独特优势，一方面应用场景越来越广泛，另一方面也让新闻报道更精细准确、更有温度、更具创新性。

然而，目前人工智能技术在新闻传媒领域的应用，给新闻业务带来了去个性化、去情感化、去思想化的问题。在人工智能包括媒介不断进化、超乎想象的未来，想要打破技术的迷思，未来社会人工智能与人类的共存关系，就不应是一个非此即彼，而应是一个亦此亦彼的“人机耦合”的过程。喻国

① 於春：《传播中的离身与具身：人工智能新闻主播的认知交互》，《国际新闻界》2020年第5期。

明教授认为，未来传媒业的发展很大程度上与人工智能技术的引入和应用关联在一起，他将“人工智能+传媒”的优势总结为“海量高效且保持全天候的工作模式、在突发新闻面前反应迅速且出稿快、个性化内容的分发实现了长尾市场和利基市场的激活、传感器拓宽了信息采集的维度”①。与此同时，也有学者担心人工智能介入新闻业产生的问题。宫承波教授等认为，智能新闻存在着算法推荐无法判断事件真伪、技术集中加剧数字鸿沟和行业垄断、挑战把关标准及隐私权等新闻伦理规范的不足②。

面对AI主播技术的挑战，新闻工作者要重构自身的传播角色，及时了解人工智能技术的发展趋势和特点，借助融媒体传播意识，促进情感传播、语言传播策略的转变，充分展示情感之美、语言之美，给受众以全方位的信息解读及互动体验，从而顺应人工智能浪潮的发展趋势，体现自身的传播优势。

第二节　Dreamwriter：AI新闻写作的实践应用

随着计算机自然语言处理技术取得长足进步，AI写作技术在新闻生产领域中应用程度愈加深入，国内外越来越多新闻媒体推出写作机器人进行融合新闻报道。2015年9月，腾讯推出我国首个成功应用于自动化新闻的写作机器人“Dreamwriter”，并发布国内首篇自动化新闻《8月CPI同比上涨2%创12个月新高》，开了国内媒体在财经、体育等专业新闻领域运用机器写作的先河。今天来看，Dreamwriter以极高的生产效率在一些财经短讯、赛事报道和天气预报方面已经有较为成熟的表现，在交通、房产、电影、游戏、汽车、社会新闻等领域也均有涉猎。其项目负责人刘康介绍：“Dreamwriter每年写大约50万篇稿子，总计8000万字”③。在智媒时代背景下研究AI新闻写作的实

① 喻国明：《人工智能的强势崛起与新闻传播业态的重构》，《教育传媒研究》2018年第1期。
② 宫承波、王凡：《智能新闻的喜忧与前景》，《新闻论坛》2018年第4期。
③ 刘康：《人工智能如何助力媒体生产和运营》，《新闻记者》2019年第3期。

践应用情况并给出针对性的发展建议具有重要的实践意义。

一、AI新闻写作的优势

（一）发稿快速，准确度高

时效性是新闻的生命线，在报道事实性新闻尤其是一些突发性新闻时，媒体最需要的就是速度①。与人类记者相比，写作机器人在发稿速度上有绝佳优势。在2016年里约奥运会的赛事报道中，Dreamwriter在16个比赛日里共完成了3600多篇稿件，累计稿件字数达36万字，平均每篇成文速度仅需0.5秒的时间②，彼时Dreamwriter还仅仅只是发展到4.0版本。虽然仅用了不到1秒的时间，但从其报道完成度来看已经能做到新闻要素齐备完整，基本符合体育新闻的写作规范，这与体育比赛积分及排行情况报道本身常规性、模式化的基本特征是息息相关的。目前写作机器人的生产主要有模板式、抽取式、生成式三种技术实现手段，其中Dreamwriter是以模板式为技术方向的典型产品③。在报道一场体育赛事，例如羽毛球赛事时，Dreamwriter会抓取采集比赛主体的数据信息，包括比赛时间、双方运动员姓名、所属国家、比赛最终得分等，进一步对数据进行结构化整理分析，在此基础上套用前期机器学习所掌握的写作模板，根据算法生成新闻文本。这一套“抓取数据—分析数据—套用模板—生成稿件—人工把关”的模式化生产流程④和高速运行的机器算法赋予了AI新闻写作在速度上无可比拟的优势。

此外，也正是这一套既定模式化的生产流程让写作机器人在新闻信息准确度上要胜于人类记者，尤其表现在一些数据类、趋势类的新闻。在数据完

---

① 许向东、郭萌萌：《智媒时代的新闻生产：自动化新闻的实践与思考》，《国际新闻界》2017年第5期。

② 刘康：《未来媒体行业的新常态是“人机协同”——腾讯机器人写手Dreamwriter的“大白”定位》，《南方传媒研究》2017年第1期。

③ 申屠晓明、甘恬：《机器人写稿的技术原理及实现方法》，《传媒评论》2017年第9期。

④ 喻国明、刘瑞一、武丛伟：《新闻人的价值位移与人机协同的未来趋势——试论机器新闻写作对于新闻生产模式的再造效应》，《新闻知识》2017年第2期。

整正确、算法设计科学且程序正常运行不受人为干预的前提下，写作机器人能够避免人类记者可能出现的多字错字等技术性差错和数据误用、计算失误等事实性差错。美联社报告称，自动化新闻（Automated Journalism）几乎从未出现语法错误或拼写错误，并通过消除拼写出错或数字颠倒等错误，有效将美联社公司盈利报告中的错误率从约7%降至1%[①]。从受众的角度，一项针对Dreamwriter的AI写作新闻研究发现，在面对数据较多的财经和体育新闻时，有超过一半的受众对AI写作新闻的信任程度已经超过人工采写的署名新闻[②]。

（二）批量生产，满足需求

Dreamwriter设计之初是为了解决“财经新闻生产能力满足不了内容的需要”这一核心问题[③]。显然，面对财经领域琐碎、机械、庞杂的数据整理工作，写作机器人比人类记者更有耐心也更加高效。不仅限于财经领域，诸如体育快讯、天气预报等简单事实类新闻，句式和用词相对固定，交给Dreamwriter等写作机器人批量生产将有效减轻人类记者面对枯燥的重复性写作的压力，从而有更多精力专注在一些更需要体现思辨性和人情味的新闻报道中。

此外，AI新闻生产的海量新闻稿也能满足一部分受众的冷门需求，例如想阅读某一场并不受关注的比赛的新闻报道或了解某一只冷门股票的股价变动情况等，如果仅凭人类记者这是一项难以承担和实现的“大工程”。传统新闻生产是以大多数人共性的信息需求为基础的[④]，一个难以避免的原因是受到记者时间和精力的限制，而机器和算法突出的优势是可以做到全天候、无间歇运转。因此，诸如Dreamwriter等写作机器人的出现和新闻生产将有力调动新闻需求的“长尾效应”，从总体上增加阅读量和流量。

① Graefe A., “Guide to Automated Journalism, ” Tow Center for Digital Journalism, January 7, 2016, accessed January 18，2023，https://www.cjr.org/tow_center_reports/guide_to_automated_journalism.php.

② 吴颢、宁薇、王小壮：《AI新闻写作的受众接受程度探究——以腾讯新闻Dreamwriter写作系统为例》，《青年记者》2021年第19期。

③ 晓通：《写稿机器人Dreamwriter负责人刘康的转型之路》，https://mp.weixin.qq.com/s/is8OhwIOI4kn8k9nl8LITA，访问日期：2023年1月18日。

④ 喻国明、刘瑞一、武丛伟：《新闻人的价值位移与人机协同的未来趋势——试论机器新闻写作对于新闻生产模式的再造效应》，《新闻知识》2017年第2期。

二、AI新闻写作的不足

（一）缺乏情感和趣味性，可读性和感染力差

从新闻写作层面入手，写作机器人缺乏人类记者具备的人文素养和情感关怀，因而所生产的新闻报道尽管符合新闻写作规范，但在可读性和感染力方面目前还与人类记者的新闻作品存在显而易见的鸿沟。以Dreamwriter的开山之作《8月CPI同比上涨2%创12个月新高》为例[①]，对比同时间同主题人类记者采写的新闻报道，央视财经的新闻标题为《8月CPI上涨2%创年内涨幅新高　到底啥“贵”了？》[②]，央广网的新闻标题为《8月CPI同比上涨2%创12个月新高　涨幅重回“2时代”》[③]。标题是新闻的灵魂和眼睛，对信息的传播起到至关重要的作用。对比可见，三则新闻都揭示“8月CPI同比上涨2%”这一新闻事实，把报道事件的核心要素直接呈现给读者，也都用数据“创12个月新高”客观准确说明新闻事实的意义，皆为虚实结合题。但一比较，人类记者拟定的标题比写作机器人拟定的更贴近读者。对于普通老百姓而言，可能难以理解CPI、同比上涨等财经领域专业性较强的词语，央视财经通过“到底啥‘贵’了”直白活泼的口语化表达拉近了与读者之间的距离，增强了标题的亲和力和互动性，更加接地气，而央广网“涨幅重回‘2时代’”则带有一定的趣味性，让标题更鲜活生动。在正文部分，同样是主题为“8月CPI”的新闻稿件，比起Dreamwriter引用众多专家讲复杂难懂的“大道理”，扬子晚报记者用更丰富生动、与生活息息相关的案例表达CPI上涨2%对于普通民众生活的影响，例如“晚上下班回家炒一盘番茄炒蛋，买1斤番茄4只洋鸡蛋，比一个月前贵了1元钱”“好消息是，这一轮的鸡蛋价格就快涨到头了”“坏消息是，贵猪肉可能就要一直吃到春节”，诸如此类表达通俗易懂又鲜活有趣，有力增强了新闻的可读性和读者的阅读兴趣。

---

① 德益：《你感受到Dreamwriter的威胁了吗？不用担心！》，https://mp.weixin.qq.com/s/547En2Nb7Gtcwh9Ow5JC7g，访问日期：2023年1月20日。

② 央视财经：《8月CPI上涨2%创年内涨幅新高　到底啥“贵”了？》，https://mp.weixin.qq.com/s/adL-KLq 7DT5Dkf5WBmLd5g，访问日期：2023年1月20日。

③ 刘梦：《8月CPI同比上涨2%创12个月新高　涨幅重回“2时代”》，https://china.cnr.cn/NewsFeeds/20150910/t20150910_519839928.shtml，访问日期：2023年1月20日。

面对同一新闻主题，目前只拥有形式逻辑运算的写作机器人尚缺乏人类的主观能动性，在报道角度方面缺乏新意。例如2021年1月6日上海的天气预报报道，Dreamwriter只会与往常一样按照时间、地点、天气、穿衣建议、温馨提示这一固定写作模板生成稿件。其中，温馨提示的内容为“白天天气阴沉，您会感觉偏冷，不很舒适，请注意添加衣物，以防感冒”，与1月4日、1月5日的温馨提示并无不同，这是写作机器人在算法逻辑推演下生成的答案。而上观新闻的记者则会紧紧抓住读者的新闻需求热点，结合当日适逢“小寒”节气与“寒潮”气象预警进行新闻创作，让新闻更喜闻乐见。

相关研究表明，在可读性方面，人工采写的新闻往往比AI生产的新闻获得更好的评价。德国一项研究组织了986名参与者进行一场实验①，阅读一篇人工生产或自动生成的新闻并对其可信度、专业性和可读性打分。结果显示在可读性方面参与者对人工撰写的新闻评价要远远高于自动生成的新闻。还有研究发现，虽然受众对AI写作新闻的信任程度比人类记者高，但写作机器人生产的模板化新闻稿件在重复推送后，对于受众的吸引力会逐渐降低②。由此可见，千篇一律的AI新闻目前还属于新闻生产中层次较低的产品，符合新闻规范但较为呆板无趣，难以在读者心中留下深刻印象。

（二）缺乏深度分析能力，难以处理复杂数据

结构化数据处理是写作机器人的强项，难以量化的非结构数据的识别和分析则是写作机器人明显的短板。在前文所提“8月CPI同比上涨2%”新闻的主体部分，Dreamwriter、央视财经和央广网的报道都引用了专家或专业机构的观点，以此进一步阐释8月CPI上涨的动因和影响。写作机器人可以分析CPI等简易数据的动态变化，但难以理解并分析专家及专业机构所阐释的观点，其暗含的关键信息是一种非结构化的数据，这类复杂数据难以识别和处理，因此仔细阅读Dreamwriter的稿件会发现机器人只是单纯罗列了专家及专业机

① Graefe A., “Guide to Automated Journalism,” Tow Center for Digital Journalism, January 7, 2016, accessed January 18，2023，https://www.cjr.org/tow_center_reports/guide_to_automated_journalism.php.

② 吴颢、宁薇、王小壮：《AI新闻写作的受众接受程度探究——以腾讯新闻Dreamwriter写作系统为例》，《青年记者》2021年第19期。

构的分析，观点非常丰富但彼此之间缺乏关联，明显有堆砌数据之嫌，读下来晦涩难懂不知所云，显得稿件缺乏逻辑感，内容多但有效传递的信息量不够。此外，在这篇稿件中Dreamwriter也没有对专家和专业机构针对8月CPI上涨2%所发表的最新的观点进行采集，导致所引用的分析与新闻事实结合度不高，关联性不够。

反观央广网记者的报道，在主体部分先是以通俗易懂的语言解释了8月CPI上涨的原因，再引出国务院参事室特约研究员姚景源并对其观点作简单的解释说明，最后再将研究员的原话附上。这样的报道总体上段落与段落之间环环相扣、相互补充、相互印证，带给读者层次逻辑感强的阅读体验。

就新闻实践而言，体育赛事报道包含大量结构化数据，同时多具有相似性和重复性的特点，因而AI新闻写作对体育赛事报道具有明显的可操作性①。但体育赛事报道也包含许多以非结构数据为特征的专业名词和规则判断，这部分表达是目前AI新闻写作还难以达到的高度。在2020年8月5日独行侠对阵国王的加时赛环节，相较于Dreamwriter的体育战报②，人工战报增加了“国王采用犯规战术”这一表述③。“犯规战术”是篮球比赛中在合理利用竞赛规则的前提下主动采取犯规的手段以保证本方获得比赛最后胜利的一种战术，是一个很难通过量化标准确定的概念，往往需要记者基于专业的体育知识素养和整场比赛的表现情况进行判断，而这是难以被写作机器人理解的信息。

三、未来展望

在2015年Dreamwriter生产国内首篇AI新闻之初，写作机器人曾一度引发关于机器人是否会取代人类记者的热烈讨论，有些人甚至悲观地预测记者和编辑职业将走向消亡。根据研究成果及行业现状来看，判断AI新闻今后能否

---

① 白贵、王太隆：《体育赛事机器新闻写作的现实困境与改进路径——以腾讯“机器人NBA战报”为例》，《上海体育学院学报》2018年第6期。

② 腾讯体育官方号：《东契奇爆砍34+20+12 独行侠加时胜国王取复赛首胜》，https://kbsapp.sports.qq.com/article/20200805002877，访问日期：2023年1月20日。

③ wangzhen6353：《NBA战报：加时赛独行侠114-110国王，东契奇34分20板12助》，https://m.dongqiudi.com/article/1471987.html，访问日期：2023年1月20日。

取代人工新闻还为时尚早。目前我国仍处于“弱人工智能”发展阶段，未来AI发展仍有丰富的可能性。AI新闻写作现如今最主要的问题在于深度分析和处理复杂数据的能力不足，从技术层面上看未来AI新闻写作在深度学习技术和算法能力方面有待进一步提升，写作模板仍须扩充与丰富。从写作领域上看，目前AI新闻写作机器人局限于规格化的新闻资讯。站在技术乐观主义角度，保罗·莱文森提出人性化趋势的媒介进化理论，用来描述媒介技术在进化过程中表现出来的一种越来越符合人类需求和便于人类使用它进行信息交流的倾向①。从这一角度出发，未来的某一天AI新闻写作拓宽到新闻评论、深度报道等新闻题材，生产出更具人性关怀和深度思考的新闻作品也并非毫无可能。

大数据时代，AI新闻今后是否会取代人工新闻？写作机器人应该与人类记者如何共处？面对这一系列时代之问，刘康曾多次表示，机器人不会完全取代人类记者，理想状态是双方合作共赢、共同成长，“人机协同是将人类和机器优势结合后形成的一种平衡化模式，也是未来媒体智能化发展的主流路向”②。令人遗憾的是，写作机器人并没有如人们所预期的活跃在新闻生产领域中，给读者带来更多更精准、更快速、更丰富的新闻作品。如果人们不主动进行搜索和寻找，如今AI新闻很难出现在视野里。一项新技术的落地往往需要很多成熟的条件支撑。除了技术本身，与人工智能创作物相关的政策指引和法律法规也要配套发展。《人工智能生成内容（AIGC）白皮书（2022年）》明确指出，“从风险治理角度，建议统筹推进技术监管与内容治理，逐步完善保障AIGC良性发展的法律法规体系”③。目前，针对人工智能法律法规的研究是时下紧迫且热门的主题，被越来越多的学者所关注，呈现出雨后春笋的发展态势。相信不久的将来国家将探索形成符合中国实践的“中国方案”，推动人工智能与传媒业的融合发展不断升级，促进传媒产业的效能提升，助力传媒产业进一步迈向智能化时代。

---

① 陈功：《保罗·莱文森的人性化趋势媒介进化理论》，《湖南科技大学学报（社会科学版）》2016年第1期。

② 刘康：《未来媒体行业的新常态是“人机协同”——腾讯机器人写手Dreamwriter的“大白”定位》，《南方传媒研究》2017年第1期。

③ 《人工智能生成内容（AIGC）白皮书（2022年）》，http://www.caict.ac.cn/sytj/202209/t20220913_408835.htm，访问日期：2023年1月21日。

第三节　基于区块链技术的新闻数字藏品

2021年12月24日，新华社通过区块链NFT（Non-Fungible Token，非同质化代币）技术，在其移动应用程序上全球首批限量发行由精选的2021年新闻摄影报道铸成的中国首套新闻数字藏品——“2021记忆链”新闻数字藏品，新华社也就此成为中国内地首个发布NFT的主流媒体。

首批新闻数字藏品全部免费发放，预发行11张，其中8张每张限量发行10 000份，其余3张已定向赠予，并推出仅发行1份的特别版本。每份藏品都在区块链上拥有唯一的标识和权属信息，兼具特别的纪念意义和收藏价值[①]。新闻数字藏品发行当天异常火爆，新华社客户端的界面崩溃长达半小时，由此可见数字藏品爱好者们对其高涨的热情[②]。

一、内容层面：新闻内容NFT化

NFT本质是一种以区块链为底层架构的加密数字资产权利凭证，因而具有数据化结构、分布式存储、加密算法和共识机制等特征[③]。但与比特币每个货币都是同质化的特征不同，每枚NFT都是独一无二的，可通过区块链追溯到所有拥有者的个性化信息。这种新型数字资产权利凭证，理论上可以应用于绘画、动图、歌曲、视频游戏等任何数字信息。

2021年，NFT快速走向大众，新闻媒体也纷纷入局，发行自己的NFT，用不同方式检验其可行性。2021年3月，美联社运用NFT技术以18万美元的价格

① 《免费申领中国首套新闻数字藏品NFT》，https://weibo.com/1699432410/L7cEl9oEl，访问日期：2023年2月19日。

② 张核：《NFT有多热？新华社发11万份NFT，服务器直接崩了》，https://www.jazzyear.com/article_info.html?id=551，访问日期：2023年2月19日。

③ 史安斌、杨晨晞：《从NFT到元宇宙：前沿科技重塑新闻传媒业的路径与愿景》，《青年记者》2021年第21期。

售出了一幅数字艺术作品，成为第一个涉足NFT的新闻机构[①]。之后，《纽约时报》、《时代》、《南华早报》、CNN等各大媒体都将文章、封面、摄影作品等以NFT形式进行贩售[②]。随后，国内各大媒体纷纷将新闻内容NFT化。在新华社2021的年终策划之后，包括人民网、中央广播电视总台等媒体也纷纷推出新闻数字藏品，几乎每一款作品都在上架后的几分钟内被“秒杀”。

（一）媒体内容与NFT天然高度契合

“新闻是历史的底稿”，新闻业作为一个特殊行业，新闻机构本身就是一个历史记录者。对于新闻机构来说，“独家内容”是新闻媒体的最大优势，不同的新闻机构拥有自己独一无二的版权内容，这就使其在推出NFT方面具备天然优势，不用陷入版权争议风波。

目前，媒体机构发行的数字藏品大致有三个方向：一是基于新闻报道、新闻事件、新闻历史而创作的新闻数字藏品；二是围绕相关节庆日、纪念日、重要节点从新闻传播角度创作的数字藏品；三是媒体机构联合其他文创组织、科技公司联合开发创作的各类数字藏品[③]。其中，新华社“2021记忆链”新闻数字藏品属于第一类。新华社“2021记忆链”新闻数字藏品就是以新华社独家的新闻照片为载体，精选“三星堆上新”“建党百年”“超27亿剂次”等2021年新闻报道中11个关键时刻，兼具艺术性和纪实性[④]。

（二）确权保护，建立媒体内容“档案馆”

基于NFT技术的特性，内容通过“NFT化”成为数字资产后，其上便附着了唯一的权利凭证以及交易、修改的记录，从而得以被“确权”。一旦被创建为数字资产，就意味着内容的不可变性。

在区块链底层技术方面，新华社“2021记忆链”新闻数字藏品发布由腾

---

① 全媒派：《将新闻作品变成NFT，对媒体而言是一门好生意吗？》，https://www.woshipm.com/it/5301962.html，访问日期：2023年2月19日。

② 布隆·马赫：《媒体如何通过NFT创造新的收入来源》，张建中编译，《青年记者》2022年第9期。

③ 詹新惠：《传媒类数字藏品是媒体机构的新利基吗》，《青年记者》2022年第8期。

④ 张核：《NFT有多热？新华社发11万份NFT，服务器直接崩了》，https://www.jazzyear.com/article_info.html?id=551，访问日期：2023年2月19日。

讯云“至信链”提供支持。“至信链”是腾讯旗下一个版权保护平台，在建立初期瞄准的就是解决司法系统中的版权保护问题[①]。通过“至信链”能快速实现版权登记，对数字版权内容防伪追溯，预防侵权，而一旦进入诉讼环节，电子证据也能直接和司法系统互联互通，提高司法效率，从而更好地对摄影作品进行版权保护，让内容创作者对其资产拥有更大的控制权，最终可以让他们的作品更好地使用、许可、分发和盈利。

NFT也能更好地对作品内容进行保存。2022年5月，中共中央办公厅、国务院办公厅印发的《关于推进实施国家文化数字化战略的意见》指出，NFT因其唯一性、不可分割性等特点，可以在保留文化原始资源所有权的基础上，助力文化以新形式收藏、传承与使用，实现文化资源生产、存储与传播的数字化，同时可以为文化的创新发展与应用提供新的空间，推动文化的价值多样化和数字化转型[②]。那些重要的新闻资料也可通过区块链技术的方式被重新创建，然后在公众或机构成员中流通和交易，并可作为原始的、真实的资产在虚拟“档案馆”中展示和查看，以此推进媒体内容的转化、保存和版权保护。

正如“用区块链，为新闻留下永恒数字纪念”的宣传语所言，新华社“2021记忆链”系列摄影藏品的每一个瞬间，都是2021年很多珍贵的历史时刻，不仅是特别形式的年终总结，更是写入元宇宙世界中的数字记忆。通过转化为NFT，让受众拥有查看和体验新华社记者捕捉历史性时刻的新方式，也是一种对传统媒体丰富的事实新闻历史的致敬形式。

（三）关系维护，培养媒体与用户之间的联系

新闻作为特殊行业，其与用户的联系通常是比较薄弱的，而新闻机构推出NFT，带给用户的是一种独特数字体验，用户购买NFT新闻作品，体现的是其作为媒体忠实用户的身份，实际上这就造就了一种联系。NFT一般具有数量限制，这种所有权以及“限量”特点让用户有一种“控制权”。新华社

① 张核：《NFT有多热？新华社发11万份NFT，服务器直接崩了》，https://www.jazzyear.com/article_info.html?id=551，访问日期：2023年2月19日。

② 新华社：《中共中央办公厅 国务院办公厅印发〈关于推进实施国家文化数字化战略的意见〉》，http://www.gov.cn/xinwen/2022-05/22/content_5691759.htm，访问日期：2023年2月19日。

“2021记忆链”新闻数字藏品每张限量发行1万份，并推出仅发行1份的特别版本，且每张摄影作品都在区块链上拥有唯一的标识和权属信息，增强了用户的“归属感”。同时，数字藏品可以增强用户和新闻出版单位之间的互动性，用户可以通过购买数字藏品来表现对于创作者的支持，而拥有数字藏品也是用户忠诚度的象征。

除了限量发售，国外媒体机构还会利用NFT建立属于自己的社区，例如《时代》杂志的“TIMEPiece”NFT持有者实际上已经形成了一个社区，《时代》杂志空投该NFT杂志给该社区，就是一种建设社区的行为①；国外优秀的NFT项目在发售前很长一段时间内会率先成立社群，所有对项目感兴趣的用户都可以加入其中，提供创作上的支持、对项目建言献策等，项目方会根据用户在社群内的活跃程度、贡献程度把部分用户列入白名单，白名单用户在NFT发售时拥有优先购买权甚至免费购买权②。这些活动都加强了媒体与忠实用户间的联系。

二、行业变革：新闻生态链NFT化

新闻记录现实又成为历史，因此新闻作品本身就具有很高的人文意义和内容价值，将新闻作品变成以内容为价值核心的数字藏品NFT，是传统媒体行业在元宇宙发展的蓝海。进一步，各大传统媒体不仅将新闻内容NFT化，同时尝试推进新闻生态链NFT化。《南华早报》CEO Gary Liu认为，所有媒体组织有必要了解区块链和NFT的潜力。“暂且抛开相关炒作和众说纷纭不谈，NFT技术是能够为媒体行业带来根本性变化的。它是技术进步的成果显化，为数字内容带来了可验证且真实的价值，也随之解决了数字媒体的商业模式问题。”③

（一）行业风向标，促进国内数字藏品平台建设

新华社“2021记忆链”新闻数字藏品的发布之前，国内绝大部分NFT项

① NFT研究院：《〈时代〉杂志推出首个NFT杂志，对媒体而言是好是坏？》，https://www.yuanyuzhouneican.com/article-111048.html，访问日期：2023年2月19日。

② 杨继栋、梁千石：《NFT热潮之下，传统媒体如何玩转数字藏品?》，《传媒评论》2022年第9期。

③ 《海外媒体是怎么玩NFT的？》，http://www.lianwencaijing.com/news/416，访问日期：2023年2月19日。

目的参与者都是企业或者个人，没有国家相关机构参与。而新华社的首次参与，不仅从内容上丰富了国内NFT藏品和融合新闻的形式，更是重要的“行业风向标”，代表官方对NFT收藏价值的肯定与对NFT相关的产业发展的支持和鼓励。这也将让许多因为监管问题而犹豫不决的企业在2022年参与到NFT的创业当中，促进了国内数字藏品平台的建设。

在发布“2021记忆链”新闻数字藏品之后，全国首个国家新媒体背景的数字版权藏品平台“时藏”于2022年3月17日建立。“时藏”由新华社自主研发的“媒体融合链”提供区块链技术支持，具备自主可控、信息透明、不可篡改、可溯源等特点。2022年11月14日，新华社客户端数字藏品专区正式上线，并于16日重磅首发藏品。

2022年伊始，“国家队”也开始布局数字藏品平台建设。截至2023年2月，央媒背景的数字藏品平台已达到9家，除“时藏”以外，分别是：灵境人民艺术馆、新华数藏、豹豹青春宇宙、中网艺云、光明艺品、人民科技数字藏品、光明数藏、央数藏①。

（二）内容变现，拓宽媒体盈利渠道

对于新闻媒体来说，发行新闻数字藏品NFT，最直观的回报就是获得营销价值和内容收益。传统媒体巨量的、有价值的新闻作品转化成为数字藏品，在大众传媒时代积累了大量优质内容，这极大地降低了传统媒体布局数字藏品板块的内容成本，成为传统媒体在元宇宙时代内容变现的新路径。

目前，我国对虚拟货币领域一直持严监管态度，因此国内大部分媒体背景的数字藏品平台发售的NFT作品都是免费领取。以新华社旗下的“时藏”平台为例，自上线以来，仅有偶像“热爱REAI”的数字藏品采取8元/个的定价进行发售②。但在当前新闻业面临没有足够的用户愿意为新闻付费、没有足够的广告商愿意为广告位付费的困境下，发行NFT作品依然是传统媒体在未来值

① 新浪VR：《“全员出动”！盘点9家央媒背景数藏平台》，http://vr.sina.com.cn/news/hot/2022-09-23/doc-imqqsmrp0172964.shtml，访问日期：2023年2月19日。

② 新华社客户端：《首次亮相！全链路发行》，https://mp.weixin.qq.com/s/2H9Ic4FVdubAewI-6lhTPA，访问日期：2023年2月19日。

得尝试的一条内容变现路径。比如，2022年9月，央视网孵化建立的数字藏品发售平台“央数藏（YSC）”正式上线，并首发创世藏品——“YSC”系列藏品，该系列藏品以央数藏的首字母“Y”“S”“C”作为创意出发点，每个字母发售数量都是2022份，每份128元，2天内的销售收入就达了51.76万元[①]。

况且，NFT作品的收入可以让新闻机构获得大笔收入用于采写更有价值的新闻。例如，美联社就曾表示，拍卖NFT所得收益将用于推动真实、公正的新闻报道。更重要的是，许多作品本身就是独一无二的，从信息传播角度来看，这些媒体内容的公共属性的确很强，似乎没什么收藏的必要；但如果变成NFT，这些作品本身的独家性和纪念意义就会被大大凸显，一条NFT化的内容给媒体带来的二次收益，将远超过其首次发行渠道的单价。

（三）技术赋权，便利新闻真实性核实

NFT专栏作者Joel Mark Harris认为：“也许对于很多行业来讲，NFT催化了商业价值的实现，但从新闻和媒体的角度来说，NFT不仅仅是金钱。”[②]在新闻业的价值和角色渐受拷问的今天，提供一种可验证的透明和真实，是其重获受众信任的重要方式，而NFT成为不可更改的“数字指纹”，内容创建的可持续性便有机会成为可能。NFT技术的使用可以从新闻呈现的环节扩展至新闻生产的环节，哈希算法与智能合约等底层技术的保障会使受众更加信任新闻的真实性。区块链技术的应用大幅增加了对各环节的内容进行篡改的成本，且每一次内容的修改都被记录在分布式系统中，确保了区块链中内容的每一次变动都是可核查的。区块链第一次将人类从必须依赖一个人、一个机构才能实现彼此信任的陈旧思维中解放出来[③]，当新闻生产过程中的内容被NFT化并储存于区块链之上，新闻来源便可追溯且不可篡改，新闻内容的真实性获得了技术层面的保障。

如今，假新闻与错误信息充斥网络，同时缺乏公信力的报道不断，推出

① 《央视网旗下平台2款藏品卖出51万元 已有7大央媒推出数藏平台》，http://news.hexun.com/2022-09-19/206787879.html，访问日期：2023年2月19日。

② 《海外媒体是怎么玩NFT的？》，http://www.lianwencaijing.com/news/416，访问日期：2023年2月19日。

③ 劳佳迪：《你好啊，区块链！》，东方出版中心，2022，第5页。

NFT的方式或许能够一定程度促进媒体从业人员的专业性，并保证他们对于新闻作品编辑的整个流程的完整性。

三、媒体入局NFT的风险和挑战

媒体入局数字藏品为新闻内容转化成商业价值开辟了新的路径，尤其是新闻资源的二次开发在帮助传统媒体走出困境上起到了“雪中送炭”的作用，但在转型过程中仍存在一定风险。在水涨船高的拍卖额背后，数字藏品市场的野蛮生长值得持续观察。

首先，采取NFT形式进行交易，初期投机倾向较为明显，交易者更关注这种交易形式，反而忽略了新闻本身的价值。真正关心和热爱新闻内容本身和认同新闻价值的人往往并非交易的参与者。在“币圈”当中，代表公共利益的新闻传媒业有可能会沦为满足个人私欲的商业工具。许多收藏家将NFT视为一种有暴利可图的投资，就像当初的比特币一样，这增加了因投机和炒作而产生的不确定性因素。而多数新闻类NFT的实际价值难以衡量，盲目入局容易踩坑。一些NFT平台也存在漏洞。

同时，对于新闻这一较为特殊的行业来说，发行NFT可能会有损媒体自身的信誉和权威。新闻媒体在大众眼中一般是属于中立形象，而当媒体开始推出NFT，就意味着媒体机构也成为这条利益链中的一环，所以新闻机构报道的客观性和真实性可能会受到公众的质疑。

最后，当前新闻机构推出NFT的门槛还较高，NFT技术的普遍应用还需要一段时间。目前推出NFT的新闻机构基本上都属于行业中比较大型的新闻机构，且名声威望较高，中小媒体想要推出NFT，相对来说难度较高。

四、总结与展望：传统媒体从NFT到元宇宙

作为元宇宙中数字化资产凭证的一种表现形式，可以说NFT是传统媒体朝着元宇宙迈步的重要探索，标志着传统媒体对自身内容和版权优势的认知觉醒。在未来的元宇宙布局之中，版权就是价值，传统媒体可以将强大的内容

资源作为自己的在地性优势，从而抢占先机。

目前，各种风险和挑战还不同程度地存在，将任何技术的创新视为帮传统媒体拨开迷雾的“灵丹妙药”或许都为时尚早，但积极拥抱变化，做好影像资料的数字化归档及货币化的使用设计，仍是主流媒体入局NFT的重要课题。

第四节　元宇宙赋能新闻报道创新

2021年被认为是元宇宙元年，各行各业都试图与之建立联系、在此赛道布局，探索前沿发展路径。作为一个火爆而又具有争议的新事物，元宇宙受到前所未有的关注，传媒业也在开启关于元宇宙应用的想象和实践，推出相关的内容产品。

一、中国日报探“元”工作室

中国日报探“元”工作室正式成立于2022年12月，致力于加强对中华文化的研究、阐释和对外推广，充分运用中华文明探源工程等研究成果和元宇宙等新技术，展示中华优秀传统文化的独特魅力，向世界展现可信、可爱、可敬的新时代中国形象，促进中外文明交流互鉴。

2022年10月14日，中国日报探“元”工作室的首位数字员工“元曦（yuanxi）”，以个人账号登录抖音、B站、视频号、TikTok、Instagram等各大平台，在全世界范围内亮相。元曦拥有“中华文化探源者”身份，身穿雪花纹中国风服饰，极具中国传统文化风格。在这一天的初次亮相中，这位博古通今的少女就为观众展现了约9000年前远古先民们刻在岩石上的艺术瑰宝——贺兰山岩画。

视频中的元曦穿越时空隧道，岩画上一幕幕人类文明出现之前的生活印记，“人、山、水、太阳神、鹿、女人花”，一个个故事符号凝聚一体，汇集成为属于世界的历史。“不同的文明根相同、源相近，作为命运相连的共同体，人类要通过文明交流互鉴而和谐共生”，最后的结语展现出元曦代表的中华民族的磅礴大气和倡导和平的精神。

2022年12月11日，元曦穿越3300年，探索中国汉字的秘密，为观众揭晓龟背兽骨之上的笔画传承。视频中的主角是中国目前已知最早的成系统的文字形式——甲骨文，也是世界四大古文字之一。元曦穿越至水墨画之中，绘声绘色的动画里蕴藏着以甲骨文呈现的“家、人、车、马”等流水人家的风景，书写着泱泱华夏的无数岁月。

截至2022年12月26日，数字员工元曦仅发表了两篇作品于各大平台，于Ins平台上依靠ChinaDailyNews官方账号共收获近1万观看量；抖音平台获5.4万点赞，获487次评论量及837次转发量；B站平台CD元曦账号获粉169人，总播放量1803，获赞数为101。中华文化的底蕴虚实结合展现在元曦的作品之中，使人切身体会到中华文化的魅力，也切实推动着文化的传播与传承。

二、内容分析

“元宇宙”这一概念起源于1992年美国作家尼尔·斯蒂芬森发表的小说《雪崩》。随着互联网技术的发展，传播技术的日新月异，一个可以与现实世界同步，在虚拟空间社交的元宇宙开始不断被运用、被创作。在元宇宙的应用中，虚拟数字人可以说是目前运用的比较普遍的技术。21世纪以来，得益于大数据、人工智能、图像合成、渲染、VR/AR等技术的发展与运用，以虚拟主播为主的虚拟数字人与日俱增，如相芯科技和科大讯飞联手打造的虚拟主持人“康晓辉”、新华社联合搜狗公司打造的AI合成女主播“新小萌”、2020年“两会”期间的央视网“小智”与人民网“小晴”等。而元曦的产生，是虚拟数字人从荧屏内单向交流的虚拟主播转变为以“数字员工”为标签的，有着现实世界人类特征和身份的数字化形象，其创作的视频内容在中华传统文化的对外传播进程上存在主体、内容和客体三个层面的内在逻辑。

（一）主体层面：虚拟世界和现实世界的联结者和互动者

虚拟数字人（Virtual/digital human/avatar）是指具有数字化外形的虚拟人物，通常是为特定内容的对话而训练的人工智能角色，具有一定的形象能力、感知能力、表达能力和娱乐互动能力，目前主要分为非交互性虚拟数字人与交互性虚拟数字人①。元曦作为中国日报新闻从业者的数字化虚拟人物，存在于虚拟世界中，以虚拟的形象和外在表现进行传播，却具有现实的身份和工作职能。在“万物皆媒”的时代中，媒介化社会的构想在元宇宙概念中得以实现，通过虚拟世界和现实世界的联结构建起更高维度的超现实世界，如元曦等虚拟数字人在内的个体可以依托互联网技术在超现实世界中连接起个体与场景，在无限的想象空间中探寻更多实践与社交的可能。

作为联结者的主体，元曦目前产出的视频便是利用超现实世界的想象为观众构建一个虚拟的内容场景，呈现中华文化的魅力。不论是岩画还是甲骨文，元曦都可以通过现实的物质元素穿越到另一个可以触摸历史的世界，观众可以通过元曦的带领，在视频中直面文化底蕴的冲击，实现眼中的“在场”。而作为互动者的主体，元曦通过模糊现实世界与虚拟世界的界限，将现实物质与历史想象进行融合，通过虚拟空间与现实空间的交叠和重合全场景、全方位参与到历史世界当中，拉近了现代人与历史文化之间的距离，提升互动性。

（二）内容层面：立体视域下的沉浸式叙事话语

“媒介即人的延伸”在元宇宙技术加持下的虚拟数字人运用中完全适用。在元宇宙的加持下，虚拟数字人还可凭借丰富的信息数据库、智能语义表达系统以及超逼真的虚拟仿真形象，通过话语和场景向受众进行各类知识普及。区别于传统的文字、图像等单一的平面视域，依靠3D渲染、XR技术等多重技术的加持，虚拟数字人可生成超越传统电子影像的立体、智能、交互、沉浸的新闻叙事内容，从而形成生动交互沉浸的叙事模式，依靠虚实交织的内容强化媒介话语，增强体验感。

---

① 程思琪、喻国明、杨嘉仪、陈雪娇：《虚拟数字人：一种体验性媒介——试析虚拟数字人的连接机制与媒介属性》，《新闻界》2022年第7期。

元曦的视频制作中包含以XR技术形成的现实场景复刻，动画技术描绘的历史风俗文化和3D渲染、光影技术等多重技术组合的元素交叠。基于现实物质，以观众可接受的生活文化基础展开对历史内容场景的重现，进一步提高观众的“临场感”。特别是在对外传播之中，受众在没有接受足够的中华文化熏陶的背景之下，以这种超现实世界的融合呈现能够促进国外观众的亲身体验感，体现干涩的文字图片内容所不能提供的沉浸感与接近性，增强叙事话语的功能与作用，强化观众的情感记忆与文化认同。

（三）客体层面：“元宇宙”的文化继承者与“第一入口”

有学者认为，虚拟数字人极有可能成为用户与虚拟世界连接交互的第一入口[①]。元宇宙是基于信息高度互通，利用虚拟现实技术和互联网技术构建起下一代情景式的社交与生活场域的概念，即媒介化社会的终极图景。在元宇宙的世界中，每个人都拥有各自虚拟的身份、事业、社交圈、信息圈，与现实世界平行，是一个完整的虚拟的，与现实空间无限相似的社会。虚拟数字人作为虚拟世界和现实世界的联结者，给用户带来的就是元宇宙技术的最新体验，也就是元宇宙的“入口”，是用户踏入虚拟世界的“导游”。

元曦的身份是“中华文化探源者”，从元曦两篇作品的穿越时空、触碰历史的内容中可以看出，实际上元曦正在为国外观众呈现“中华文化宇宙”。元曦的每一次穿越，正是到达了其所创造的“中华文化宇宙”之中，而呈现的每一幅画面都是宇宙中关于该历史的图景。元曦虚拟的形象穿越宇宙中的每一幅画面，为观众科普知识，讲解历史。元曦作为观众与内容场景联结的“导游”，所呈现的外表、交互、内容都影响着观众对于叙事内容产生的信任感、在场感、满意度、体验感等方面的感知，而观众在元曦的带领下接触这一虚拟宇宙，并与之形成交互，成为宇宙的见证者。

---

① 程思琪、喻国明、杨嘉仪、陈雪娇：《虚拟数字人：一种体验性媒介——试析虚拟数字人的连接机制与媒介属性》，《新闻界》2022年第7期。

三、未来展望

尽管互联网普及，“万物皆媒”的时代造就了媒介化社会，技术的加持和发展催生了元宇宙的热潮，虚拟数字人的发展进入了加速期，但是其发展和建构仍需要仔细思考和应对挑战。

第一，虚拟数字人发展过程中，首先要考虑的问题是其所设定的仿真形象。诚然，元曦虽为中国日报首位数字员工，具有极高的元宇宙特性以及未来技术的畅想，但依据现有数据来看，元曦未能受到国内外广泛关注，且在Ins平台中存在形象方面的争议。可见，虚拟数字人的外表和形象，包括肢体语言、皮肤、肌肉、音色等，将直接影响受众对虚拟数字人的接受程度。目前虚拟数字人的拟人化程度和仿真程度还没有达到无限接近于真人的状态，还存在着很多包括行为动作、眼神交流等交互的漏洞。但是基于恐怖谷效应原理，当虚拟数字人的仿真程度和其近乎完美的外表与真实人类相比到达某个临界值的时候，受众反而感到不适。因此，调适虚拟数字人仿真程度与受众接受程度之间的张力，是未来虚拟数字人发展必须面对的挑战。

第二，技术要求严苛，生产速度与生产成本的经济性难题亟待解决。数字员工元曦的个人账号上线以来，两个月仅发布两篇报道，视频的生产速度与当下互联网环境下“喜新厌旧”的受众态度相悖，既无法确保热度，也无法维持热度。实际上虚拟数字人的技术路径是其生产成本最大的挑战。3D虚拟数字人制作周期长，成本高，为了将形象塑造得近乎完美，需要通过3D扫描设备对真实人体进行扫描，获得分型结果，最终搭建出与真人无限接近的三维人体模型；或通过3Dmax、Maya、Unity3D等软件凭空进行三维建模等①。技术的复杂性是目前虚拟数字人团队需要更多技术人员的原因，这也是阻碍虚拟数字人快速发展的一大难题。

数字员工元曦作为“中华文化探源者”，代表着我国对外传播的技术手段与时俱进，而如何拥抱元宇宙技术，搭建元宇宙传播矩阵是目前元宇宙新闻需要考虑的问题。在元宇宙技术革新的背景下，将会有越来越多像元曦一

① 刘学东、万高迈：《浅析虚拟主播在财经媒体中的应用和未来发展——以每日经济新闻AI电视为例》，《采写编》2022年第10期。

样的虚拟员工产生，在对内传播上掌握Z世代喜爱的叙事语言，让受众有一种“猎奇”的心理关注和对元宇宙新闻的欣赏，用媒介技术为青年的国家认同注入新力量；在对外传播上构建中华民族元宇宙，通过全场景、深体验、可交互、沉浸式的手段展现虚拟的中国场域，与国外受众近距离交流，能够进一步消弭西方媒体语境下长期形成的东方主义思维，展现中国大国形象以及人类命运共同体愿景。

后 记

新闻学科历来注重理论与实践相结合，强调应用性和操作性。而案例研究直接面向行业经验，与实践有着密切关联，对高等学校新闻教育和理论研究有着重要意义。

案例研究的最早形态是案例教学，起初它是作为一种教学方式出现的。本书的写作意图，旨在探索研究性案例教学方式，将新闻业界实践与高校教学、科研有机对接。案例研究与案例教学实则是“一体两面”，两者在案例选择的类型、标准、方法和操作流程等方面均具有相似性，其目的都是从实践中升华理论、从实践中感悟新知。

近年来，陈伟军教授在主讲研究生课程“融合新闻报道”过程中，根据学生的接受特点和认知规律，尝试运用研究性教学方法，发挥学生主体性作用，促进他们从学习主体向知识主体转变，使之不是简单地成为知识的占有者、接收者，而是成长为知识的更新者和应用者，能够掌握学习和研究的内在规律。作为研究性教学的初步成果，我们先后出版了《融合新闻学》《主流网红是如何炼成的》。本书也是这两部著作写作思路、研究模式的延续。课堂教学通过“组团—讨论—分工—收集资料—分析论证—完成研究”的模式，力图在同学们中架设起理论研究与业界实践对话的桥梁。

学习共同体激活了师生的能动性，使得具有研究性质的教学活动能够在集体中顺利展开，本书便是团队协同探究的产物。在研究式课堂的构建中，教师充当主持人和引导者角色，本书的提纲由陈伟军教授拟定。全书初稿完成后，由陈伟军教授完成统稿和修改工作。在团队内部的组织与协调方面，李月配合做了不少工作。本书各章的编写人员如下：

前言：陈伟军。

第一章：第一节，韩晨雨；第二节，龚聿枫；第三节，陈心怡；第四节，覃慧慧。

第二章：第一节，崔译幻；第二节，张紫鹃；第三节，安沛欣；第四节，张颖琳。

第三章：第一节，何晓彤；第二节，李月；第三节，廖雨婕；第四节，折树洋。

第四章：第一节，杜雨欣；第二节，万雨田；第三节，陈伊晴；第四节，李诗怡。

第五章：第一节，纪少华；第二节，李冰杏；第三节，高雅；第四节，孙云；第五节，刘清；第六节，戴杨；第七节，曹娜。

第六章：第一节，柯夏泉；第二节，罗舜心；第三节，严明；第四节，张雨竹。

第七章：第一节，许梦琦；第二节，王馨；第三节，罗靖雯；第四节，林韵程。

第八章：第一节，黄心琳；第二节，薛雅心；第三节，贺天慈。

第九章：第一节，金瑜；第二节，陈纯；第三节，杨义唯；第四节，邝翠滢。

数字技术赋能全媒体传播体系建设，融合新闻报道的理念与实践不断更新。技术快速迭代，行业剧烈变革，媒体数智化发展给我们带来巨大的理论认知挑战。数字新闻的实践方式和路径，期待通过不同理论维度的审视形成更具启发性和学理性的经验总结。推动融合新闻报道案例研究的规范化和科学化，还需要付出更多的努力。

高质量的案例研究不是简单地就事论事或者例证分析，而是要将实践经验放到微观与宏观、个别与综合、具体与抽象、量化与质化、事实与价值相结合的复杂关系中展开多元解释，本书尚未达到这样的目标，书中所作的探讨，不可避免地存在各种缺陷，恳请读者批评指正。

本书编写组

2023年8月